O QUE ESTÃO FALANDO SOBRE
inovação

> "Passos práticos e bem-definidos para implementar uma cultura de inovação, com texto de leitura agradável. Este é um guia eficiente para qualquer organização que queira colocar a inovação no centro de sua estratégia de negócios. Entrega o que anuncia, define uma cultura de inovação e fornece algumas ferramentas fáceis de usar dentro de uma estrutura de seis estágios para tornar a jornada bem-sucedida. Os conceitos e as ferramentas deste livro são claros, práticos e fáceis de usar – ele ajudará a tornar a inovação um aspecto central de sua estratégia."

Irene Stark Diretora de RH, ATS Euromaster

> "Ler *Inovação* é simplesmente como sentar para bater papo com os autores, que compartilham anos de experiência reunidos num único livro, num estilo de conversa informal, pontuado por pontos de vista, conceitos e estudos de caso importantes ao longo do caminho. Um guia útil para líderes que sabem que a inovação é crucial para o sucesso nos negócios e que estão navegando por essa jornada cultural."

Sarah Salter Diretora de RH, Northumbrian Water

> "Achei o livro um dos poucos que olham para a realidade como ela é hoje – muitas obras sobre gestão ainda olham para trás. Todos os exemplos citados são atuais, e o assunto é, sem dúvida, um dos principais com o qual se deparam todas as áreas de negócios atualmente. Um grande livro que definitivamente recomendo a qualquer profissional da mudança ou líder de negócios responsável por manter sua organização em dia."

Catherine Rutter Diretora de Operações de Mudança,
Lloyds Banking Group

> "Construir uma cultura de inovação dentro de um negócio é uma grande oportunidade para muitas organizações. Este livro constrói *frameworks* que podem

nos ajudar a navegar pela jornada de inovação, criando a cultura e o impulso por meio de confiança e empoderamento de equipes. Ele mostra como identificar as pessoas certas dentro da organização e as barreiras que desaceleram ou impedem a mudança. Um *insight* valioso que pode ajudar muitos de nós a seguir adiante nos processos de mudança e a criar a organização da próxima geração para que nossos negócios tenham sucesso no futuro."

Stephen Shurrock | CEO, Telefónica Global Consumer Group

Inovação realiza uma análise do mundo real sobre as questões de inovação e de cultura que as grandes empresas encaram à luz das rápidas mudanças no comportamento do consumidor e da concorrência emergente. Tem uma abordagem estruturada e pragmática voltada à implementação das capacidades de inovação nas organizações."

Duncan Mosely | Diretor de Desenvolvimento Corporativo, Prudential

Você já refletiu se a cultura de sua organização permite o pensamento inovador ou, ao contrário, impede que ele se enraíze? Com muita frequência, os líderes falham em identificar que a inovação que buscam simplesmente não é possível dentro dos moldes de sua atual cultura e que ser mais inovador requer mudanças em lugares imprevistos. Este livro lida com essa questão e constitui uma obra valiosa e relevante sobre o assunto."

Colin J. Browne | Autor de How to Build a Happy Sandpit
[Como construir um tanque de areia feliz]

O que torna este livro uma leitura crucial é que ele não só constitui uma obra inovadora mas também é um guia prático essencial para quem procura uma estrutura que lhe permita falar em inovação no local de trabalho e realmente torná-la realidade. A organização é transformada por uma liderança capaz de conduzir a inovação, por gestores que gerenciam a inovação e por uma comunidade mais efetivamente engajada na cultura de inovação. Os autores claramente têm vasta experiência prática em toda a cadeia de valor da inovação e valem-se dela para entregar um guia útil e de fácil assimilação para profissionais de todos os níveis."

Andrew Grahame | Cofundador, Mr & Mrs Smith Hotels

"Numa época em que todos estão falando em inovação, fica claro que não há muitos líderes de negócios que saibam a diferença entre invenção e inovação, ou entre pessoas inovadoras e empresa inovadora. A inovação sustentável só pode ser alcançada embarcando numa jornada rumo a uma cultura de inovação. Este livro é um guia útil para o que sempre será uma aventura longa e difícil. Ao fornecer diversas ferramentas práticas, estudos de caso e comentários valiosos, *Inovação* assegura que mais de nós cheguem ao nosso destino com sucesso."

Andy Hedge | Diretor Global de Aprendizagem e Desenvolvimento, Xchanging

"São poucos os líderes de negócios que não estão enfrentando o desafio de criar ou reenergizar o DNA inovador de suas organizações. Entregar as demandas de hoje e, ao mesmo tempo, assegurar que você permaneça relevante e atenda às demandas de seus clientes amanhã nunca foi um desafio tão grande para a liderança como agora. Não há um caminho único ou uma fórmula mágica para chegar a uma cultura inovadora, como tampouco há para outros desafios de negócios, mas alguns componentes-chave exigem a atenção da liderança, e *Inovação* percorre e explora essas dimensões usando alguns exemplos perspicazes extraídos da vida real, para ajudar a fazer a teoria e os conceitos ganharem vida. Um lembrete comprovadamente útil é que exercer uma liderança persistente e contar com as capacidades e a atitude mental das pessoas são uma constante. Com inúmeras pérolas para guardar e pensar em como aplicá-las ao seu próprio ambiente cultural, tenho certeza de que este é um livro ao qual sempre irei retornar para revigorar minhas estratégias."

Mark Howes | CEO, AXA Direct Protection; e Diretor, AXA PPP Healthcare

"Este livro ressalta de modo exemplar o valor da inovação na cultura de negócios como um diferencial competitivo. Tudo em *Inovação* tem valor prático, por isso é leitura obrigatória tanto para profissionais de RH como para líderes de negócios, que devem se adaptar continuamente às novas regras do jogo, aos avanços digitais e às novas gerações de consumidores. Utilizando estudos de caso, *insights* sobre as melhores práticas, estratégias para *stakeholders* e *frameworks*, este livro é um lembrete útil para aqueles que já estão fazendo progressos ou para identificar futuras oportunidades de crescimento."

Beth Robotham | Chefe de Desenvolvimento de Negócios, Bupa UK

" Desde a primeira página, este livro ajuda a desmistificar a inovação e mostra como implementá-la na cultura de uma grande e complexa empresa. Ajuda a assentar a inovação, e até a esclarecer sua própria definição, no contexto da organização individual e, mais importante, ajuda a delinear a maneira de medir a própria inovação, assim como o seu progresso ao longo dessa jornada – e isso é muito importante. É uma mudança revigorante em relação aos livros usuais sobre esse tema, que enfatizam por que precisamos inovar – neste livro, os autores mostram como comunicar a inovação, como engajar as pessoas e, em última instância, como fazê-la acontecer."

Nikki Wray Diretora de Entrega e do Corpo Docente, QinetiQ

" A inovação, que é o Santo Graal ao qual aspira a maioria das organizações de pensamento avançado, finalmente foi transformada num guia passo a passo, abrangente e de leitura fluente para a criação de uma verdadeira cultura de inovação. Sem dúvida, não se trata de uma receita do tipo 'um tamanho único serve para todos'. O desafio de alcançar a cultura de inovação certamente não é para os fracos, mas o que os autores se propuseram fazer (e conseguiram) é oferecer uma direção precisa e alguns modelos simples, por meio dos quais é possível chegar a uma jornada clara que qualquer organização pode seguir a fim de encaminhar-se para a criação de uma cultura inovadora."

Dra. Sue Waldock Diretora de RH, The Rank Group Plc.

" Um guia prático extremamente útil para desenvolver uma cultura de inovação em seu negócio. Muito claro e direto ao ponto. Irá revelar seu grande valor para profissionais que se esforçam para melhorar sua organização. Os autores oferecem uma visão estimulante e, ao mesmo tempo, apresentam uma abordagem passo a passo à gestão da mudança. Este livro produzirá grande impacto em seus leitores."

Professor Reinhard Bachmann Gestão Internacional, SOAS, University of London

inova~ção

Como implementar uma **cultura de inovação** na sua **empresa** e **prosperar**

Copyright © 2016 Cris Beswick, Derek Bishop e Jo Geraghty

Tradução publicada mediante acordo com a Kogan Page.

Título original: *Building a Culture of Innovation:*
A Practical Framework for Placing Innovation at the Core of your Business

Todos os direitos reservados pela Autêntica Editora Ltda.
Nenhuma parte desta publicação poderá ser reproduzida,
seja por meios mecânicos, eletrônicos, seja via cópia xerográfica,
sem autorização prévia da Editora.

EDITOR
Marcelo Amaral de Moraes

EDITORA ASSISTENTE
Luanna Luchesi

PREPARAÇÃO DE TEXTO
Luanna Luchesi

REVISÃO TÉCNICA
Marcelo Amaral de Moraes

REVISÃO
Felipe Magalhães

TRADUÇÃO
Luis Reyes Gil

CAPA
Diogo Droschi

PROJETO GRÁFICO E DIAGRAMAÇÃO
Christiane S. Costa

Dados Internacionais de Catalogação na Publicação (CIP)
(Câmara Brasileira do Livro, SP, Brasil)

Beswick, Cris
  Inovação : como implementar uma cultura de inovação na sua empresa e prosperar / Cris Beswick, Derek Bishop, Jo Geraghty ; tradução Luis Reyes Gil. -- 1. ed. -- São Paulo : Autêntica, 2023.

  Título original: *Building a Culture of Innovation: A Practical Framework for Placing Innovation at the Core of your Business*
  Bibliografia.
  ISBN 978-65-5928-253-1

  1. Estratégia 2. Inovação 3. Competitividade 4. Ambidestria 5. Tecnologia 6. Tecnologia da Informação I. Bishop, Derek. II. Geraghty, Jo.

22-139516   CDD-658.314

Índices para catálogo sistemático:
1. Inovação : Cultura organizacional : Administração de empresa 658.314

Aline Graziele Benitez - Bibliotecária - CRB-1/3129

A **AUTÊNTICA BUSINESS** É UMA EDITORA DO **GRUPO AUTÊNTICA**

São Paulo
Av. Paulista, 2.073 . Conjunto Nacional
Horsa I . Sala 309 . Bela vista
01311-940 . São Paulo . SP
Tel.: (55 11) 3034 4468

Belo Horizonte
Rua Carlos Turner, 420
Silveira . 31140-520
Belo Horizonte . MG
Tel.: (55 31) 3465-4500

www.grupoautentica.com.br
SAC: atendimentoleitor@grupoautentica.com.br

Cris **Beswick** | Derek **Bishop** | Jo **Geraghty**

inovação

Como implementar uma
cultura de inovação na sua
empresa e **prosperar**

TRADUÇÃO: Luis Reyes Gil

autêntica
BUSINESS

Sumário

12	*Lista de figuras e quadros*
13	*Agradecimentos*

14 | 01 | Introdução: você acredita que a sua organização inova?

17	Invenção *versus* inovação
20	Por que inovação?
23	Os motores da mudança – a Geração Z
28	Os motores da mudança – regulação
29	A cultura de inovação
33	"Organizações da Próxima Geração"
39	Apontando o caminho para a inovação
44	Superar barreiras à inovação
53	Resumo
54	Referências

58 | 02 | Compreender onde você está hoje

61	Por que não simplesmente adquirir a inovação?
63	Conhece-te a ti mesmo – a avaliação da cultura
68	Maturidade em inovação
76	Decidir a estratégia de inovação
84	Apropriar-se da agenda de inovação – engajar seu pessoal; criar empolgação
85	Apropriar-se da agenda de inovação – o mix de risco/recompensa

87	Apropriar-se da agenda de inovação – posicionamento da apropriação
90	Apropriar-se da agenda de inovação – colaboração
91	Apropriar-se da agenda de inovação – a devida avaliação cultural
92	Apropriar-se da agenda de inovação – subculturas
93	Apropriar-se da agenda de inovação – alinhar-se à estratégia de inovação
96	Resumo
97	Referências

98 | 03 Construir uma **equipe** de **liderança** da **inovação**

99	Se não estiver na agenda da equipe principal, não estará na cultura
100	Alinhar a estratégia ao apetite da organização por inovação
103	Os principais motores da inovação
109	Exemplos de estratégias de inovação
111	Como apropriar-se de sua estratégia de inovação e de sua visão
112	Posicionar a inovação a todos
115	Construir consenso na equipe de liderança – você está pronto?
117	Construir consenso na equipe de liderança – colaboração e risco
118	Construir consenso na equipe de liderança – aceitação pessoal
120	Construir consenso na equipe de liderança – apropriação
122	Criar capacidade
124	Criar capacidade – gerir recursos
125	Liderar por meio da mudança
128	Resumo
129	Referências

04 Moldar o futuro

135	Moldar a visão
138	Definir os valores
141	Traduzir valores em competências
144	Moldar a jornada
149	Sistema operacional dual
152	Engajamento dos funcionários
156	Criar alinhamento
158	Benefícios da mudança
159	Resumo
160	Referências

05 Comunicação e engajamento das pessoas

165	Desenvolver engajamento
167	Programas de engajamento liderados pelos funcionários
169	O plano de engajamento
172	Agentes de inovação (*i-agents*)
182	O plano de comunicação e engajamento
192	Criação do plano de comunicação
195	O evento de lançamento da inovação
198	Resumo
199	Referência

06 Construir a habilidade de inovar

203	Liderança – fator crucial para o sucesso
206	Líderes precisam construir uma visão convincente

209	Liderar externamente
214	Por que os líderes precisam engajar o RH?
216	Identificar e engajar empreendedores internos
218	A estrutura de apoio a ecossistemas de inovação
226	Como medir a inovação?
228	Escolher métricas relevantes
232	Projetar seu processo de inovação
235	Resumo
236	Referências

238 07 **Enraizar** a cultura de **inovação**

240	Enraizar a mudança
244	Curtos demais, abruptos demais, superficiais demais
249	Fazer a mudança avançar
252	Desafios do primeiro estágio
257	Pessoas inovadoras
260	Contratar visando a adequação cultural
261	Fazer a inovação evoluir
263	Resumo
264	Referências

266 08 **Conclusão**

273	Referência

274	*Índice remissivo*

Lista de figuras e quadros

FIGURA 1.1 – Estrutura de seis estágios para construir uma cultura de inovação - 16

FIGURA 1.2 – Invenção *versus* inovação - 18

FIGURA 2.1 – Avaliação da cultura - 64

FIGURA 2.2 – O modelo 4x4 de maturidade em inovação - 69

QUADRO 2.1 – O mix de inovação sustentável - 79

FIGURA 2.3 – A decisão de inovação estratégica - 80

FIGURA 2.4 – A lacuna de inovação - 82

FIGURA 2.5 – Traduzir estratégia em comportamento - 94

FIGURA 5.1 – A Metodologia 4Es - 166

FIGURA 5.2 – Usar *i-agents* para traduzir estratégia em comportamento - 175

FIGURA 5.3 – Influenciar a mudança - 192

FIGURA 6.1 – O processo de inovação 3Is - 233

Agradecimentos

Gostaríamos de agradecer às nossas famílias e à equipe da Culture Consultancy pela permissão que nos deram de reservar tempo das nossas já ocupadas vidas para escrever este livro. Um agradecimento especial a Alison Griffiths por seu incentivo e sua paciência ilimitados, e por sua ajuda para que não nos desviássemos do caminho.

Queremos agradecer também aos nossos clientes, parceiros e redes de empreendedores por seu firme apoio, por confiarem que poderíamos entregar os resultados de que precisavam e por nos permitirem compartilhar os estudos de caso neste livro.

Introdução:
você acredita que a sua organização inova?

Este livro trata da maneira pela qual as organizações podem entregar longevidade e lucratividade por meio de produtos, serviços, modelos de negócios e experiências de cliente excepcionais, realmente diferenciados. Apoiado nas melhores práticas do setor, aliadas à inovação e à *expertise* em cultura organizacional, ele ajudará sua organização a se juntar àquelas que têm se recusado a aceitar o *status quo* e tentam fazer melhor, diferente, para aprimorar a relação negócio/ cliente e gerar força e agilidade de longo prazo nessa trajetória. Como? Colocando uma cultura de inovação no cerne daquilo que a organização faz e no modo de fazê-lo. Neste capítulo introdutório, vamos examinar a premissa básica que sustenta o imperativo da cultura de inovação. Veremos por que as organizações às vezes acreditam estar inovando, quando na realidade estão apenas flertando com a ideia da invenção. E vamos avançar para descobrir alguns dos fatores sociais e econômicos que têm feito da cultura de inovação não só uma força dentro da comunidade de negócios, mas também algo visto como uma potencial solução de mudança para governos e empresas estatais.

Nos capítulos a seguir, vamos guiá-lo pela sua jornada de inovação; analisaremos uma estrutura prática de seis estágios que lhe permitirá definir, desenvolver, defender e implementar uma cultura de inovação em sua organização. E já que estamos falando de inovação, vamos deixar claro que *não* lhe daremos uma panaceia universal ou um ABC dos passos prescritos que precisam ser seguidos para levar sempre a uma conclusão pré-definida. Isso não é inovação, não é o que a diferencia e não é assim que a cultura de mudança opera. Em vez disso, queremos indicar-lhe um caminho que, se for seguido, levará você a implementar uma cultura de inovação, além de descobrir e aplicar o verdadeiro potencial de sua organização.

FIGURA 1.1 Estrutura de seis estágios para construir uma cultura de inovação

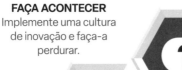

① COMECE COM *POR QUÊ?*
Entenda em que pé você está hoje e qual é o motivo da mudança.

② MONTE UMA EQUIPE
Monte uma equipe líder da inovação e uma equipe interna de mudança.

⑥ FAÇA ACONTECER
Implemente uma cultura de inovação e faça-a perdurar.

Estrutura de seis estágios para construir uma cultura de inovação

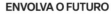

⑤ CRIE UM ROTEIRO
Construa habilidade para a inovação e desenvolva um plano detalhado.

④ UTILIZE O DIÁLOGO
Cuide da comunicação e do envolvimento das pessoas em torno da inovação e da mudança exigida.

③ ENVOLVA O FUTURO
Projete a organização e a cultura futuras em torno da inovação.

ONDE ESTOU?
Cada capítulo começa com uma barra de progresso que mostra qual estágio você já alcançou na estrutura de seis estágios.

A não ser que você esteja folheando este livro ao acaso, a essa altura, sua jornada pela inovação já o terá levado a sentir a importância desta nos negócios do século 21 e também a desenvolver uma compreensão do lugar que a sua organização ocupa

Cabe a pergunta: é imperativo que os negócios adotem uma cultura de inovação? Inequivocamente, afirmamos que sim – e o "Relatório sobre Inovação" de 2014 do Departamento de Inovação e Aptidões para os Negócios do Reino Unido (*Department for Business Innovation and Skills*, BIS) parece concordar, ao comentar que: "Negócios inovadores crescem a um ritmo duas vezes mais veloz que os não inovadores, e também mostram menor probabilidade de fracassar" (BIS, 2014).

Invenção *versus* inovação

Este livro não é sobre a história da inovação, embora de vez em quando sejam mencionadas algumas histórias como pontos úteis de aprendizagem. Este livro é mais sobre inovar o futuro, sobre maneiras pelas quais os negócios e as organizações em geral podem se transformar, a fim de mudar as vidas de seus funcionários e clientes em um nível global. Portanto, apesar de às vezes voltarmos os olhos para o passado, eles estão muito mais focados no futuro: em profundas mudanças de atitudes, crenças e comportamentos. Mas precisamos começar olhando para trás, fazendo menção ao passado, pois isso ajuda a compreender o quanto a inovação pode ser algo que muda o jogo radicalmente.

Desde a primeira vez em que o homem deixou de se abrigar debaixo de uma árvore e usou folhas e galhos para tecer um abrigo; desde a primeira vez em que olhou para o fogo e ficou imaginando se a comida poderia ficar melhor ao ser cozida; desde a primeira vez que ao olhar para uma caverna concluiu que seria um bom lugar para morar, nosso desenvolvimento tem sido marcado por invenção e inovação.

Essencialmente, invenção e inovação são duas faces da mesma moeda – o *yin* e o *yang*. Complementam-se e apoiam-se mutuamente, embora em certos aspectos sejam incrivelmente diferentes. Sim, porque enquanto a invenção busca apoiar-se no conhecimento existente para fazer algo novo ou diferente, a inovação busca criar sinergias e soluções duradouras. Em outras palavras, a invenção busca "o quê", e a inovação busca "o como". Antes de avançar, é preciso deixar claro que a inovação não trata só de "patentes para design", mas de mudanças profundas de atitude e de abordagem em uma organização. Portanto, uma das primeiras barreiras que os líderes de negócios precisam superar é parar de ver invenção e inovação como se fossem a mesma coisa. As duas

Introdução: você acredita que a sua organização inova?

podem em certos casos estarem interligadas de maneira indissoluta, mas as atitudes e os processos diferem muito.

Quando queremos inventar, damos a grupos de especialistas a tarefa de criar um produto ou introduzir um processo pela primeira vez. Ao inovar, envolvemos todos num movimento para melhorar produtos, processos, serviços, experiências ou para criar soluções para problemas genuínos. Portanto, a invenção procura novas ideias, novos produtos, novas coisas; a inovação pergunta: o que podemos fazer de modo diferente; o que podemos mudar; como podemos melhorar, mas, mais importante, quer descobrir como implementar; como fazer nossa "solução" chegar até aqueles que estão precisando dela.

FIGURA 1.2 Invenção *versus* inovação

INVENÇÃO

O processo de introduzir algo novo ou diferente...

É uma ideia **NOVA**?

... a fim de resolver um problema genuíno, agregar valor real ao cliente e trazer crescimento ao seu criador...

É uma ideia **ÚTIL**?
É uma ideia **ACESSÍVEL**?
É uma ideia **FACTÍVEL**?

INOVAÇÃO

O diagrama anterior pode ajudar a elucidar a diferença entre invenção e inovação em sua organização e prover uma lista de verificação simples ao sugerir que você pergunte a si mesmo: a ideia é *nova*? Ela é útil? É *acessível*? E, o mais importante – já que mesmo a mais magnífica das ideias não terá valor se ficar na prateleira –, a sua ideia é *factível*?

A área acima da linha pontilhada, isto é, o processo de introduzir algo novo ou diferente, é o que pode ser considerado geralmente como *invenção*. Os três elementos abaixo da linha são ingredientes adicionais exigidos para passar da invenção à *inovação*. Portanto, a principal consideração é se existe um problema genuíno. Aonde não existe nenhum problema, você pode ter projetado algo "original", mas estará no campo da invenção; quando o objetivo for encontrar uma solução a um problema observado, identificado, explicitado ou não, então é mais provável que você esteja inovando. Talvez valha a pena destacar aqui que o simples fato de um problema não estar explicitado não quer dizer que não precise de uma solução inovadora. Por exemplo, os clientes podem não estar cientes de que uma mudança na legislação ou na especificação pode gerar problemas mais adiante. Prever e providenciar uma solução a esses problemas pode muito bem recair ainda na categoria de inovação.

Em segundo lugar, soluções inovadoras não só resolvem um problema como fazem isso tendo em mente o mercado-alvo. Isso significa que a solução precisa ser acessível, isto é, precisa poder ser bancada. No entanto, não confunda acessível com barata; uma solução genuinamente acessível significa que o custo é proporcional ao problema e à dimensão do mercado. Isso quer dizer que algumas soluções "acessíveis" podem acarretar até custos significativos, dependendo do setor e daquilo que o cliente considera um bom valor. Também é importante lembrar aqui que acessível nem sempre é algo relacionado ao custo, pura e simplesmente. Por exemplo, uma solução que poupa custos ao cliente, mas obriga-o a gastar um tempo adicional "penando" por conta de uma interface de computador pode não ser uma opção "acessível".

Finalmente, tudo o que dissemos acima só compensa ser feito se a organização gerar um retorno. Mas, dependendo do que sua organização faz ou de qual seja a sua estratégia, esse "retorno" pode não ser necessariamente financeiro. Por exemplo, fortalecer a lealdade do cliente ou a reputação da empresa pode ser encarado como um resultado bem-sucedido. Para organizações que têm um contrato social, reduzir ou mitigar os efeitos da mudança climática ou dar passos em direção à sustentabilidade pode também cair na categoria de "resultado bem-sucedido". Mas qualquer que seja a meta, a chave é considerar se a organização irá se beneficiar a longo prazo e, portanto, se a relação tempo/custo-benefício torna a ideia factível.

Compreender a diferença entre invenção e inovação é crucial para que os negócios criem propostas diferenciadas a longo prazo. Vamos examinar dois exemplos e, para começar, vamos remontar a 3.500 a.C. Se pedirem para citar as dez maiores invenções de todos os tempos, a invenção da roda provavelmente ocupará os primeiros lugares na lista de muitas pessoas. No entanto, a roda em si é um mero objeto. O que faz dela uma inovação é a maneira de usá-la, os problemas que resolve e seu desenvolvimento contínuo. Avançando no tempo, o mesmo vale para outras invenções, como o motor a vapor, as baterias, as superfícies não aderentes ou o microchip.

O microchip é um ótimo exemplo de uma invenção que passou a ser utilizada de maneiras inovadoras. A Apple, sob a liderança de seu falecido CEO Steve Jobs, é amplamente creditada como uma das organizações mais inventivas e inovadoras de todos os tempos. Mas, se você parar um pouco para examinar os produtos da Apple, verá emergir um padrão interessante. No fundo, todos os telefones, computadores e dispositivos portáteis são um conglomerado de microchips, speakers, transformadores de energia e assim por diante. Todos já haviam sido inventados sob uma forma ou outra quando a Apple entrou em cena, por isso exaltá-la como organização inventiva pode ser questionável. O que a Apple conseguiu fazer foi pegar esses elementos disparatados e combiná-los para produzir computadores, dispositivos portáteis e smartphones que atenderam à necessidade que o público tem de dispositivos fáceis de usar, bem desenhados e multiuso, e é pela combinação desses componentes e sistemas periféricos que ela de fato merece ser exaltada como inovadora.

Por que inovação?

Agora que começamos a lidar com a ideia de que inovação e invenção são coisas diferentes, precisamos parar e perguntar: por que inovação? Os efeitos práticos da Lei de Moore, segundo a qual o número de transistores em um circuito integrado denso duplica a cada dois anos aproximadamente, resultam na contínua abertura de potencial tecnológico. Com esse ritmo de mudança tecnológica, será que tudo o que os negócios precisariam fazer seria inventar, melhorar os produtos existentes ou aproveitar os recursos de novos programas? Na realidade, já que há todo esse potencial inventivo à disposição, por que se incomodar com inovação? Bem, há duas razões muito fortes para que a invenção não seja suficiente. A primeira é que inventar por inventar pode facilmente resultar em produtos que simplesmente não têm apelo no mercado. Basta voltar algumas gerações e ver a maneira pela qual o VHS superou seu concorrente, o Betamax – embora, aos olhos dos puristas, o Betamax oferecesse uma gravação de melhor qualidade. Vamos atrasar o relógio um pouco mais até o período logo após a Segunda Guerra Mundial e dar uma olhada no aeroplano Bristol Brabazon. Projetado como alternativa de luxo ao avião de passageiros, seus inventores acharam que ele iria tomar o mercado de assalto. Em vez disso, foi rejeitado em favor de aviões menores, mais rápidos e mais econômicos, que pavimentaram o caminho para o transporte de massas por via aérea ao redor do globo.

Esses são apenas dois exemplos de invenções que, em tese, eram superiores em qualidade, mas falharam em captar o espírito da época. Aí reside um dos problemas fundamentais da invenção pura: não importa o quanto a qualidade seja superior, o quanto o produto seja avançado tecnologicamente, se ele não estiver em sintonia com os clientes, se não resolver um problema ou uma necessidade genuínos, quer estejam explicitados ou não, o produto ou serviço não terá sucesso. E esse é particularmente o caso da atual geração de consumidores. Os clientes e os consumidores de hoje, forjados nas dificuldades da recessão e com sua percepção de mundo moldada pelo acesso à internet de modo "sempre *on*", são muito diferentes das gerações anteriores, mais dispostas a aceitar a suposta autoridade emanada dos negócios estabelecidos. Voltaremos a isso mais adiante neste capítulo ao examinarmos a Geração Z, mas vale notar que essa mudança nas atitudes do consumidor está em sintonia perfeita com os aspectos colaborativos de uma cultura da inovação. Trabalhar com os clientes para definir suas necessidades e então criar conjuntamente soluções é algo que não só fortalece a lealdade do cliente como atende fortemente a alguns dos critérios-chave da inovação.

Há outro elemento a examinar aqui que é a maneira pela qual alguns itens captam a imaginação do público ou são adotados porque as pessoas sentem que eles preenchem um vazio que os outros simplesmente não conseguem preencher. Por que o iPad decolou enquanto o Google Glass foi tirado do mercado? Pode ter sido simplesmente por preocupações a respeito de privacidade; no entanto, a impressão foi que o público simplesmente estava pronto para um produto, e não para o outro. Mesmo assim, embora o Google Glass tenha sido retirado, ainda está sendo desenvolvido e, sem dúvida, irá reaparecer numa forma diferente no futuro. Isso ilustra perfeitamente um dos atributos-chave de uma cultura de inovação: o "fracasso" é um ponto de aprendizagem e aquilo que não funciona agora pode ser um degrau para o futuro.

Outra razão crucial que explica por que a invenção pura não é suficiente para garantir vendas pode ser resumida pela mudança na ordem mundial propiciada pela internet. O mundo não vive mais aqueles dias em que uma nova invenção, um novo produto, uma campanha publicitária sagaz ou um novo canal de mercado podiam gerar suficiente crescimento para manter os acionistas da organização satisfeitos. O advento da era digital global deu uma dimensão dramática ao campo de jogo. Não há mais a ideia de que certos produtos ou serviços são privilégio dos *big players*, e que as entidades menores ficam relegadas a catar as migalhas.

Vivemos agora uma era de homogeneidade, na qual todos os negócios, grandes ou pequenos, têm potencialmente o mesmo nível de acesso a produtos e tecnologias. Um comerciante individual pode anunciar na internet e participar de interações nas mídias sociais tão facilmente quanto uma organização maior. Inovações tecnológicas são dissecadas e disseminadas pela internet num tempo muito curto, e jovens empreendedores detectam e aproveitam oportunidades de mercado em escala internacional. Na realidade, negócios e empreendedores menores são capazes de atuar de maneira mais rápida e ágil do que seus concorrentes estabelecidos há mais tempo, uma vez que não têm o peso do legado ou a mentalidade de medo e de aversão ao risco. Esse é o desafio de mercado que as organizações maiores precisam vencer para assegurar futuro crescimento.

Em alguns casos, as organizações até compartilham suas novas tecnologias on-line na expectativa de que suas invenções levem a mudanças no mercado. A internet também fez crescer um fenômeno novo: voltar-se para o poder das massas de criar soluções rápidas para problemas globais, como potenciais curas de doença.

Esse nivelamento dos campos de atuação vem desafiando organizações maiores, mais estabelecidas, de maneiras que elas nunca poderiam ter previsto há alguns anos. Para encarar esses desafios, para enfrentar os empreendedores em termos iguais e para equiparar-se a eles em flexibilidade, as organizações precisam se reinventar. Em outras palavras, precisam empoderar os *empreendedores internos*, criando uma força de trabalho tão capaz, ágil, empoderada e engajada como a que vemos nos negócios empreendedores individuais. E como qualquer um pode acessar os mesmos níveis de tecnologia, então os diferenciais passam a se mover cada vez mais em direção a inovar na criação de modelos de negócios e experiências de cliente diferenciadas. Além da homogeneidade, há dois principais fatores que vêm tornando a cultura de inovação imperativa nos negócios modernos. São eles as mudanças nas expectativas dos consumidores, em especial na Geração Z, e um novo imperativo constituído pelos órgãos reguladores em escala mundial.

Os motores da mudança – a Geração Z

Já mencionamos que os consumidores de hoje não tendem tanto a aceitar a autoridade dos negócios como ocorria tempos atrás. Isso é fruto, em parte, da recessão e, por outro lado, de sucessivos escândalos, como a rotulagem enganosa de produtos de carne, a manipulação da London Interbank Offered Rate (LIBOR) [taxa de juros referencial diária para transações entre bancos], a venda abusiva de títulos com lastro em hipotecas nos EUA ou o Seguro de Proteção de Pagamentos [*Payment Protection Insurance*, PPI] no Reino Unido, que mancharam a visão de que os negócios estão sempre agindo com correção. Mas, muito mais que isso, foi o crescimento da internet que deu origem a uma nova estirpe de consumidores e funcionários, indivíduos com uma visão de mundo diferente de qualquer outra já vista. São os herdeiros da mudança; os que veem a mudança tecnológica e social que ocorre ao redor deles e se dispõem a acolher o potencial que essa mudança traz. De certo modo, são a corporificação daqueles a quem Eric Hoffer (1973) se referia ao afirmar: "Num tempo de mudança drástica, aqueles que aprendem são os que herdam o futuro. Os que já sabem costumam achar que estão equipados para viver, mas num mundo que não existe mais".

No século 18, jovens ricos – e algumas poucas mulheres – partiam para a Grande Viagem [*Grand Tour*]; uma excursão pela Europa, que tinha o intuito de abrir-lhes os olhos para a herança cultural e para conhecer outros estilos de vida. Mas, para as massas que ficavam no país, a ordem social e de consumo era muito ditada pelos líderes seculares e religiosos da comunidade local, e as preocupações locais superavam de longe os assuntos internacionais, a não ser quando alguma guerra intervinha.

Aos poucos, com o advento dos jornais e do rádio, a visão de mundo ampliou-se. Aqueles que voltavam da guerra traziam histórias de outros modos de vida e, após a Segunda Guerra Mundial, o caminho ficou aberto para viagens em massa e nossos horizontes se abriram. O comércio internacional se expandiu, não olhávamos mais para o exterior apenas para obter itens de luxo, e os negócios começaram a incorporar fornecedores estrangeiros para vender seus modelos de maior valor.

Mas, mesmo então, o ponto de vista geral privilegiava o provincial. Isso até o advento da internet, que fez com que a Grande Viagem e o ponto de vista mundial chegassem a todos os lares, negócios e dispositivos inteligentes. A primeira geração a crescer e entrar no mundo do trabalho já com a presença da internet foi a Geração Y. Em 2014, os nascidos no final da Geração Y completavam 18 anos, mas já haviam vivenciado os profundos efeitos das interações no ambiente de trabalho e nos hábitos de consumo.

No entanto, em certo aspecto, os membros da Geração Y foram apenas os precursores do que estava por vir, conhecendo a internet, mas sem mergulhar totalmente no seu potencial. Portanto, se você acha que as demandas da Geração Y por uma nova maneira de fazer negócios sacudiu nossa visão de mundo, espere só até Geração Z dominar o mercado. Nascida por volta da virada do século, essa geração já foi amplamente reconhecida como a mais diversa e mais tecnologicamente capaz já vista.

Os membros da Geração Z nunca conheceram uma época em que não houvesse acesso rápido à banda larga. Segundo um relatório do Ofcom [órgão regulador das comunicações no Reino Unido], crianças de 6 anos de idade têm a mesma compreensão digital que pessoas de 45 anos, e adolescentes de 14 e 15 anos estão bem à frente nas avaliações de quocientes digitais. Esses jovens gastam 94% de seu tempo de comunicação nas redes sociais ou em comunicações instantâneas, ficando o restante por conta de e-mails (2%) e chamadas de voz (3%) (Ofcom,

2014). Eles são os membros da geração "sempre *on*", conectada, multitarefa, cujo limiar de atenção pode ser de apenas oito segundos, mas que também assimilam tanta coisa nesses oito segundos que deixam as gerações anteriores envergonhadas.

As organizações que se aferram à velha maneira de trabalhar, que atribuem importância ao produto apenas em termos de preço, que consideram lucros a curto prazo mais importantes que a estabilidade de longo prazo e que veem clientes e funcionários como um estorvo necessário terão que encarar uma curva de aprendizagem profunda e íngreme se quiserem interagir de maneira bem-sucedida com a Geração Z. Mesmo as "Organizações da Próxima Geração" – aquelas que alavancam inteligência, colaboração e adaptabilidade para criar produtos e serviços que tenham sintonia com o mercado em mudança – precisarão permanecer no nível mais alto de seu jogo para atender às expectativas e à visão de mundo da geração internet pós-milênio. Examinaremos as "Organizações da Próxima Geração" com maior profundidade mais adiante neste capítulo.

Não se iluda: ao longo dos próximos dez anos, à medida que a Geração Z for amadurecendo, seus membros irão transformar o panorama dos negócios. Não haverá mais lugar para a aceitação e a passividade sem reflexão e entrarão em cena a apropriação e a interação. Como diz um relatório da pluralthinking sobre a Geração Z (2014): "A Geração Z nunca foi uma geração de receptores passivos de mensagens de marca, de usuários de produtos ou de escolhedores de ideias. Sua expectativa é estar envolvida na criação e no destino de uma marca". Se você pega o exemplo de calçados esportivos, verá que viemos de uma geração mais tradicional, que utilizava em massa o *"white plimsoll"* [calçado esportivo de lona branca e solado fino de borracha], passamos para um esquema do tipo "a lealdade à marca é tudo" e chegamos agora a um tempo em que podemos entrar em uma loja on-line e escolher nosso design individual de cor e estilo.

A expectativa dos membros da Geração Z não é só que as marcas escolhidas interajam com eles, mas que elas reflitam um ponto de vista ético mais maduro. Criados no caos da recessão e em meio à agitação, os indivíduos da Geração Z são muito mais maduros e se importam mais que os da geração anterior. Um relatório da Sparks & honey (2014) que examinou a Geração Z nos Estados Unidos revelou que seus membros:

>> São superconscientes de seu impacto no planeta.

>> Importam-se mais com as coisas, com 60% deles inclinados a realizar atividades como voluntários.

>> São mais autodirigidos – acostumaram-se a procurar respostas on-line.

>> São empreendedores, e 72% deles querem iniciar seu próprio negócio.

Além disso, eles também pensam em 4D e sentem-se à vontade comunicando-se por imagens. O relatório sugere ainda que os indivíduos da Geração Z têm domínio bem maior da espacialidade e estão mais familiarizados em ver e se comunicar on-line por imagens compartilhadas – incluindo vídeos de 360 graus. Na realidade, a facilidade que têm para se comunicar de múltiplas maneiras levou-os a sair de uma orientação por equipe das gerações anteriores em direção a uma consciência coletiva. Os membros da Geração Z são tão diferentes das gerações precedentes que será necessário um salto conjunto para que as organizações tenham sucesso em integrá-los ao mundo dos negócios como clientes ou funcionários.

Os membros da Geração Z, enquanto funcionários, importam-se mais com as coisas e são mais maduros e competentes em tecnologia, então faz sentido que seu local de trabalho seja obrigatoriamente muito diferente. Esses futuros funcionários simplesmente não estarão em sintonia com um local de trabalho onde tenham que passar o dia num ambiente estruturado hierarquicamente em departamentos. Quando esses indivíduos chegam a um local de trabalho, querem estar envolvidos e usar plenamente sua criatividade multitarefa. E, não se esqueça, uma das principais razões para a diversidade no trabalho é que o mix de funcionários precisa refletir a diversidade existente na esfera de influência da organização. Ou seja, se você tem clientes na Geração Z, vai precisar de funcionários da Geração Z que ajudem a projetar produtos e serviços, valores e atitudes, perfeitamente alinhados à base de clientes.

Adaptar-se à Geração Z já é em si um desafio. Os empregadores terão que mudar seus modelos de negócios para poder atrair, reter e recompensar os membros mais destacados dessa geração. Trabalho flexível, uma mistura de tempo pessoal e tempo para negócios e o acolhimento de uma colaboração inclusiva são aspectos que têm que fazer parte do vocabulário da empresa, além de, é claro, estar à altura da pauta de inovação.

Da perspectiva dos negócios, a Geração Z é o elemento necessário para transformar o panorama. Eles não precisam que ninguém exponha os benefícios de uma cultura de negócios aberta, inovadora, transparente, pois vivem isso diariamente. Essa geração não só acredita em inclusão e comunicação: isso faz parte do seu DNA. E pobre da organização que tentar aprisionar essas pessoas num sistema hierárquico preexistente ou que imaginar que um mero discurso sobre responsabilidade social corporativa seja suficiente. Os membros da Geração Z têm a expectativa de ver valores como responsabilidade social, inclusão e sustentabilidade demonstrados em bases concretas, no dia a dia – caso contrário, caem fora, e levam seus talentos a uma cultura de negócios mais aberta e inovadora ou então partem para montar um negócio próprio.

Portanto, para atender a essa nova geração, as organizações precisarão adaptar-se a uma metodologia inovadora e ágil. As mídias sociais não são apenas um acréscimo ao marketing, são agora parte intrínseca do próprio produto. Atualmente, vender é algo que tem menos a ver com o produto do que com a experiência. Num mundo em que a interconexão é um dado onipresente, aqueles que buscam se destacar precisam oferecer experiências originais que transmitam ao usuário um sentido de apropriação.

Há outra mudança sendo imposta também pelos consumidores da Geração Z: a ideia de *hiperlocalismo*. Essa geração, que vê o mundo como seu quintal dos fundos, em sua busca de identidade tem muito maior probabilidade de acolher produtos e serviços nos quais possa detectar um significado pessoal ou local. Essa ideia de dar um toque local a um produto global vai crescer ainda mais à medida que a Geração Z se estabelecer. Na realidade, segundo o relatório sobre a Geração Z da pluralthinking (2014), essa ascensão do hiperlocalismo já viu o McDonald's oferecer produtos que são típicos de alguns países, como o camarão ebi no Japão, ou quando na Copa do Mundo de 2014 muitos brasileiros participaram vestindo produtos feitos localmente.

Se você pensar melhor, o hiperlocalismo na verdade é um dos próximos passos naturais a serem dados como reação a um mundo crescentemente homogêneo. Quando tudo pode ser igual, o diferencial precisa ter cada vez mais sentido. A maneira pela qual propiciamos experiências de cliente excepcionais é um aspecto disso, assim como envolver o cliente no design do produto; mas também faz parte dessas ações a criação de um produto que fale diretamente ao cliente e tenha um sentido pessoal para ele.

Os motores da mudança – regulação

> " Crescimento movido por inovação pode também prover a manobrabilidade que permitirá que os governos lidem com desafios prementes, sociais e globais, sendo, portanto, crucial para promover a transição para economias mais verdes" (Gurría, 2010).

Desde que o secretário-geral da OCDE (Organização para a Cooperação e Desenvolvimento Econômico) fez essas observações em 2010, o imperativo de incentivar o crescimento global por meio de inovação ganhou novo impulso. As consequências da crise financeira global e dos sucessivos escândalos e vendas abusivas [*mis-selling*] levaram os órgãos reguladores mundiais a encarar a inovação como solução, tanto para impulsionar o crescimento como para criar um novo imperativo de negócios que valorize a cultura de fazer as coisas da maneira correta em lugar da cultura de lucratividade a curto prazo. Para onde quer que você olhe, das organizações internacionais, como o G20, à OCDE, à União Europeia e aos países individuais até chegar aos negócios, há o reconhecimento de que o crescimento movido por inovação é a única maneira de avançar.

Na realidade, a inovação está muito presente na agenda do G20. Nos últimos anos, as reuniões do G20 estão destacando uma quantidade cada vez maior de iniciativas inovadoras identificadas como tendo potencial de impulsionar o crescimento global. E esse imperativo tem sido assumido ao redor do mundo.

Os órgãos reguladores do Reino Unido também são fortemente favoráveis ao imperativo da inovação, e a Financial Conduct Authority anunciou em 2014 que: "Nosso compromisso de fomentar a inovação no interesse dos consumidores não é uma moda passageira. É agora parte importante de nossa filosofia regulatória" (Wheatley, 2014).

O tema de desenvolver a cultura organizacional para atender à nova dinâmica de inovação foi repercutido pelo Conselho de Relatórios Financeiros [Financial Reporting Council, FRC] em 2015, quando anunciou que naquele ano continuaria a "avaliar o quanto os conselhos são eficazes para estabelecer culturas e práticas de empresas, e para implementar bom comportamento corporativo" (FRC, 2015).

A cultura de inovação

Agora que já temos maior compreensão da diferença entre invenção e inovação e já examinamos alguns dos imperativos que têm levado as organizações a colocarem-se à prova do futuro, adotando uma cultura de inovação, é hora de desenvolver nossa compreensão do que é de fato uma cultura de inovação. Vamos começar examinando a cultura organizacional, mas pode ser útil primeiro dar uma rápida olhada num par de definições.

 NOSSA DEFINIÇÃO DE CULTURA:
É a combinação entre, de um lado, estilo de liderança, valores, comportamentos, atitudes e práticas de trabalho das pessoas de uma organização e, de outro, infraestrutura formal e informal que faz com que essa cultura se estabeleça (políticas, processos, sistemas); ela é visível não apenas para os empregados, mas também para clientes, parceiros e fornecedores.

 NOSSA DEFINIÇÃO DE INOVAÇÃO:
É a implementação bem-sucedida de algo novo ou diferente, que pode ser adquirido, é acessível, agrega valor ao cliente por resolver um problema real e traz crescimento ao seu criador.

Vamos começar examinando o básico da cultura organizacional. Toda organização tem uma cultura. Ela pode ser tóxica, nebulosa, ou, ao contrário, ser algo que estimula sinergias e promove mudanças no negócio, mas, seja ela reconhecida ou não, está ali. A cultura de uma organização começa a se desenvolver mesmo antes que a organização seja formalizada no papel. Ela é afetada pelos pensamentos e pelas ações de sua equipe de liderança e de seus funcionários; pode evoluir ao longo do tempo e ser modificada por um esforço conjunto (programa de mudança) ou por uma nova liderança, uma fusão com outra organização etc.

É tentador para os líderes organizacionais acreditarem que sua cultura é o que está expresso em seu manual do funcionário, que é sinônimo de seu processo de gestão do desempenho e dos fluxos de trabalho – mas, na realidade, a cultura vai mais fundo. Ela é menos as coisas que são feitas e mais a maneira pela qual são feitas. É o DNA da empresa, e, em última instância, guia o envolvimento da organização com seus funcionários e suas relações com o mundo em geral.

A *cultura organizacional* é constituída essencialmente pelas crenças, valores, atitudes e comportamentos coletivos e pelo estilo de comunicação das pessoas que trabalham na organização. Quando não foi deliberadamente estruturada ou reestruturada pelos líderes atuais ou anteriores da organização, a cultura é fruto de uma construção e uma modificação ao longo do tempo a partir de cada interação interna e externa. Uma organização com uma cultura forte tem maior probabilidade de manter bons relacionamentos com fornecedores, de contar com funcionários envolvidos, de ter uma base de clientes leal, uma reputação on-line positiva e de atrair investidores e instituições financeiras que de bom grado apoiam o negócio com empréstimos e outros investimentos.

Para ajudar nossa compreensão, vamos dar uma rápida olhada em dois hotéis que ficam bem próximos, na mesma cidade. Eles podem ter instalações e faixas de preço idênticas, mas um é mais popular que o outro. A razão disso provavelmente tem a ver com diferenças na cultura, com um dos hotéis recebendo e tratando hóspedes como amigos prezados e o outro mais como transações comerciais. O hotel com a melhor cultura vive uma evolução em espiral, com hóspedes satisfeitos postando comentários on-line positivos que incentivam mais hóspedes a preferi-lo e assim por diante.

Podemos também tomar como exemplo uma organização que no seu site ou em suas redes sociais declara que coloca os clientes em primeiro lugar ou que oferece um excelente nível de serviço ao cliente. Se as palavras forem apoiadas por ações que em cada pessoa e processo promovam a excelência ao cliente, então o negócio irá lucrar. Mas se, na prática, os funcionários trabalham para cumprir metas por número de atendimentos, sem se importar com o resultado, se os líderes de departamento estão mais preocupados em demonstrar sua superioridade aos subalternos e se a equipe de liderança valoriza acima de tudo o cumprimento de metas, então claramente as palavras não batem com as ações e o negócio sofrerá.

Infelizmente, apesar das melhores intenções no topo da organização, a mensagem sobre a pretendida mudança na cultura é às vezes tão filtrada pelas sucessivas camadas que os funcionários na linha de frente não têm ideia de que deveriam mudar seu comportamento, ou então não sabem como fazê-lo. Na prática, a almejada transformação nos valores de marketing não se traduz em comportamentos tangíveis, e o resultado são funcionários que não foram reeducados, engajados ou não tiveram condições de agir de outro modo.

Fazendo um breve parêntese para levar o aspecto teórico para a vida real, vamos dar uma rápida olhada na Zappos.com. Amplamente considerada uma das principais organizações inovadoras do mundo, a Zappos começou como vendedora on-line de calçados e roupas nos Estados Unidos. Mas descrever a Zappos apenas como vendedora de calçados seria como chamar Michelangelo apenas de pintor e decorador. Com dez valores essenciais, que vão de "Entregue um UAU junto ao seu serviço" a "Seja humilde", a Zappos é amplamente citada como uma empresa com excelente nível de cultura, inovação e envolvimento de funcionários, tanto que agora expandiu sua oferta e oferece "treinamentos imersivos", para mostrar a outros líderes como podem aprender a partir da experiência da Zappos.

Alguns podem ver a empresa como uma anomalia, uma organização cuja extravagância caprichosa só pode funcionar no universo da moda. Mas embora seja verdade que nem toda organização se daria bem adotando plenamente o modelo da Zappos, também é verdade que muitas poderiam aprender com sua maneira de moldar a organização

Introdução: você acredita que a sua organização inova?

para atender à sua missão essencial de "prover o melhor serviço possível ao cliente". Essa missão põe foco no engajamento do funcionário, em priorizar o cliente e em inovação. Mas, apesar de todas as alegações chamativas, criar uma cultura fortemente inovadora não significa criar anarquia. Portanto, embora a diversão, a extravagância e a aventura façam parte dos valores essenciais, o código de conduta da organização inclui aspectos mais tradicionais, que falam de integridade, confidencialidade e honestidade.

Não se engane, porém – quer você adote uma cultura mais descontraída ou tente manter uma imagem mais sóbria, o que vai diferenciar seu negócio de todos os outros é a maneira com que você acolhe a inovação como um meio de prover uma experiência de cliente excepcional. Algumas das ideias originais da Zappos, como devoluções gratuitas e entregas gratuitas, poderiam facilmente ser adotadas por qualquer outra organização de vendas, mas é apenas quando são apoiadas por um serviço excepcional proporcionado pelo compromisso dos funcionários é que um negócio pode começar a mostrar *de que maneira* entrega isso, mais do que realçar *aquilo* que ele entrega. E para garantir que o "como" se destaque, todos os novos funcionários da Zappos, seja qual for o nível, começam com um processo de orientação que dura quatro semanas e inclui atender telefonemas e lidar com vendas e devoluções. Ao final desse período, desde que tenham cumprido o curso, os potenciais funcionários têm a opção de assumir o emprego ou de receber uma soma em dinheiro e ir embora. Esse processo de duas mãos significa que não é apenas a Zappos que está contratando funcionários que se encaixam em sua cultura, mas que os funcionários também estão escolhendo a empresa pela mesma razão.

Inovador, engajado e holocrático; o modelo Zappos não é para qualquer um. Mas ele tem propiciado clientes leais, uma taxa mais baixa de rotatividade de pessoal e gerado boa quantidade de negócios que chegam por meio de recomendações. Como diz o CEO Tony Hsieh: "a sua cultura é a sua marca. O serviço ao cliente não deve ser apenas um departamento; deve ser a empresa inteira" (Hsieh, 2010).

Assim, se uma cultura forte se traduz em bons retornos, por que se incomodar em dar o próximo passo, que leva a uma cultura de inovação? Será que uma cultura de inovação é de fato necessária ou apenas uma moda que os líderes podem adotar para fazerem bonito no site? Em termos bem simples, ter uma cultura forte não é por si só suficiente num mundo 24/7 homogêneo, o que torna imperativa uma cultura de inovação – a ponto de um Relatório da Unidade de Inteligência do *The Economist* ter mostrado que: "A maioria das empresas identifica a inovação como prioridade estratégica" (The Economist, 2015).

Basta uma simples recapitulação dos últimos anos para ver organizações aparentemente fortes falharem por não terem sido suficientemente ágeis em mudar sua oferta e reagir à mudança tecnológica, ou então por não terem compreendido as mudanças nas exigências de seus clientes. Ter uma cultura forte não é mais suficiente, a não ser que a cultura englobe as três metas da inovação, isto é, inteligência, colaboração e adaptabilidade.

Em termos bem básicos, uma cultura de inovação é uma cultura na qual a organização busca entregar produtos e níveis de serviço que lhe permitam destacar-se de seus concorrentes. Com efeito, se a organização é conduzida por uma cultura de inovação, conseguimos não só produtos que mudam o jogo mas também uma maneira de trabalhar inteiramente nova, que leva a níveis de experiência do cliente capazes de mudar o jogo. Mas as culturas de inovação bem-sucedidas vão além. Elas compreendem que, para fazer realmente diferença, precisam não só atender às demandas do cliente mas também estar na linha de frente da demanda, moldando e criando mercados, liderando e direcionando a mudança.

"Organizações da Próxima Geração"

Há três tipos de negócios neste mundo: aqueles que não conseguiram sobreviver à recessão, os que sobreviveram mas estacionaram ou estão em lento declínio e aqueles que irão criar o futuro. Nós chamamos esses últimos negócios de "Organizações da Próxima Geração". Essas organizações compreendem que o futuro não virá por meio das atuais maneiras de trabalhar. Sabem que o jogo passou de "o quê" para "como" e que eles precisam dominar a inovação estratégica a fim de entregar novos modelos de negócios e experiências diferenciadas. E que, para ser uma Organização da Próxima Geração, precisam focar nos três elementos essenciais da inovação: inteligência, colaboração e adaptabilidade.

Introdução: você acredita que a sua organização inova?   **33**

Por que inteligência? Porque apesar do crescente predomínio dos "megadados" [*big data*], os índices de satisfação do cliente ainda mostram uma lacuna entre as expectativas e o que é entregue. De fato, o Relatório do Índice de Satisfação do Cliente do Reino Unido de 2015 mostra que: "os resultados refletem profundas mudanças no ambiente de mercado. As expectativas dos clientes evoluíram velozmente, levando a um desejo sempre crescente de praticidade, rapidez e valor" (Institute of Customer Service, 2015).

Por que colaboração? Porque o mercado tem se afastado de maneiras de trabalhar ilhadas, em departamentos, e vem adotando uma abordagem mais aberta, que extrai ideias de toda parte. O relatório do Institute of Customer Service acima mencionado também comenta que: "nesse novo ambiente, aquelas organizações que colocam o serviço no cerne de seus modelos de negócios e colaboram para entregar uma experiência de ponta a ponta serão as mais bem-sucedidas".

Por que adaptabilidade? Porque 54% das empresas encaram a criação de novos produtos e serviços como uma das três prioridades máximas para os próximos anos (The Economist, 2015). Negócios que não se direcionam a adaptar e introduzir produtos rapidamente no mercado serão passados para trás pelos disruptores, alguns dos quais sequer foram criados ainda.

E essas preocupações não se restringem ao Reino Unido. O prefácio da 18ª Pesquisa Anual Global com CEOs da PricewaterhouseCoopers (PwC, 2015) indica que: "considerando a escala das mudanças e as incertezas com as quais os CEOs atuais se defrontam nos mercados globais, não surpreende que um dos atributos 'obrigatórios' que eles apontam para o sucesso futuro seja a adaptabilidade". O mesmo relatório revelou que quando se trata de colaboração, 51% dos CEOs globais estão buscando fazer novas alianças estratégicas ou *joint ventures* no ano seguinte, 69% já colaboravam ou pretendiam colaborar com fornecedores, e 66% já colaboravam ou pretendiam colaborar com clientes. Vamos examinar esses atributos um pouco mais detalhadamente, a começar pela *inteligência*.

Onde começa a sua interação com seus clientes? Será que é quando eles veem um anúncio num jornal ou clicam num e-mail? Talvez seja quando navegam pela internet pensando na sua próxima compra; ou a interação com o cliente começa e termina quando eles entram em seus domínios? Se você pensa em alguma dessas coisas, então seu negócio realmente está enfrentando problemas.

Na verdade, tudo o que você faz como organização é parte do processo de interação com o cliente. Mais importante ainda, toda decisão, toda ação, todo processo deveria ser levado adiante com o objetivo único de propiciar um nível excepcional de experiência do cliente. Mas isso levanta a questão: "quão bem você conhece seu cliente?" e outra, ainda mais importante: "quão bem você compreende seu cliente?".

O problema de viver numa era da informação, com abundância de *big data* e pesquisas que estão a apenas um clique de distância, é que fica fácil demais confundir as coisas e achar que por conhecer alguns fatos estamos tendo uma compreensão. Você pode saber a média de idade, o sexo e os padrões de gasto da sua base de clientes. Pode até ter feito uma pesquisa rápida que mostre quantos jornais seu cliente lê, ou se ele gosta de atividades ao ar livre ou em ambiente fechado. Mas você *conhece* de fato seus clientes? O quanto você realmente compreende a vida diária de seus clientes e a maneira como interagem com seu produto? Mais importante ainda: o quanto isso tem se traduzido em oferecer produtos e serviços diferentes, que realmente atendam às necessidades do cliente?

É o velho dilema. Dar às pessoas o que elas querem ou o que elas realmente precisam? Você satisfaz caprichos ou enriquece vidas? Vamos examinar um exemplo teórico. Digamos que você fabrica pasta de dente e quer saber mais a respeito de seus clientes. Você manda fazer pesquisas, monta entrevistas com grupos focais e pode até observar como os clientes escovam seus dentes de manhã. Mas toda essa atividade apenas lhe diz coisas a respeito das horas em que seus clientes estão de fato usando seu produto e, portanto, a probabilidade de que o levem a introduzir algumas pequenas melhorias é pequena. Mas o que acontece no resto do dia? O que eles comem e bebem, quem eles veem, que tipo de ambiente frequentam? Será que ter um *insight* real de seus clientes o persuadiria a examinar melhor e chegar a um produto que eles pudessem usar como um acréscimo ao seu hábito de escovar os dentes, por exemplo, quando estivessem fora de casa? Surpresa! – você acaba de inventar a pasta dental de mascar! Mas obter uma verdadeira compreensão de seus clientes requer uma nova abordagem. Se você quer saber mais a respeito do mundo e quer usar isso para criar oportunidades, moldar mercados e mudar o jogo, então precisa de inteligência – um foco mais intenso em obter *insights* e novas abordagens dos clientes, dos consumidores e dos mercados. A tecnologia avançou de tal modo que toda organização tem acesso a técnicas de coleta de informações das quais sequer se ouvia falar há apenas alguns anos. Uso de cartões de loja, monitoramento de interações com a internet, tráfego nas mídias sociais: tudo isso tem potencial para ajudar os negócios a obterem de fato um *insight* a respeito de sua base de clientes. Mas, então, por que 47% dos negócios dizem que as mudanças nas expectativas e demandas (32%) e o empoderamento do cliente (15%) estão entre as tendências que mais afetam seus negócios hoje? (Illumiti, 2013).

Talvez isso tenha algo a ver com o fato de as organizações estarem ainda focadas em estatísticas, em padrões mensuráveis e não em realmente tentar entrar na pele de seus clientes. Estatísticas dizem a você o que aconteceu no passado, mas inovação inteligente significa prever o que vai acontecer no futuro. Para ter sucesso, as organizações precisam sair de sua zona de conforto e utilizar os serviços de especialistas que estão mais bem posicionados para auxiliar a prever tendências futuras. Vejamos um exemplo. Sabemos que os supermercados usam serviços de psicólogos e de especialistas em comportamento para ajudá-los a projetar *layouts* de lojas que maximizem compras por impulso e atraiam os olhos dos compradores para determinados produtos. No entanto, os supermercados em geral foram surpreendidos por mudanças nos padrões de compras, que fizeram cair as compras semanais e mensais em favor das compras diárias. Uma pesquisa da Food Standards Agency revelou que apenas 57% dos lares ainda se apoiam numa compra semanal (Food Standards Agency, 2014), enquanto outra pesquisa revelou que, às quatro da tarde, três de cada quatro pessoas ainda não haviam planejado o que iriam comer no jantar daquela noite.

Inovação inteligente requer que os negócios usem todos os tipos de técnicas ou recursos possíveis de coleta de *insights*, além daquilo que já estejam fazendo: desde etnografia ao uso de serviços de especialistas em determinados assuntos, psicólogos e futurólogos, para que tragam seu conhecimento de mudanças sociais e culturais e ajudem a prever de que modo os atuais padrões de compra irão mudar no futuro, alterando então o modelo de negócios para atender a essas novas demandas. É essa crescente combinação de atividade e foco que tira a organização de sua posição de apenas coletar dados ou *insights* e faz com que se baseie mais em inteligência. E, quando for coletar essas informações, não ignore o método testado e aprovado de incentivar seu pessoal a interagir com os clientes.

Chegar a um entendimento profundo da importância da inteligência, compreender de fato os clientes em vez de apenas ter consciência de fatos é o primeiro passo para projetar uma Organização de Próxima Geração. As organizações que se esforçam para ser excepcionais, que buscam oferecer os mais elevados níveis de experiência a fim de se diferenciar no mercado, precisam acolher a inteligência para então criar experiências por meio de colaboração e adaptabilidade.

Não é tarefa fácil. O velho ditado de que você precisa caminhar um quilômetro nos sapatos de alguém antes de poder compreendê-lo é decididamente exato. Mas o processo começa com o desejo de fazer a diferença e com a percepção de que fatos isolados ou um "bando de dados" não irão ajudá-lo a ganhar uma verdadeira compreensão. Se você quer fazer alguma diferença e construir uma Organização de Próxima Geração que coloque seus clientes no centro da inovação, comece procurando conhecê-los melhor – e não só eles, mas o mundo ao redor deles!

Depois que tiver alcançado uma compreensão mais profunda, você poderá procurar criar novos caminhos por meio de colaboração. O que a colaboração significa para você? Sua resposta intuitiva provavelmente é que a colaboração significa trabalhar junto, mas, se nos permite uma questão adicional, o que trabalhar junto *realmente* significa para você?

Como você pode constatar, para muitas pessoas, seja nos negócios ou na vida, colaborar ou trabalhar junto é apenas outra maneira de explicar a alocação de tarefas. Se é preciso pintar a casa, então enquanto você lava as paredes eu saio e vou comprar a tinta. Se temos que produzir um grande anúncio, então eu crio o texto enquanto você vai procurar as imagens. Para muitos, esses seriam bons exemplos de colaboração, e, no entanto, são apenas maneiras de alocar tarefas.

A *verdadeira colaboração* está em outro nível. A verdadeira colaboração significa trocar ideias; significa alavancar talentos e conhecimentos individuais para permitir que grupos apresentem algo bem maior do que poderia ser conseguido por uma pessoa sozinha; na realidade, a verdadeira colaboração significa que o todo é maior do que a soma das partes, e depois que você adota um modelo colaborativo descobre que a adaptabilidade vem com muito mais facilidade. E, sejamos claros quanto a isso: a verdadeira colaboração não significa montar grupos de funcionários para trabalhar em cima de um problema; a verdadeira colaboração requer que o negócio receba contribuições de clientes, consumidores, especialistas do setor, especialistas em determinados assuntos, gurus, fornecedores, parceiros, departamentos de pesquisa de universidades e às vezes até mesmo de seus concorrentes, em uma busca holística de soluções inovadoras.

É hora de aprendermos as lições que nos foram deixadas por organizações como Comet, Blockbuster, Woolworths e outras – todas aparentemente sólidas, mas que sucumbiram ao tsunami da recessão e das mudanças nos padrões de compras que varreu o globo. E a principal lição que precisamos levar adiante nesse novo período de crescimento é a necessidade de sermos adaptáveis, de aumentar o foco em agilidade e sermos capazes de executar a mudança rapidamente e da melhor maneira. As pessoas vêm mudando, os padrões de compra mudaram e continuarão a mudar, e os negócios que não foram montados para mudar junto a tudo isso talvez aprendam o valor da adaptabilidade tarde demais. Num mundo em que uma imagem, um pensamento, um tuíte podem tornar-se "virais" em poucos minutos, a única certeza é que não há permanência. Mas, ao alavancar inteligência, colaborar e ser ágil, uma organização pode não só reagir às tendências, mas pode ela mesma impulsionar a mudança, beneficiando a própria organização, seus investidores e seus clientes.

Já mencionamos como algumas organizações estão buscando colaborar com os clientes, mas mesmo que esse nível de interação não tenha ainda sido alcançado, quanto mais inovadora for a organização, mais o cliente irá se beneficiar. Mudar o foco para poder oferecer produtos excepcionais junto a níveis excepcionais de serviço e experiência é algo de que todos os negócios podem se beneficiar. Num mundo homogêneo, são os pequenos toques, a atenção aos detalhes, o cuidado com o cliente, a reação pronta a tendências de mercado e a atenção à inovação que resultam em níveis excepcionais de serviço ao cliente, capazes de alimentar a longevidade, a sustentabilidade e a lucratividade.

Apontando o caminho para a inovação

A essa altura, esperamos ter mostrado a você por que a cultura de inovação é não apenas algo "bom de se ter", mas realmente um imperativo capaz de transformar e salvar as organizações. Mas para aqueles que ainda estão dando voltas no assunto, relutando para começar a construir uma cultura de inovação antes que sejam obrigados a fazê-lo, quais são os sinais que indicam que a hora de mudar é agora?

A lista a seguir não é exaustiva, mas contém muitos dos cenários mais comuns. Alguns deles vão agir como um alerta de que é hora de promover uma reformulação geral da cultura, e não nos arrependemos de incluí-los aqui. Afinal, se uma cultura precisa mudar, faz sentido que seja estimulada a avançar para abraçar a inovação, em vez de ficar apenas flertando com a mudança.

》 O órgão regulador está sinalizando isso. Começando pelo topo, o sinal mais claro e óbvio de que implementar a cultura de inovação é uma mudança "obrigatória" é quando o órgão que regula a sua esfera particular de negócios envia a você fortes sinais de que está buscando adotar uma cultura de inovação. Já demos uma olhada nessa questão na seção sobre "motores da mudança", mas vale a pena tocar no assunto de novo aqui, já que se trata de um claro sinal de que a mudança está sendo exigida.

Aqueles que estão no setor de serviços financeiros já haviam recebido alguns sinais da mais alta cúpula de que a hora da inovação havia chegado quando a FCA (Financial Conduct Authority) comentou que: "Estamos comprometidos a abrir nossas portas àqueles – regulamentados ou não – que apresentarem novas ideias sobre como oferecer serviços financeiros" (Wheatley, 2014).

Mas a inovação não se restringe a esse setor. O guia da Ofwa (Water Services Regulation Authority [Órgão Regulador dos Serviços de Água]) para o País de Gales incluiu uma determinação para "impulsionar a inovação dentro dos limites estipulados pelo Governo do País de Gales para assegurar melhorias na eficiência" (Ofwat, 2014). Nem mesmo a profissão da advocacia ficou imune, quando foi lançado em dezembro de 2014 pela Solicitors Regulation Authority [Órgão Regulador dos Advogados] um projeto de pesquisa voltado a "explorar as razões para a inovação na prática do setor, como na prestação de serviços ou nos modelos de negócios, mais do que na inovação das práticas legais. Ela irá investigar o impacto da concorrência no desenvolvimento de novas abordagens de negócios, o quanto essas mudanças inovadoras atendem bem às necessidades das pessoas que utilizam os serviços, e as barreiras a uma maior inovação" (Solicitors Regulation Authority, 2014).

Talvez valha a pena destacar aqui que mesmo quando o órgão regulador não promove um comportamento inovador, ele pode introduzir mudanças que requerem soluções inovadoras. O catalisador das mudanças pode ser uma nova legislação, uma mudança nos regimes de regulação, e até mesmo uma nova abordagem das auditorias regulatórias.

Embora esses exemplos se refiram ao Reino Unido, há exemplos similares no mundo inteiro. Órgãos internacionais reguladores de padrões, o Banco Central Europeu, a Comissão de Valores Mobiliários dos Estados Unidos [United States Securities and Exchange Commission, SEC]: entidades reguladoras em todas as esferas estão buscando uma nova abordagem que se afaste das práticas tóxicas que contribuíram em parte para a recessão.

Em termos bem simples, quando o órgão regulador de seu setor está buscando inovar, isso significa que há poucas opções se você quiser evitar críticas ou ser superado por aqueles que estão na sua área de atuação.

》 Novos entrantes começam a ganhar *market share*. Não há nada pior para uma organização estabelecida do que uma empresa entrante chegar e abocanhar uma fatia do mercado. Mas é justamente isso o que os novos negócios vêm dispostos a fazer. Sejam empresas "ponto com" que conquistam parte do mercado de grandes varejistas ou sejam empresas de concessão de créditos "dinheiro na mão", que tomam o mercado do setor bancário, as startups chegam sem o peso da bagagem dos negócios estabelecidos e, portanto, são mais inclinadas à inovação e à flexibilidade. Ficar resmungando e ressaltando os valores tradicionais não trará de volta os clientes que foram atraídos pela oportunidade de fazer outra escolha, de contar com uma entrega rápida ou com maior flexibilidade. E, para tomar emprestada uma frase do mercado financeiro, o desempenho passado não é garantia de resultados futuros. Você pode ter atendido seus clientes muito bem no passado e construído uma margem de lealdade, mas isso só terá valor se você continuar a entregar bem seu produto no mercado atual.

>> **Mudança nas expectativas do consumidor.** Mesmo que os recém-chegados ao mercado não sejam uma ameaça, uma mudança nas expectativas do consumidor ou nos padrões de compra pode muito bem exigir soluções inovadoras. Por volta do final de 2014, começamos a ver uma redução na lucratividade dos supermercados, com os principais atores reportando uma mudança nos hábitos de compra, levando os clientes a se afastarem da "grande" loja e indo em direção a um estilo de "gastar apenas quando necessário". A mudança foi tão radical que levou o Diretor Administrativo da Waitrose, Mark Price, a afirmar que "essa é uma daquelas mudanças que ocorrem apenas a cada 50 ou 60 anos. A última grande mudança foi o supermercado [na década de 1950]. Acredito que a que vemos agora é tão fundamental quanto".

>> **Homogeneidade do produto.** Quando o meu dispositivo inteligente é parecido com o seu dispositivo inteligente, então a única diferenciação é de que maneira vendemos o produto e como apoiamos nossas vendas com serviço e reputação. Quando qualquer um que trabalhe num galpão do fundo do jardim consegue obter produtos de TI na China e vendê-los diretamente a consumidores ao redor do mundo, então por que comprar de uma empresa estabelecida, a não ser que ela ofereça algo mais que apenas o produto? A homogeneidade obriga as organizações a se diferenciarem com experiências de cliente excepcionais e isso requer inovação.

>> **Desenvolvimento tecnológico.** O ritmo rápido da mudança significa que as organizações têm que se reinventar continuamente

e seus produtos precisam se manter atualizados. Na realidade, 75% dos CEOs dizem que, em razão das condições em rápida mudança do mercado, estão sendo obrigados se reinventar mais rápido do que antes (PwC, 2012). Quando metodologias tradicionais não funcionam, a solução é envolver os consumidores, fornecedores e a própria organização num impulso ágil e colaborativo em direção à criação de novos valores.

» Atrasos no projeto. Há uma velha máxima no setor de construção que diz que todos os projetos acabam consumindo duas vezes mais tempo e o dobro do custo do que originalmente previsto. Não que isso seja uma verdade universal, mas é surpreendentemente pequeno o número de projetos, seja de construção ou outros, que conseguem ser concluídos no prazo e no orçamento previstos. Avaliações mal-feitas no início, estimativas pouco realistas, liderança deficiente, indefinições do projeto; qualquer que seja a razão, o resultado é o mesmo. Porém, quando o ritmo de mudança alcança um ponto em que projetos mal dimensionados são ultrapassados pelos eventos antes mesmo de serem concluídos, a organização precisa então considerar com atenção uma outra maneira mais inovadora de fazer as coisas.

» Disputas entre departamentos. Embora isso possa ser visto inicialmente mais como um problema da cultura da empresa, quando departamentos começam a brigar entre si é necessária uma solução radical. Não importa se o atrito é causado por dois líderes disputando a mesma promoção, por líderes tão apegados aos seus bônus que se recusam a alocar recursos para ajudar os outros ou simplesmente porque falta compreensão a respeito da importância dos diferentes papéis. Qualquer que seja a razão, em nome do sucesso a longo prazo da organização, ela precisa ser esclarecida, e uma solução ideal é introduzir uma cultura de inovação que se afaste dos departamentos e se volte para a colaboração.

» Não engajamento dos funcionários. Inúmeros levantamentos têm apontado o vínculo entre o engajamento dos funcionários e a lucratividade. Em termos bem simples, funcionários não engajados têm maior probabilidade de sair da empresa, de pedir licenças médicas, criam mais desperdício, não se importam tanto com os resultados profissionais e dão menos do que poderiam no trabalho. Quando o nível de engajamento cai, a cultura precisa de uma reformulação e da introdução de uma cultura de inovação na qual todo mundo que participa do rumo do negócio envie uma mensagem forte a respeito da maneira pela qual a organização valoriza seus funcionários.

» **Queda nas vendas.** Criar novos produtos e serviços pode estar entre as três prioridades para 54% das corporações, mas uma rápida olhada nos relatórios de empresas revela que em grande medida as organizações ainda se orientam pelos seus fluxos de renda decrescentes (The Economist, 2015). Somente quando você vai além das estatísticas para descobrir a razão pela qual os fluxos de renda estão diminuindo é que os quadros verdadeiros começam a emergir. Já mencionamos algumas dessas razões pelas quais as vendas caem, por exemplo, a perda de uma fatia de *market share* para novos entrantes e as mudanças nas expectativas dos consumidores, mas há muitas outras razões para a queda nas vendas. Por exemplo, o produto deixar de se mostrar relevante no mercado atual, ou a qualidade do produto cair em função de um problema com a manufatura ou com os fornecedores. Será que os departamentos de vendas e marketing estão fazendo seu melhor ou há um fator de desengajamento se insinuando? Por acaso produtos mais novos ou melhores estão pegando uma fatia de mercado ou algum desenvolvimento tecnológico tornou a linha de produtos obsoleta? Seja qual for a razão aparente, a verdade subjacente é que a organização está falhando em alavancar inteligência e/ou adaptabilidade da maneira correta ou então simplesmente não está sendo ágil o suficiente para enfrentar a mudança das tendências.

» **Oscilações na reputação.** Já foi o tempo em que falhas no serviço eram relatadas apenas a um grupo de amigos, e isso tinha alcance limitado. Agora, falhas no serviço são divulgadas ao redor do mundo em questão de segundos pelas mídias sociais, fóruns de *feedback* e recursos desse tipo, e todos eles amplificam a insatisfação. Uma única reclamação pode facilmente viralizar e com isso produzir uma visão totalmente desproporcional da empresa. Gerir a reputação é agora uma função estabelecida, mas é preciso checar, antes de mais nada, por que a queixa surgiu. Existe uma falta de compreensão a respeito da base de clientes? Entrou em jogo alguma falha no produto? Será que o público-alvo está sendo abordado só para conseguir vendas em vez de ser beneficiado por níveis excepcionais de serviço ao cliente? Será que a organização perdeu o foco em entregar excelência ao cliente?

» **Alguma coisa simplesmente não vai bem.** Nesse caso, pode haver um pouco de tudo, mas os líderes, que mantêm o dedo no pulso do negócio, às vezes captam a sensação de que algo anda errado bem antes que isso se reflita nas estatísticas. Líderes excepcionais sabem que quando essa sensação se instala é hora de agir; de rever a cultura e os níveis de engajamento; de se reconectar a fornecedores e clientes e de testar o mercado.

Superar barreiras à inovação

Se você está lendo este capítulo sequencialmente, a esta altura deve ter desenvolvido alguma compreensão da cultura de inovação, de sua importância e dos sinais que podem indicar que seu negócio precisa de uma mudança de cultura. No Capítulo 2, vamos começar a examinar os primeiros passos de um processo de seis estágios que irá direcioná-lo a uma inovação abrangente e bem-implementada. Mas antes de mergulharmos na corrente da inovação, há um elemento final que precisa ser considerado, que são as barreiras que porventura surgem em nossa jornada.

"Esteja preparado" é uma expressão que deveria estar afixada na porta de todo gestor de mudança, em particular porque o fracasso em promover uma mudança a tempo e dentro do orçamento costuma ser causado por fatores inesperados. O simples fato de estar ciente dos obstáculos e das armadilhas que podem surgir permitirá tanto tomar medidas para evitá-los como lidar rapidamente quando eles de fato surgirem. Vamos começar examinando algumas das barreiras a mudanças inovadoras.

>> **Os órgãos reguladores não irão aprovar.** Bem, na verdade, eles não só irão aprovar como estão ativamente procurando fazer com que os negócios se transformem, para que abandonem uma mentalidade rígida, lenta, movida por processos do tipo "lucro é tudo", em direção a algo que ofereça soluções para os problemas atuais.

>> **Os investidores não darão apoio.** Vamos encarar os fatos; os investidores procuram um retorno de seu investimento. O que eles certamente não irão apoiar é um negócio que consistentemente se mostre aquém da curva. Se o negócio vai mal por não ser suficientemente ágil para se adaptar às mudanças, então os investidores vão colocar a culpa precisamente na equipe de liderança. A ascensão do financiamento coletivo [*crowdfunding*], da angariação de fundos por mala direta e de empréstimos entre pares testemunham a disposição pública de recompensar aqueles que estão preparados para desafiar o *status quo*.

>> **Não há apetite do público.** Apenas dê uma olhada nas longas filas que são formadas diante das lojas ao redor do mundo quando novos modelos são lançados, e tente então afirmar que o público não irá apoiar uma mudança. Ou então pense na maneira pela qual *posts* on-line podem viralizar ao redor do mundo graças a uma quase universal adoção de tecnologias de mídias sociais. E o que dizer da maneira pela qual serviços bancários e compras on-line ou o *home-office* [trabalho a partir de casa ou de locais alternativos] têm crescido, passando a ser vistos quase como um direito em poucos anos? Esses são exemplos da grande disposição do público em aceitar mudanças, desde que apresentadas da maneira certa. E não se esqueça da ascensão da Geração Z. Seus membros estão ativamente procurando novos modelos e querem ser envolvidos na criação conjunta.

Introdução: você acredita que a sua organização inova?

» Resistência dos funcionários. Um desafio permanente da humanidade é equilibrar a resistência inata à mudança com o espírito explorador de buscar novas coisas. E é difícil superar o "nós sempre fizemos isso desse jeito", em particular quando você quer substituir departamentos hierárquicos por uma maneira de trabalhar mais colaborativa. Mas fazer a gestão da mudança e educar funcionários é um elemento-chave de qualquer programa de mudança, o que abordaremos mais adiante neste livro. Veremos também os desafios associados que acompanham a criação de um senso de apropriação do programa de mudança. E, no final do dia, se tudo mais falhar, você sempre pode tomar emprestada a estratégia do "se você não gosta de mudança, então caia fora", adotada pelo CEO da Barclay, Antony Jenkins, quando introduziu uma mudança cultural de grande porte no início de seu mandato.

» É arriscado demais. A preocupação com riscos é difícil de evitar, já que a reação de lutar ou fugir está gravada em nossos genes. E quando falamos em colaboração, em estruturas mais planas e em inovação, que são tendências que acolhem o fracasso como um ponto de aprendizagem, mesmo aqueles com uma leve fobia de riscos podem ficar irrequietos. Mas a cultura de inovação não é algo que vale tudo e que serve para todos. O sucesso depende de implementar as estruturas e as metas certas, e isso permite gerenciar riscos muito melhor do que qualquer controle rígido. Veja, por exemplo, o setor de serviços financeiros. O velho regime sob a Financial Services Authority (FSA) impunha uma regulação atrás da outra, e ainda temos vendas abusivas e más práticas. É por isso que os órgãos reguladores estão incentivando as organizações a transformarem suas culturas e incluírem uma atitude de prezar pelos valores e pela ética.

» Ainda não temos a tecnologia necessária. Bem, se você está perdendo mercado para novos entrantes, isso significa que a tecnologia certamente *já está disponível*. E, se não estiver, então provavelmente estará dentro de pouco tempo. Se você fica esperando que a tecnologia fique disponível, estará sempre atrás do mercado; se procurar construí-la e entregá-la, logo poderá moldar o mercado ou criar novas frentes.

>> **Não se encaixa na nossa estratégia.** Como CEO, você não pode simplesmente "pedir" inovação; precisa passar do discurso à execução. Do mesmo modo que qualquer outro imperativo de negócios, a inovação requer uma estratégia robusta que defina o curso de ação mais adequado à visão de sua organização. Mais adiante neste livro, vamos tratar de estratégia de inovação e de alinhamento.

>> **Não se encaixa na cultura da organização.** Bem, é o que seria de esperar: ela provavelmente não se encaixa no início porque, caso contrário, você não estaria dedicado a construir uma nova cultura. Construir e implementar uma cultura de inovação só é possível se você encarar a mudança exigida de uma maneira holística. Sua estratégia e sua estrutura para a inovação vão depender do quanto você está preparado para mudar na cultura existente, de modo que as operações atuais não entrem em conflito nem se oponham aos motores que a inovação exige. Em quase todos os levantamentos, mais de 90% dos altos executivos dizem que as pessoas e a cultura são os fatores mais importantes para promover a inovação! Mas as pesquisas também indicam que os altos executivos não têm muita certeza sobre como abordar a implementação da inovação. Isso explica por que o foco continua na capacidade e por que esse foco estreito raramente cria impulso suficiente para mudar positivamente a cultura.

>> **Nosso pessoal não tem capacidade de ser inovador.** Isso é comumente conhecido como "A Parte Frontal Nebulosa" [*The Fuzzy Front End*] e é por onde a maioria das organizações começa sua jornada de inovação. No entanto, é remota a probabilidade de surgir algo que se mostre mais do que incremental após a típica sessão de *brainstorming*. A fim de capitalizar a capacidade

de inovação de seu pessoal, a chave é precisamente construir essa capacidade. Você precisará aprender como melhorar a geração de ideias e como usar *design thinking* para transformar sugestões poderosas em melhorias, produtos ou serviços comercialmente viáveis, de maneira rápida e consistente. Isso implica fazer as pessoas irem bem além das tradicionais sessões de *brainstorming*, porque no seu formato atual elas simplesmente não funcionam! A inovação requer uma abordagem que englobe a organização inteira, usando ferramentas, técnicas e processos que permitam melhorá-la. Criar processos para coletar *insights* novos, pensar à frente, captar as genuínas necessidades do cliente, seus desejos, problemas e tensões – em resumo, inteligência. Em seguida, deve-se criar um funil por onde sejam canalizadas ideias na direção correta, pensando já na sua implementação. Como qualquer outra coisa nos negócios, se você não tem um processo, seus esforços de inovação não terão consistência, não serão escaláveis e não se mostrarão eficientes.

»» Nosso produto é muito similar ao de outros negócios. Se atualmente a única coisa que sua empresa pode fazer é competir em preço, logo você não tem como arcar com a mudança e poderia muito bem fechar as portas agora mesmo. É justamente quando os produtos da concorrência são praticamente idênticos que as organizações lançam algo novo que faz a diferença. Serviço e experiência do cliente excepcionais, reputação sólida e até mesmo aquela palavra, *confiança,* tudo isso entra em jogo porque a última meta da inovação é promover a diferenciação.

»» Não sabemos se o que fazemos está funcionando. Não há problema em gerar muitas ideias, mas, mais do que nunca, precisamos daquelas potenciais soluções que agreguem valor tanto interna quanto externamente. O simples fato de inundar uma organização com grande número de ideias é contraproducente e não ajuda a avançar em inovação quando as pessoas não veem sua contribuição tendo um acompanhamento e uma finalização. Medir e ganhar uma compreensão não só do ponto de partida mas também do progresso feito é algo que iremos examinar em profundidade no Capítulo 2. Mais adiante, veremos também a importância de gerar algumas "vitórias rápidas" para ajudar a manter vivo o entusiasmo até chegarmos ao tempo em que a inovação já esteja plenamente implementada em cada indivíduo e em cada processo. Como ocorre com qualquer programa de mudança, quanto melhor for a sua comunicação, mais facilmente ele será aceito.

Estudo de caso

Identificar e superar barreiras à inovação

INTRODUÇÃO

Acabamos de ver alguns obstáculos às mudanças para a inovação e começamos a ter uma compreensão de que quanto mais as equipes de liderança estiverem bem-preparadas, mais fácil será prever e superar essas barreiras. Mas, na prática, o que realmente significa superar barreiras? Vamos examinar o exemplo da Prudential para ver como a empresa foi bem-sucedida em lançar um novo empreendimento na Polônia graças a uma forte liderança em inovação.

SITUAÇÃO

Após uma análise do mercado polonês, a Prudential tomou a estratégica decisão de projetar, construir e lançar uma nova série de produtos ajustados para atender às necessidades dos poloneses. Isso implicou não só levar em conta os requisitos de taxação e regulamentação específicos da Polônia mas também projetar e implementar uma estrutura de negócios para prover *expertise* em nível local e ao mesmo tempo manter o *ethos* da Prudential. Com a empresa matriz estabelecida no Reino Unido, o produto e as metodologias de vendas também teriam que atender às regulamentações da nação.

Embora a equipe de liderança fosse capaz de aproveitar sua experiência por ter operado no mercado do Reino Unido e da Ásia, passar para um novo território sempre traz desafios. Particularmente porque o CEO Abhishek Bhatia viu a oportunidade de criar um diferencial-chave de mercado ao aproveitar o conceito de um aplicativo para tablet que estava sendo usado na Ásia e integrá-lo ao modelo de negócios polonês.

A ideia era colocar esse *app* nos dispositivos dos agentes de vendas (no esquema *Bring Your Own Device* – BYOD) e oferecer ilustrações personalizadas ao cliente, assim como permitir a captura eletrônica de dados dos clientes, permitindo um processamento imediato da apólice (processo direto).

ABORDAGEM

Os benefícios do novo *app* ficaram evidentes quando foi usado na Ásia, pois mostrou uma melhoria na taxa de adesão de clientes, além de maior eficiência de negócio derivada do processamento eletrônico. Na Polônia, esse era um conceito totalmente novo, e Abhishek Bhatia pôde ver que o *app* iria diferenciar a Prudential de seus concorrentes e auxiliar tanto no recrutamento de uma força de vendas quanto na promoção de produtos aos clientes. No entanto, introduzir essas inovações tecnológicas numa força de vendas autônoma e com clientes que não estavam familiarizados com essa abordagem tinha o potencial de colocar uma série de barreiras no processo, incluindo segurança na TI e considerações de risco.

O primeiro desafio foi empreender um exercício de ultrapassar os rumores e as informações generalizadas a fim de identificar as reais barreiras potenciais à mudança que aqueles encarregados de introduzir o novo negócio teriam que enfrentar. Quando se está envolvido em qualquer tipo de gestão da mudança, às vezes é muito fácil acreditar nas reações negativas de algumas poucas pessoas resistentes à mudança, que podem apresentar desculpas para justificar sua resistência interna. Consequentemente, reservar um tempo para identificar as reais ameaças ajuda a garantir que as soluções irão lidar com questões reais e não com crenças que sejam meras cortinas de fumaça.

Depois do exercício inicial, o passo seguinte foi engajar as pessoas na Polônia para que se apropriassem do projeto. Foram dados passos para esclarecer papéis e responsabilidades, mapeando aqueles que em última instância assumiram a apropriação do projeto e também responsabilidades de supervisão. Em seguida, os setores poloneses de observância e TI, bem como outros importantes *stakeholders* interessados foram incentivados a se engajar com o projeto – não apenas fazendo parte dele, mas trabalhando junto à equipe de liderança, no sentido de prover soluções para eventuais obstáculos.

Um desses obstáculos estava relacionado à necessidade de garantir acesso seguro a informações do cliente em recursos BYOD. A equipe de liderança sabia que resolver essa questão era crucial não só para ganhar aceitação geral para o processo mas também para receber aprovação de órgãos regulatórios. Assim, a equipe de liderança engajou arquitetos de segurança para dar orientação quanto a possíveis soluções, o que incluía identificar excelentes níveis de criptografia e minimizar a quantidade de dados pessoais que seriam carregados em dispositivos externos.

Depois que acesso e segurança foram mapeados, a empresa realizou rigorosos exercícios para testar a penetração e assegurar robustez, e por fim julgou-se capaz de atender tanto aos órgãos de regulação quanto às exigências de governança de riscos à segurança do processo.

Enquanto as barreiras tecnológicas foram relativamente simples de superar graças à análise rigorosa e à criação de soluções robustas, uma das maiores barreiras que o projeto enfrentou foi o desafio de mudar a mentalidade das pessoas. Não havia uma urgência de mudança, as pessoas não tinham como visualizar como seria o modelo ou saber a razão pela qual era necessário ter um aplicativo para tablet, por isso, prevalecia sua inclinação natural de manter o *status quo*. Isso levou as pessoas a falarem a respeito da solução em termos de risco, mais do que em termos de oportunidade; na realidade, porém, o risco estava sendo um substituto para apetites individuais de mudança.

A essa altura, contar com um pequeno grupo de pessoas todas igualmente apaixonadas pela ideia foi crucial para o sucesso. Os membros desse grupo não iriam desistir, estavam empolgados com a mudança, mas também sentiam-se apoiados pela equipe de liderança. Esse grupo de apoio foi fundamental para obter aceitação geral no país, mas eles não teriam sido capazes disso se não contassem com a forte liderança e com o aval da alta gestão. Identificar e atrair aqueles que em última instância seriam responsáveis pelo processo no estágio inicial permitiu compor uma equipe de funcionários entusiasmados, que compraram a ideia e se apropriaram do produto, criando um impulso que levou a uma introdução bem-sucedida.

Com a equipe de liderança convencida de que o *app* para tablet era crucial para o sucesso e defendendo isso a cada etapa, o grupo de apoio se sentiu capaz de levar a ideia adiante. Como Abhishek Bhatia acredita, o papel de um líder de mudança é conseguir mais pessoas para levar o sonho adiante. Ele acredita também fortemente na importância de manter a motivação, entregando a inovação num período de tempo curto para evitar perder o estímulo – ter essa pequena equipe montada no local para impulsionar a ideia e a solução foi decisivo para o sucesso. Dentro desse espírito, uma das mensagens-chave da liderança foi dar à inovação mais ampla um *ethos* de mínimo produto viável [*Minimum Viable Product*, MVP], isto é, conseguir o objetivo "o mais cedo possível, mesmo sem estar perfeito", e isso conduziu o projeto a um lançamento dentro do prazo, apoiado por uma rápida entrega de aprimoramentos.

CONCLUSÃO

O sucesso do projeto deveu-se em grande parte à liderança de inovação oferecida por Abhishek Bhatia. Ele foi claro a respeito de sua visão, defendeu os produtos, as metodologias e as soluções, influenciando e estimulando pessoas a irem além de sua zona de conforto.

O novo negócio usando o aplicativo para tablet foi lançado em 2013, com uma faixa inicial de produto e outros produtos entrando na corrente a partir daí. Em média, mais de 85% das solicitações de seguros são feitas no *app* do tablet, e a maioria delas segue direto para uma subscrição automática. Isso significa que o tempo para uma apólice ser emitida ao cliente foi reduzido efetivamente pela metade, de oito para quatro dias. Pesquisas de marketing têm demonstrado consistentemente que os clientes classificam a Prudential como uma empresa que "cria as tendências" e "é diferente da concorrência", e tais aspectos têm óbvia conexão com o uso inovador de tecnologia.

Nos dois anos desde o lançamento, a Prudential Polônia fez significativas incursões no mercado de seguros de vida. Em termos de reconhecimento da marca, ela está entre as 10 principais empresas de seguro de vida da Polônia, e segue em ascensão. Há escritórios da Prudential em 16 cidades polonesas e a força de vendas tem mais de 600 agentes, todos equipados com tablets, e a empresa acaba de superar a marca de 10 mil apólices. O uso do aplicativo para tablet foi fator-chave para seu sucesso. ■

Resumo

Neste capítulo, procuramos desenvolver uma compreensão dos fatores internos e externos que, combinados, tornam a inovação um imperativo do século 21; não só para os negócios, mas para outras organizações. Ao mesmo tempo, exploramos a diferença entre invenção e inovação e mostramos de que modo a inovação pode ser usada para prover soluções que agreguem real valor e estimulem o crescimento.

Este capítulo se apoia em várias estatísticas, concebidas tanto para provocar o pensamento quanto para mostrar o potencial de mudança que está à espera daqueles que se preparam para compreender uma inovação diferenciada. As principais questões que você precisa fazer a você mesmo são:

1. **Invenção ou inovação?** Você se dispõe apenas a pensar em novas coisas, sem se preocupar se serão mesmo úteis ou não, ou quer criar soluções que sejam focadas no cliente e capazes de mudar o jogo? Compreender em que pé a sua organização se encontra em termos do espectro de invenção/inovação ajudará você a concentrar recursos no nível mais apropriado.

2. **Quais são os seus motores-chave de mudança?** Num ambiente pesadamente regulamentado, seus motores-chave podem ser o governo ou os órgãos reguladores. Em outros ambientes, talvez serão os clientes ou os protocolos sociais que conduzirão as coisas. Mas quaisquer que sejam, por mais pesada que seja a regulação, ainda assim não há desculpa para não inovar.

3. **Os indícios estão aí.** Pressões internas ou externas, mudanças no mercado, novas tecnologias; qualquer que seja a razão, quanto mais você estiver sentindo o pulso de seu negócio, mais condições

terá de saber se chegou a hora da mudança. Voltaremos a esse ponto no Capítulo 2, ao examinarmos as avaliações da cultura.

④ Superando as barreiras. Quer você esteja adotando uma cultura de inovação ou simplesmente mudando um processo, prever potenciais barreiras à mudança permitirá evitar eventuais obstáculos ou lidar com eles rapidamente, se surgirem. Como veremos adiante, tomar conhecimento, planejar e comunicar são cruciais para o sucesso.

Insights

▷ A inovação passou de um diferencial "bom de se ter" a um imperativo estratégico que transforma organizações para capacitá-las a se tornarem líderes de mercado e modeladoras do futuro.

▷ A invenção busca assentar-se em conhecimento existente, para fazer algo novo ou diferente; a inovação buscar criar soluções adaptadas ao futuro, para problemas e necessidades genuínos.

▷ Criar o futuro, tornando-se uma Organização da Próxima Geração, requer que as organizações entendam e acolham inteligência, colaboração e adaptabilidade.

Referências

BIS. Innovation, research and growth. *Innovation Report* 2014, 2014 [on-line]. Disponível em: https://www.gov.uk/government/uploads/system/uploads/attachment_data/file/293635/bis-14-p188-innovation-report-2014-revised.pdf. Acesso em: 13 jan. 2015.

FOOD STANDARDS AGENCY. The 2014 Food and You Survey. *Food Standards Agency*, 2014 [on-line]. Disponível em: https://www.food.gov.uk/sites/default/files/media/document/food-and-you-2014-uk-bulletin-4.pdf. Acesso em: 10 fev. 2015.

FRC. FRC reports on better compliance with UK Corporate Governance Code and need for improved adherence to the UK Stewardship Code. *Financial Reporting Council*, 2015 [on-line]. Disponível em: https://www.frc.org.uk/News-and-Events/

FRC-Press/Press/2015/January/FRC-reports-on-better-compliance-with-UK-Corporate.aspx. Acesso em: 10 fev. 2015.

GURRÍA, A. Innovation and green growth for a job-rich recovery. *OECD*, 28 abr. 2010 [on-line]. Disponível em: http://www.oecd.org/economy/innovationandgreengrowthforajob-richrecovery.htm. Acesso em: 13 jan. 2015.

HOFFER, E. *Reflections on the Human Condition*. Nova York: Harper & Row, 1973.

HSIEH, T.. Your Culture is your brand. *Huffpost*, 2010 [on-line]. Disponível em: https://www.huffpost.com/entry/zappos-founder-tony-hsieh_b_783333. Acesso em: 10 fev. 2015.

ILLUMITI. Innovation and differentiation. *Illumiti*, 2013 [on-line]. Disponível em: http://www.illumiti.com/wp-content/uploads/2013/12/Oxford-Think-Piece-4-Innovation-and-Differentiation-document-55.pdf?submissionGuid=983c6926-2b7e--45f4-b846-dce3a56b9636. Acesso em: 13 maio 2015.

INSTITUTE OF CUSTOMER SERVICE. *Institute of customer service* [on-line]. Disponível em: http://www.instituteofcustomerservice.com. Acesso em: 13 maio 2015.

OFCOM. The Communications Market Report. *Ofcom*, 2014 [on-line]. Disponível em: https://www.ofcom.org.uk/research-and-data/multi-sector-research/cmr/cmr14. Acesso em: 13 jan. 2015.

OFWAT. Ofwat forward programme 2014-15. *Ofwat*, 2015 [on-line]. Disponível em: http://www.ofwat.gov.uk/aboutofwat/reports/forwardprogrammes/rpt_fwd201415print.pdf. Acesso em: 10 fev. 2015.

PEKING UNIVERSITY'S NATIONAL SCHOOL OF DEVELOPMENT. National School of Development's Chief Economist Forum Successfully Held. *Peking University's National School Of Development*, 2014 [on-line]. Disponível em: http://en.nsd.edu.cn/article.asp?articleid=7441. Acesso em: 10 fev. 2015.

PLURALTHINKING. Generation Z: The rise of the 8-second consumer. *Pluralthinking*, 2014 [on-line]. Disponível em: http://pluralthinking. com/2014/08/gen-z-the-rise-of-the-8-second-consumer/. Acesso em: 13 jan. 2015.

PRICE, M. Supermarkets are 20 years out of date, says Waitrose boss. *The Telegraph*, 2014 [on-line]. Disponível em: http://www.telegraph.co.uk/finance/newsbysector/epic/tsco/11178281/Supermarkets-are-20-years-out-of-date-says-Waitrose-boss.html. Acesso em: 10 fev. 2015.

PwC. Innovation imperative, keeping your company relevant. *PwC*, 2012 [on-line]. Disponível em: https://www.pwc.com/gx/en/consulting-services/innovation/assets/pwc--gyb-innovation-imperative-keeping-your-company-relevant.pdf. Acesso em: 10 fev. 2015.

PwC. 18th Annual Global CEO Survey. *PwC*, 2015 [on-line]. Disponível em: http://www.pwc.com/gx/en/ceo-survey/2015/assets/pwc-18th-annual-global-ceo-survey--jan-2015.pdf. Acesso em: 10 fev. 2015.

SOLICITORS REGULATION AUTHORITY. New Research into Innovation. *Solicitors Regulation Authority*, 2014 [on-line]. Disponível em: http://www.sra.org. uk/sra/news/press/innovation-research.page. Acesso em: 10 fev. 2015.

SPARKS & HONEY. Meet Generation Z. *Sparks & honey*, 2014 [on-line]. Disponível em: http://www.slideshare.net/sparksandhoney/generation-z-final-june-17. Acesso em: 13 jan. 2015.

THE AUSTRALIAN. Growth Must be InnovationLed: So what are we doing about it. *The Australian*, 2015 [on-line]. Disponível em: https://www.theaustralian.com. au/business/economics/news-story/65202526c26348f8a259cd1fb989b203. Acesso em: 10 fev. 2015.

THE ECONOMIST. The Innovative Company. *The Economist*, 2015 [on-line]. Disponível em: http://www.economistinsights.com/business-strategy/analysis/innovative-company. Acesso em: 10 fev. 2015.

WHEATLEY, M. Competition in the interests of consumers. *Financial Conduct Authority*, 2014 [on-line]. Disponível em: http://www.fca.org.uk/news/ competition-in-the-interests-of-consumers. Acesso em: 10 fev. 2015.

WHEATLEY, M. Innovation: The regulatory opportunity. *Financial Conduct Authority*, 2014 [on-line]. Disponível em: http://www.fca.org.uk/news/innovation-the--regulatory-opportunity. Acesso em: 10 fev. 2015.

WHELAN, C. Innovation is SA's Potential Economic Killer App. *Mail & Guardian*, 2014 [on-line]. Disponível em: https://mg.co.za/article/2014-09-16-innovation-is--sas-potential-economic-killer-app/. Acesso em: 10 fev. 2015.

A inovação passou de um diferencial "bom de se ter" a um **imperativo estratégico** que **transforma organizações** para capacitá-las a se tornarem **líderes de mercado** e **modeladoras do futuro**.

Compreender
onde você está hoje

No Capítulo 1, examinamos as bases da inovação, os fatores sociais e de negócios que tornam a adoção de uma cultura de inovação um imperativo para as organizações que buscam prosperar no mercado pós-recessão. Agora estamos prontos para avançar e apresentar a primeira etapa de nossa jornada de seis estágios que irá levar-nos a uma cultura de inovação abrangente e bem implementada.

Vamos começar com uma história de advertência. Ao ver-se perdido numa estrada rural, um motorista localiza alguém num portão e vai pedir-lhe orientações. Após longo silêncio e de ficar olhando o céu com ar pensativo, a pessoa finalmente responde: "bem, se eu estivesse indo para lá, não escolheria começar por aqui".

Seja um mito rural ou não, a história resume perfeitamente a maneira pela qual muitos negócios começam sua jornada de inovação. Os CEOs geralmente concordam que a inovação é um imperativo organizacional, mas com muita frequência a abordagem que utilizam para integrar a inovação à cultura organizacional está fadada a fracassar. Em termos simples, se você tenta tornar sua organização inovadora convocando uma reunião e pedindo ideias, você perdeu antes de começar.

Mudar uma organização para que viva e respire inovação não exige ciência espacial, mas, de qualquer modo, exige um planejamento cuidadoso, particularmente se a equipe de liderança quer engendrar entusiasmo pelo conceito de inovação, por meio de algumas vitórias rápidas logo de início, seguidas por outras vitórias projetadas para ocorrer em sequência, a fim de manter o entusiasmo enquanto a mudança maior na cultura vai sendo operada. Começar a jornada de inovação pelo lugar certo, seguindo o roteiro, não é uma solução do tipo estalar os dedos e pronto, mas pode ir entregando vitórias rápidas e levar a uma organização que é permanentemente transformada e capaz de entregar resultados de maneira consistente e contínua.

Embora seja verdade que o simples fato de dar à equipe a tarefa de sugerir "alguma coisa" possa produzir ideias rápidas, se a inovação não tiver sido incorporada ao DNA da organização, o ímpeto irá logo decair e dará lugar a ceticismo e dúvidas. Isso por sua vez leva à diminuição do nível de engajamento dos funcionários, pois as pessoas começam a encarar esse movimento em direção à inovação como "mais uma ideia passageira" que irá custar-lhes tempo e perturbar a rotina. Você verá esse tópico do engajamento dos funcionários aparecer regularmente ao longo deste livro. Em termos simples, por mais que você gaste tempo e esforço para definir visão e estratégia, se os funcionários não estiverem engajados no processo então há pouca chance de sucesso. Isso é particularmente verdadeiro se os funcionários já estiverem cansados de ver outros projetos fracassarem. E é por isso que é tão importante considerar os níveis de engajamento dos funcionários não apenas no início, mas no decorrer de qualquer projeto de mudança. Essa avaliação deve incluir uma análise dos níveis gerais de engajamento dos funcionários e das razões pelas quais estão atualmente nesse nível. Em particular, deve-se levar em conta o histórico de programas anteriores de mudança, se produziram uma "fadiga de mudança" e que obstáculos à mudança podem ter surgido como resultado desses programas. Isso permitirá que a equipe de liderança implemente planos para aprender as lições de tentativas anteriores de mudança na cultura e faça planos para o sucesso.

A única maneira de criar mudança duradoura é alinhá-la à visão e aos valores da organização e depois engajar os funcionários para torná-la realidade. Lembre-se de que um novo produto ou serviço pode ser copiado rapidamente por um concorrente e chegar ao mercado num instante, mas o que não pode ser copiado é o funcionamento de uma cultura, na qual cada funcionário está pronto a inovar e focado em tornar a visão uma realidade.

Portanto, este capítulo é sobre compreender e definir o ponto de partida, sobre certificar-se de que quando você embarca na jornada de inovação está fazendo isso sabendo bem qual é o seu presente, que guiará seus passos em direção ao futuro. Nessa parte da jornada, fazemos uma avaliação da cultura organizacional existente e examinamos como níveis diferentes de maturidade em inovação e de engajamento dos funcionários podem afetar a planejada implementação da inovação. Em seguida, começamos a criar a estratégia de inovação e a desenvolver uma compreensão do mix estratégico que melhor se adapta aos diferentes tipos de organizações. Por fim, abordaremos a apropriação da agenda de inovação e seu alinhamento em torno da estratégia de inovação e os Indicadores-chave de Desempenho [*Key Peformance Indicators*, KPIs].

Por que não simplesmente adquirir a inovação?

Antes de conseguir uma real compreensão do pé em que estamos hoje, vale a pena considerar se é conveniente ou não o ato de simplesmente adquirir inovação. A crescente globalização, aliada ao ritmo acelerado de mudança tecnológica das últimas décadas, criou a tendência de encontrar respostas e soluções instantâneas, e essa cultura do "quero isso já" aumentou a tendência dos negócios de simplesmente adquirirem soluções disponíveis no mercado. No Capítulo 1, falamos um pouco sobre como os órgãos reguladores estão reagindo à demanda pública e buscando uma nova maneira que valorize o crescimento a longo prazo em vez dos lucros imediatos, e que sugere resgatar uma ética que inclua importar-se com o quadro mais geral e fazer as coisas do jeito certo. Mas, para muitas organizações que se assentaram na recente cultura de ser "o primeiro a levar vantagem", há ainda a tentação de procurar respostas e soluções rápidas.

A resposta simples e de bom custo-benefício é levar a organização a abraçar a agilidade como efeito colateral da inovação. Quanto mais uma organização cuida da inovação, mas ágil ela se torna, e isso cria um impulso autoalimentado em direção a uma inovação gradual em bases diárias. Mas em culturas organizacionais mais voltadas a resultados "fáceis", imediatos, a abordagem à inovação mais favorecida, pelo menos nas empresas maiores, tem sido cada vez mais adquirir inovação por meio de fusões e aquisições. Muitas vão além, e procuram *crowdsourcing* [contribuição colaborativa] e investimento em startups para aumentar seu número de ideias e inovações.

Compreender onde você está hoje

O perigo disso é que além de não levar em conta os "talentos internos" ou a capacidade interna de inovação, pode criar uma cisão do tipo "eles e nós" entre as diferentes divisões da organização. Não há nada de intrinsecamente ruim em adquirir talento de fora e, na verdade, quando a organização matriz é ela própria voltada para a inovação, acrescentar algo ao mix certamente trará benefícios de longo prazo. Mas, quando a capacidade interna de inovação é não apenas subaproveitada mas ativamente suprimida, e os funcionários veem que a energia, o entusiasmo e o investimento estão sendo dirigidos a inovadores externos, o desfecho lógico é uma queda no engajamento dos funcionários, e o surgimento de crescente ressentimento em relação à equipe de liderança e à organização externa.

Talvez seja apropriado mencionar aqui o livro de Dan Pink, *Drive*, [No Brasil, *Motivação 3.0*, 2019], que examina a motivação humana. Nessa obra, Dan cita três fatores motivadores: propósito, maestria e autonomia. Dê às pessoas uma missão na qual elas acreditem, permita que se tornem realmente boas em dominar seu papel, qualquer que seja ele, e remova impedimentos para permitir que inovem. Se você sempre adquire propostas inovadoras de fora, isso manda uma mensagem à equipe de que as suas ideias não estão sendo valorizadas ou não são suficientemente boas. Com efeito, isso reforça a noção de que eles estão sendo pagos apenas para processar e seguir ordens, em vez de pensar por si mesmos e encontrar melhores maneiras de fazer as coisas. Isso cria falta de engajamento. Ao contrário, engajar funcionários envolvendo-os no que você está tentando alcançar pagará dividendos, conforme eles aprimorem aquilo que fazem e fiquem mais interessados em fazer melhor para a empresa.

Portanto, quanto mais você adquirir inovação, mais terá que continuar adquirindo, já que as pessoas a certa altura ficarão desmotivadas e desengajadas. Isso então leva a outro problema de decidir simplesmente comprar talentos: é que os funcionários são as pessoas da linha de frente. São eles os mais próximos dos problemas e desafios enfrentados pelos clientes, e geralmente estão na parte mais baixa da cadeia alimentar da comunicação ou são os mais sobrecarregados pela burocracia interna. Portanto, estão em melhor posição para identificar os desafios e ajudar a conceber soluções, e isso tudo resulta num modelo de negócios aprimorado.

Ignore-os, deixe de levar em conta ou mesmo de pedir que deem ideias e contribuições, e virá então o desengajamento. É fundamental, portanto, que os funcionários em toda a organização tenham voz. Inclua-os de vez e, se isso for feito do jeito adequado, você terá instantaneamente melhorado os níveis de engajamento, abrindo caminho para a inovação.

Uma das características de uma cultura de inovação bem desenvolvida é que ela olha para fora de si mesma para criar soluções. Nada fica fora de seu alcance, e aqueles que confiam em suas capacidades de inovação até aproveitam elementos de organizações concorrentes, bem como de clientes, fornecedores e outros nas contribuições para inovar, o que é mais conhecido como "inovação aberta". Portanto, embora olhar para fora da organização para aumentar as aptidões internas seja um elemento forte de uma cultura de inovação, fazer isso quando a organização matriz ainda não tem capacidade de inovar pode ser uma receita para o desastre.

A dura verdade é que construir uma cultura de inovação é uma iniciativa de longo prazo, e é como deveria ser, considerando que a meta final é um ganho de inovação também de longo prazo. Mas, para aqueles que podem sentir-se desestimulados se não virem resultados imediatos, existem as "vitórias rápidas" a serem conquistadas no percurso, que serão examinadas em um capítulo posterior.

Conhece-te a ti mesmo – a avaliação da cultura

Voltando ao nosso mito rural do motorista perdido, o primeiro passo rumo à capacidade de inovação é saber de onde você está partindo, o que implica fazer uma avaliação do atual estado da cultura de sua organização. Essa avaliação inicial na realidade difere pouco das avaliações que as organizações costumam fazer quando pensam em alguma reformulação de sua cultura.

Na verdade, muitos dos passos dados na jornada da cultura de inovação já são conhecidos por aqueles que vêm estudando a teoria e a prática da mudança da cultura organizacional. A diferença aqui é que mover a organização em direção a uma cultura de inovação requer uma mudança muito mais profunda do que simplesmente reformular os protocolos de atendimento ao cliente, ou reavaliar a política de sustentabilidade ou buscar aumentar o engajamento.

Compreender onde você está hoje

Mas, qualquer que seja a mudança cultural que uma organização enfrenta, só dará certo se ela tiver uma sólida compreensão de seu ponto de partida. Seja qual for a mudança de cultura, a regra áurea é medir-fazer-medir de novo e, depois que uma cultura de inovação é adotada, esse padrão de melhoria contínua torna-se parte do DNA organizacional. Mas, em princípio, o mais recomendável é que as organizações empreguem uma série de medições qualitativas e quantitativas que irão permitir à equipe de liderança desenvolver uma compreensão em profundidade do atual nível de maturidade em inovação.

FIGURA 2.1 Avaliação da cultura

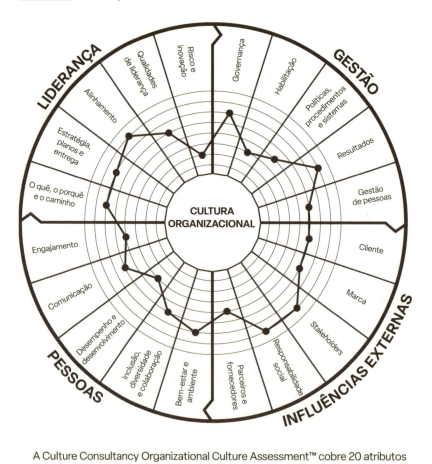

A Culture Consultancy Organizational Culture Assessment™ cobre 20 atributos da cultura organizacional a partir de 4 diferentes perspectivas (Liderança, Gestão, Pessoas e Externa). Como exemplo, cada ● acima representa a pontuação de cada atributo que coletivamente mostra o quadro geral da cultura existente na organização.

Essas medições irão variar conforme a organização, mas, em geral, incluem uma medição do engajamento dos funcionários junto a uma revisão da liderança, dos estilos de gestão, normas comportamentais, práticas e métricas de RH, aliado ao *feedback* de clientes, fornecedores e *stakeholders* externos à empresa. Vamos começar dando uma rápida olhada no diagrama de avaliação da cultura, e depois seguiremos para examinar algumas das áreas-chave para serem focadas por aqueles que estão se movendo rumo à inovação.

Dividir essa avaliação da cultura em "liderança", "gestão", "pessoas" e "influências externas" permite à liderança focar profundamente os fatores que irão inibir a mudança. Dependendo da natureza da organização, é bem possível que algumas subculturas entrem em jogo e, portanto, os resultados irão diferir entre os vários departamentos ou divisões.

Compreender os facilitadores e inibidores da atual cultura garante que a equipe de liderança entenda melhor o impacto da "maneira pela qual as coisas são feitas aqui" sobre o desempenho atual. Claro, essa revisão pode ressaltar fatores que precisariam ser corrigidos a curto prazo, independentemente de quaisquer movimentos em direção a uma cultura de inovação, mas, do mesmo modo, podem vir à luz fatores que estejam alimentando significativamente uma dinâmica cultural positiva. Deve-se ter cuidado para assegurar que esses fatores sejam mantidos ou incorporados na nova visão, para que a organização não perca de vista um fator que está trazendo uma influência cultural positiva.

Ao realizar uma avaliação cultural, os líderes devem, sempre que possível, esforçar-se para ter uma visão holística em vez de se aprofundarem em minúcias. Lidar com amostras da população e usar a maior quantidade dos dados já existentes evitará que os primeiros estágios da transformação fiquem empacados em dados e também reduz o ônus sobre os funcionários. Com isso em mente, vamos dar uma olhada em alguns aspectos das quatros áreas-chave:

1. **Liderança.** Liderar para a inovação pode ser muito diferente de liderar uma cultura organizacional mais tradicional. Requer que os líderes se sintam confortáveis com empoderamento e colaboração, que aceitem fracassos como pontos de aprendizagem e favoreçam uma nova abordagem para obter *insights*.

Conhecer e compreender os pontos fortes e fracos e o estilo da equipe de liderança desde o início ajudará a determinar se um dos primeiros passos do caminho transformacional é trabalhar no desenvolvimento da liderança.

Em particular, nesse estágio estaremos procurando não apenas as qualidades existentes na equipe de liderança, mas também o quanto está inclinada a acolher a mudança. Mais tarde, veremos o quanto é importante para essas equipes estarem totalmente alinhadas com a mudança. Identificar agora seu apetite de risco por mudanças, incluindo se seus membros têm as qualidades pessoais que irão acolher traços como empoderamento, delegação e colaboração, irá fazer uma diferença mensurável quando se tratar de definir e implementar a mudança.

2 **Gestão.** Uma prática supergerenciada e subliderada não irá funcionar bem dentro de uma cultura de inovação. Um levantamento sobre a cultura permitirá detectar áreas de força que ajudarão a avançar na mudança, assim como áreas de *compliance* e controle que exijam algumas mudanças. Por exemplo, se o sistema de concessão de permissões é prescritivo demais, logo serão exigidas mudanças para que ele se alinhe a uma maneira de trabalhar mais flexível, mais orientada por resultados.

3 **Pessoas.** Isso pode surpreender, mas essa área engloba bem mais do que o mero engajamento dos funcionários. É verdade que esse fator é amplamente reconhecido como um motor-chave para a entrega de bons resultados. Igualmente verdadeiro é que, dependendo do nível de engajamento constatado no início, os líderes podem muito bem ter que construir um programa de fortalecimento do engajamento dos funcionários e incluí-lo no seu mix para assegurar o sucesso. De qualquer modo, uma mudança de cultura é um disparador clássico de queda nos níveis de engajamento dos funcionários, portanto, compreender o ponto de partida é vital para que a organização possa tomar medidas preventivas e alinhar as pessoas de maneira bem-sucedida à nova estratégia e à cultura.

Porém, a área de pessoas é bem mais abrangente. Conforme você avançar na leitura deste livro, vai se deparar com seções importantes dedicadas a identificar agentes de inovação (*i-agents*), ou que tratam de mudanças na comunicação e da importância da diversidade e da gestão de pessoas. Isso só é possível se você compreende o ponto de partida e identifica o que o negócio e seus funcionários precisam para que a mudança seja implementada com sucesso.

4 **Influências externas.** Uma cultura inclusiva, inovadora, envolve não só funcionários, mas clientes, fornecedores e outros. Levar em conta as mídias sociais no início pode ajudar a organização a medir a força atual de sua reputação, assim como ajudá-la a definir qual o mix de mídias sociais/grupos focais que maximizará as chances de desenvolver uma cultura inovadora. Levar em conta o nível da capacidade de inovação de terceiros ajudará a formar a base de futuros diálogos de colaboração. Levar em conta o mix de clientes ajudará a impulsionar qualquer movimento em direção a maior diversidade, assim como a formar a base de inteligência que a organização precisará ter como parte do mix de inovação.

Incorporar medidas de autoavaliação nesse mix no estágio inicial pode trazer dois benefícios. Primeiro, ao permitir comparar os resultados iniciais e os subsequentes, a equipe de liderança pode acompanhar com mais facilidade a maneira pela qual a cultura de inovação está se difundindo pela organização, e isso agirá como um sistema de alerta precoce caso a implementação falhe em algum estágio. Em segundo lugar, e talvez mais importante, ao envolver funcionários na avaliação num estágio precoce, a liderança pode enviar uma forte sinalização que estão levando a sério a inovação e que buscam ativamente a participação dos funcionários no desenvolvimento dessa nova cultura. Considerando que uma das principais alavancas é a colaboração aberta, quanto mais cedo os funcionários estiverem envolvidos mais provável é que se mostrem receptivos à ideia de uma mudança cultural.

Compreender onde você está hoje

Maturidade em inovação

Um elemento-chave na avaliação de uma cultura é identificar o nível atual de maturidade em inovação dentro da organização. Pode ser um clichê, mas "você não pode lidar com aquilo que não é capaz de medir" constitui uma advertência importante para líderes que procuram mudar a cultura em torno da inovação.

Cada empresa que dá início a essa jornada sem dúvida está num estágio diferente de "maturidade em inovação", já que por sua própria natureza cada cultura organizacional é diferente e opera de modo diferente e único. Algumas são reservadas, outras robóticas, algumas podem ser criativas, outras se mostram tóxicas, mas, qualquer que seja sua natureza, ela tem um efeito no nível de inovação e também na "maturidade" segundo a qual uma organização inicia sua jornada, assim como no melhor caminho que ela precisará seguir. Por essa razão, é impossível olhar para a Apple ou para o Google ou qualquer uma das suspeitas de serem "incrivelmente inovadoras" e copiar sua estratégia de inovação.

Para começar, você nunca conseguirá ter um *insight* abrangente de como é a sua real estratégia/abordagem de inovação, e mesmo que conseguisse, a cultura de sua organização é única e você não iria operar da mesma maneira. Por essa razão, a simples aplicação do "jeito" delas no seu ambiente provavelmente não daria certo, pois o modelo delas seria rejeitado pelos anticorpos de sua empresa. Inovadora ou não, toda cultura organizacional é única. Redesenhar uma cultura precisa levar em conta a história pregressa, qual é o setor de negócios, a clientela, as metas e as estratégias e uma série de outros fatores; portanto, imitar uma cultura simplesmente não faz sentido nos negócios. Além disso, você também estará começando sua jornada de inovação em posição muito menos madura que a dos inovadores estabelecidos. Portanto, é importante definir o que chamamos de "posição verdadeira" – como um GPS ou sistema de navegação por satélite que pode mapear um trajeto até o seu destino com absoluta precisão, mas apenas se for capaz de localizar seu ponto de partida.

Inovação é como qualquer outro tópico: você precisa não só aprender o básico primeiro – sua capacidade de aprender será consideravelmente ampliada se você for realista e aberto a respeito de seu ponto de partida. Tomando emprestado o vocabulário das artes marciais, chegar à faixa preta é uma jornada que começa sem faixa alguma e requer técnicas fundamentais e metodologia para ser percorrida, a fim de lançar e consolidar os alicerces necessários. Definir estratégia de inovação, direção, abordagem, liderança, cultura/comportamentos exigidos, ferramentas, sistemas, processos etc. é algo que consome tempo e precisa ser feito com método, na sequência correta e pragmaticamente.

O modelo da Figura 2.2 irá ajudar a criar uma visão de seu atual nível de maturidade em inovação e também a definir algumas das coisas que você precisará fazer para aumentar seu nível de maturidade. Esse modelo 4×4 de maturidade em inovação utiliza quatro estágios de maturidade – novato, aprendiz, profissional e, por último, líder – avaliados em quatro áreas: estratégia, liderança, cultura e processos, a fim de montar um quadro do atual estágio de inovação e, portanto, da maturidade, em qualquer organização.

FIGURA 2.2 O modelo 4x4 de maturidade em inovação

Compreender onde você está hoje

Medição da maturidade em inovação

No entanto, medir a maturidade em inovação só é eficaz quando a equipe de liderança tem clareza a respeito do que está sendo medido e quando as medições são apropriadas e proporcionais. Por isso, a chave é medir aquilo que pode ajudá-lo a gerar o tipo de área de inovação de que você precisa. Mais adiante, veremos em detalhe os diferentes modelos de inovação, mas um erro crucial que os líderes cometem com muita facilidade é criar um conjunto de medições que se mostram prescritivas demais.

Por exemplo, algumas organizações podem decidir seguir o exemplo do conglomerado multinacional 3M, que se orgulha de criar soluções inovadoras há mais de 100 anos e tem agora uma linha de mais de 55 mil produtos. A 3M dá a pessoas criativas orçamento e liberdade de inovar em Pesquisa e Desenvolvimento (P&D), recebendo 6% da receita anualmente, mas dá também ao seu pessoal a liberdade de explorar e de inovar. Seria fácil restringir a medição do sucesso ao número de patentes solicitadas e à receita gerada como resultado de novas invenções. Porém, embora não haja nada de errado nessa abordagem, ela armazena a inovação em departamentos e faz isso basicamente a partir dos "homens de jaleco branco", deixando todo o restante da empresa padecendo do lado de fora, no frio. É por isso que, ao medir o sucesso, a 3M também analisa áreas como a de processos de negócios, velocidade de colocação de produtos no mercado e propriedade intelectual. Essa abordagem segue o modelo contemporâneo e sustentável à inovação, que se afasta da província dos poucos e abrange a organização inteira. Com clientes e consumidores afastando cada vez mais seu foco do produto e dirigindo-o para a experiência, a *expertise* em inovação deve também afastar-se dos poucos e ganhar abrangência na organização inteira. Portanto, focar a medição nos poucos é um tiro no pé de uma organização que está procurando desenvolver uma cultura madura de inovação de cima a baixo.

Uma parte da medição inicial dos níveis de maturidade em inovação virá da avaliação da cultura, mas, com o processo em andamento, também é importante incluir suas metas e medir de acordo. A chave é ter uma compreensão plena do que está sendo exigido para entregar cada tipo de inovação, já que os ingredientes serão diferentes, isto é, o que move a inovação incremental é muito diferente daquilo que move a entrega de inovações radicais, aquelas que "mudam o jogo". Em outras palavras, diferentes contribuições que entreguem diferentes resultados exigem medições diferentes. Também é importante desenvolver uma compreensão do tipo de pessoa, de aptidões e comportamentos que serão necessários para alcançar suas metas de inovação, assim como a melhor maneira de medir seu desempenho.

A fim de certificar-se que o seu desenvolvimento da inovação esteja indo bem, você precisa incorporar medições e KPIs no processo. Isso permite que você meça constantemente e faça verificações contínuas, em tempo real, dos seus diferentes estágios. A seguir, exemplos de medições que rastreiam os caminhos do desenvolvimento:

>> Número de problemas identificados ou de oportunidades descobertas.

>> Volume e qualidade dos *insights* sobre o consumidor obtidos durante interações normais com clientes.

>> Número de ideias sobre como resolver/capitalizar problemas e oportunidades.

>> Soluções viáveis, desenvolvimento e refinamento de protótipos.

>> Receitas obtidas de novas ideias implementadas, isto é, Retorno sobre Investimento (ROI).

>> Número de inovações implementadas por pessoa (IIPP).

Dividir o processo em estágios incrementais permite que você meça e compreenda se sua estratégia de inovação como um todo está funcionando e identifique onde pode ser melhorada.

Uma das lições-chave é não medir demais. A inovação, por sua própria natureza, é percebida inicialmente (até se tornar parte do "como fazemos as coisas por aqui") como um trabalho adicional, e acrescentar medições e critérios à rotina diária serve apenas como barreira ao progresso que você está buscando. Portanto, embora a medição seja

Compreender onde você está hoje **71**

uma ferramenta vital para desenvolver a inovação, os líderes precisam tomar cuidado para que as medições, ou o excesso de medições, não sufoque nenhuma parte do processo.

Armadilhas da maturidade em inovação

Nesse caso, uma armadilha em que os líderes podem facilmente cair é confiar demais em medir a inovação e ignorar outros indicadores de cultura que permitem que a inovação aconteça. Se você medir apenas a inovação, logo não terá ideia do que está por trás de seu sucesso ou insucesso. Por exemplo, talvez algumas soluções inovadoras se percam porque os funcionários estão totalmente envolvidos na estratégia da organização ou porque você vem oferecendo recompensa por ideias. Pode ser que a colaboração ocorra porque os líderes de equipe estão incentivando-a como parte intrínseca de uma cultura de inovação ou porque o treinamento é tão precário que a única maneira de os funcionários terem uma ideia do produto é perguntar a outros departamentos. Seja qual for a razão, quanto melhor for a ideia que a equipe de liderança tem da estrutura e cultura subjacentes da organização, maiores as chances de desenvolvê-la para que entregue transformações inovadoras.

Isso é especialmente importante nos primeiros dois estágios de desenvolvimento, isto é, a identificação inicial de problemas, oportunidades ou lacunas, seguida pela apresentação de ideias. É muito fácil descartar inadvertidamente ideias porque as medições se mostraram um pouco fora da norma, mais radicais que o previsto ou levemente desalinhadas com o produto/serviço típico oferecido pela organização. Também é difícil medir coisas que de algum modo sejam "adjacentes", mas, em termos de diferenciação por inovação, é a adjacência que dá início à jornada rumo à diferenciação e à vantagem competitiva.

Seguindo adiante, medir e voltar a medir o processo inteiro de inovação permite que você torne visíveis os problemas que poderão surgir ao longo da jornada. Por exemplo, se em determinado ponto a variedade de ideias começa a declinar, é provável que essas ideias estejam começando a brotar de um grupo menor de pessoas. Isso é uma advertência precoce de que, por alguma razão, o canal de inovação talvez tenha se acomodado num departamento ou que os funcionários estão perdendo o engajamento do imperativo de inovação.

Já mencionamos que o caminho rumo à cultura de inovação é similar em muitos aspectos a outros caminhos de mudança na cultura, e medir o nível de maturidade em inovação e desenvolvimento segue o mesmo padrão. Definir e rastrear a maturidade em inovação não é reinventar a roda e criar um conjunto inteiramente novo de levantamentos e sistemas de medição. Em vez disso, é usar o que a organização já faz, isto é, pesquisas sobre os clientes e funcionários, tabelas de desempenho etc., e ajustá-los para cobrir as áreas relacionadas à inovação que você precisa medir ou compreender melhor. Acrescentar duas ou três questões aos seus processos atuais pode muito bem ser mais eficaz do que iniciar outra pesquisa/processo separada. E aí vai uma dica: sempre que possível, trabalhe com o que você já tem.

◢ Maturidade em inovação – aceitar o fracasso como ponto de aprendizagem

Um dos principais traços de uma cultura de inovação é aceitar o fracasso como ponto de aprendizagem, e isso se aplica tanto sobre medir a maturidade em inovação como sobre qualquer outra coisa. Se o que você mede não está ajudando a melhorar em inovação, descarte-o e tente descobrir o que é necessário medir, caso contrário, desperdiçará um tempo enorme e precioso, além de recursos, sem qualquer ganho. Não meça só por medir. Medir deve ajudá-lo a entender onde é preciso ajustar e o que você deve mudar para poder melhorar constantemente seu motor de inovação. Como acontece na Fórmula 1, trata-se de desenvolvimento e aprimoramento constantes, com eventuais ajustes mínimos que se tornam o fator decisivo para chegar ao pódio.

Mas aceitar o fracasso não é um conceito fácil de captar, particularmente em setores pesadamente regulados, como o da legislação ou das finanças. Talvez seja importante aqui diferenciar entre cometer erros ou adotar más práticas e fracassar em inovar. Se um documento legal é considerado inválido porque foi citado o caso jurídico errado, se houve uma aplicação de fundos na conta errada, se um funcionário indevidamente assumiu a autoria de um resultado para ganhar uma venda, então a equipe de liderança pode muito bem ter razão em censurar os envolvidos. No entanto, se foi gasto tempo e esforço na tentativa de conceber um novo processo que poderia agilizar a manufatura, mas o projeto acabou sendo engavetado porque o custo de reformular as ferramentas não justificaria o ganho previsto, então o projeto ainda pode ser visto como uma experiência de aprendizagem valiosa. O importante aqui é que os fracassos deixem de ser um ponto de censura. Se os funcionários acreditarem que suas ideias e seus projetos serão bem recebidos, ficarão encorajados a aumentar seus esforços. Ao contrário, se forem censurados pelo fracasso, não vão mais tentar. Portanto, ao conceber uma estratégia de inovação, um dos elementos cruciais a ser considerado é o nível de risco que será encarado como aceitável nas diferentes circunstâncias. Alinhar esse nível de risco a uma medida de valor que seja aceitável pela organização permite que a equipe de liderança se afaste de um modelo puramente monetário, do tipo "um custo x produz um lucro y", e se aproxime de um modelo que incorpore também o custo orçamentário do fracasso dentro do mix total. Por exemplo, um valor aceitável pode ser igual a esforço + atitude + resultado.

Estudo de caso

Importância da avaliação da cultura

INTRODUÇÃO

Neste capítulo, tratamos da importância de compreender onde você está agora antes de passar para a sua jornada de inovação. Fazer uma avaliação da cultura permite que os líderes da organização compreendam melhor os desafios que enfrentam, além de ajudá-los a se orientar ao moldar a mudança de cultura.

Para ilustrar melhor essa ideia, vamos citar o caso da corporação global multinacional de defesa QinetiQ, para ver de que maneira tiveram sucesso em sua mudança de cultura.

SITUAÇÃO

A QinetiQ foi formada em 2001 quando o Ministério da Defesa do Reino Unido dividiu sua Agência de Avaliação e Pesquisa da Defesa em duas unidades. A porção menor continuou vinculada ao Ministério da Defesa, e o restante tornou-se a QinetiQ, inicialmente uma parceria público-privada que depois passou a ser oferecida na Bolsa de Londres.

Quando o novo CEO assumiu a QinetiQ, notou que a maioria dos problemas que afetavam a empresa tinham a ver com a sua história recente como parte de um órgão governamental; mas, após dois alertas relacionados ao lucro, não havia outra opção a não ser mudar fundamentalmente sua maneira de operar. Isso significava mudar sua cultura para abandonar a mentalidade de órgão público e adotar uma cultura mais comercial, de setor privado, focada na inovação.

O negócio estava segmentado em três áreas: a essencial, a de exploração e a de teste de valor. Isso ilustra com perfeição a maneira pela qual uma organização pode ter vários níveis diferentes de maturidade em inovação dentro de uma cultura abrangente, com cada uma dessas três áreas tendo a própria subcultura e sua maneira diferente de medir e recompensar o desempenho. Por exemplo, a área de exploração já tinha um perfil que prenunciava um teste e fracasso.

As três áreas, além dos diferentes níveis de maturidade em inovação, por sua própria natureza também estavam em níveis diferentes no espectro de inovação incremental/diferenciada/radical. A abordagem adotada pelo negócio, portanto, precisava levar em conta essas variações para assegurar que o impulso potencial para inovação fosse maximizado.

ABORDAGEM

Numa organização em que o *status quo* raramente era questionado e a inércia predominava, foi julgado vital avaliar inicialmente a capacidade e o apetite para mudança, assim como identificar qual seria o maior esforço de mudança que precisava receber foco. Dessa forma, foi realizada uma avaliação da cultura, além de uma revisão para avaliar a prontidão para mudança.

As áreas a serem melhoradas que foram identificadas na avaliação deveriam elevar a capacidade de liderança na organização inteira, aprimorar a comunicação em todos os níveis, romper com os departamentos e as barreiras internas e favorecer o engajamento dos funcionários.

Foram então realizadas várias oficinas para determinar a visão de futuro e projetar a cultura desejada. Isso levou à implementação de um mapa de comportamentos de alto nível para que funcionários e outros pudessem identificar "como fazemos as coisas aqui", e foi lançada uma grande iniciativa para dar voz aos funcionários, chamada "minha contribuição". Isso permitiu incentivar os funcionários a impulsionarem a inovação apresentando suas ideias para novos produtos, serviços ou melhorias nas práticas de trabalho. A mudança nas atitudes e nos comportamentos dos funcionários foi facilitada por um *upgrade* da liderança e pela introdução de processos *lean*.

CONCLUSÃO

Na época da elaboração deste livro, mais de 9 mil projetos de inovação estavam ativos ou sendo propostos, levados adiante pelos funcionários para o benefício e futuro da QinetiQ. Como resultado dos "programas de autoajuda" em andamento, o lucro aumentou 11%, a dívida líquida foi reduzida em 75% e foi identificado que cerca de 75 milhões de libras haviam sido poupados. ■

Decidir a estratégia de inovação

Depois que você empreende essa avaliação da cultura e desenvolve uma compreensão do nível de maturidade em inovação de sua organização, o passo seguinte é passar a desenvolver a estratégia de inovação. Vamos dar início com o pensamento a seguir.

A maioria das organizações, quando fala na necessidade de inovar, cita algo "grande", que mude o jogo ou seja radical, e considera que é o que deve ser exigido. A realidade é que esse algo "grande" é um motor de crescimento válido e um diferenciador genuíno, mas poucas empresas estão de fato no lugar certo para conseguir isso. A maior parte das culturas organizacionais simplesmente não é capaz de uma inovação radical, que mude o jogo. Mas elas precisariam ser capazes!

Num mundo ideal, a cultura de inovação permeia a organização inteira, alinhando todos a uma visão compartilhada. Mas imaginar que é possível ir de 0 a 100 num instante é fazer um convite à fadiga de inovação e à exaustão. Vamos examinar mais adiante as estratégias de implementação, mas por enquanto é importante entender o mix de inovação e como ele irá impactar o design de uma excelente estratégia de inovação nas organizações.

Assim como a inovação diz respeito a criar experiências diferenciadas, também as estratégias de inovação diferem de acordo com a organização. Criar inovação sustentável a longo prazo requer o que chamamos de "mix de inovação", e isso significa criar um portfólio equilibrado de atividades pelas diversas áreas e tipos de inovação. O legado da recessão e o impulso imediato em direção à recuperação resultaram em organizações e equipes de alta direção com tendência a favorecer retornos de curto prazo em vez de ganhos de longo prazo. Quando os olhos estão firmemente voltados para a meta de ser capaz de dizer "sim, estamos inovando", é fácil ser pego na armadilha da inovação incremental, com exclusão de todo o resto. A inovação incremental é uma parte fundamental do mix, mas com muita frequência ela foca melhorias internas, ajustes e eficiências operacionais (*lean* etc.), mais do que lidar com o quadro global e fazer a organização avançar.

Inovação sustentável requer, portanto, um mix dos seguintes tipos de inovação, como ilustrado na Figura 2.3:

» **Incremental.** Otimizar produtos, propostas e experiências atuais e melhorar continuamente processos de negócios e eficiências internas, mantendo-se sempre atualizado.

» **Diferenciada.** Adaptar produtos, propostas e experiências existentes à visão de corrigir os problemas do cliente real, a fim de impulsionar negócios adicionais e disrupções de curto prazo.

» **Radical.** Desenvolver produtos, proposições e experiências pioneiras para mercados que não existem ainda, a fim de impulsionar fluxos de receita "novos para a empresa" e disrupções de longo prazo.

A chave é posicionar alguma atividade entre incremental e radical. Nossa experiência mostra que a maioria das organizações já pratica a inovação incremental; elas apenas lhe dão outro nome. Assim, quando a organização diz que precisamos de mais inovação, a suposição é que ela quer inovação radical, já que esse é o único outro tipo que as pessoas conhecem e sobre o qual falam. As organizações precisam posicionar alguma inovação nesse terreno intermediário, no lugar que chamamos de área de inovação "diferenciada". Não importa o nome que você dá a essa área, o importante é criar um ponto de apoio ou uma escala móvel do incremental até o radical. A maior mudança nessa escala vem da atividade que ocorre no meio! A primeira coisa que uma organização precisa fazer (depois de ter feito a avaliação organizacional e saber onde está) é decidir o quanto está disposta a mudar, a fim de entregar suas metas por meio de inovação. Isso requer então a elaboração de um roteiro da inovação para definir as aspirações de inovação da organização e avançar na escala de maturidade em inovação. Nesse estágio, também é importante compreender a prontidão da organização para a mudança. Isso inclui uma avaliação da capacidade organizacional de mudança e leva em conta o histórico de programas internos de mudança. Entre as perguntas, temos: por que a mudança foi bem-sucedida ou fracassou no passado, o que pode ser feito para agilizar a mudança dessa vez e se há quaisquer outros fatores que possam impactá-la, como programas em andamento ou reorganizações recentes.

As avaliações de prontidão para a mudança, por sua natureza, irão variar conforme o porte da organização, sua estrutura e o setor de negócios do qual faz parte. Geralmente cobrem tanto critérios subjetivos quanto objetivos e abrangem tanto questões e observações práticas (processo/equipamento) como culturais (estado de prontidão). Em geral, sua utilidade deriva em grande parte do cuidado que tiver sido tomado em relação ao escopo da avaliação. Entender o que é que você vai avaliar, como obter as respostas mais significativas e de que maneira irá interpretar os dados é crucial para obter um resultado significativo.

QUADRO 2.1 O mix de inovação sustentável

ÁREAS DE INOVAÇÃO	TIPOS DE INOVAÇÃO					
	INCREMENTAL Otimizar produtos, propostas e experiências existentes e melhorar continuamente processos de negócios internos e eficiências, a fim de manter-se o mais atualizado possível.		**DIFERENCIADA** Adaptar produtos, propostas e experiências existentes, a fim de corrigir problemas reais do cliente para impulsionar mais negócios e disrupções de curto prazo.		**RADICAL** Desenvolver produtos, propostas e experiências pioneiros para mercados ainda não existentes, a fim de impulsionar fluxos de receita "novos para a empresa" e disrupções de longo prazo.	
	Existente	Nova	Existente	Nova	Existente	Nova
Produto	💬💬💬	❓❓❓❓		❓❓		❓❓
Processo	💬💬💬💬💬💬	❓❓❓❓	💬💬	❓❓❓❓		
Experiência do cliente	💬💬	❓❓❓❓	💬	❓❓❓❓❓❓		❓❓
Modelo de negócio		❓❓❓❓		❓❓❓	❓	
Organização	💬💬	❓❓❓❓		❓❓❓❓		

1 Além das "áreas" listadas acima, acrescente qualquer área de seu negócio que possa inovar.

2 Preencha cada seção com a atividade inovadora em andamento na sua organização para mapear seu atual mix de inovação (cada 💬 acima é um exemplo de atividade em andamento).

3 Agora posicione novas atividades em cada categoria, a fim de criar um mix de inovação ideal, e implemente um processo para identificar e alimentar ideias de alto potencial que possam mudar o jogo, para diferenciar, intervir e impulsionar o crescimento (cada ❓ acima representa um exemplo de atividade possível).

Uma questão-chave aqui é o quanto você quer/está preparado para ver sua organização mudar. Isso dependerá em parte dos resultados de sua pesquisa e em parte de onde você decidiu que sua jornada estratégica irá levá-lo. Esse mix de resultados/decisões será modificado pelo apetite de mudança da organização. Por exemplo, aqueles que decidem adotar uma mudança de cultura contextual de baixo perfil podem inclinar-se a uma mudança de cultura incremental, na qual a ênfase recaia numa cultura de melhoria contínua com pequenos avanços ocorrendo todo dia.

Para líderes que estão mais inclinados a uma inovação estrutural com grande mudança, essa mudança incremental pode ser integrada a uma inovação radical, num mix autoalimentado, no qual uma cultura orientada ao futuro, centrada no cliente, busque ampliar os limites para aumentar a capacidade de inovação. Por outro lado, para aqueles que preferem um modelo de mudança mais suave, a mudança incremental como modelo básico pode ser estruturada para sustentar um formato mais dinâmico e particular, que busque diferenciar-se dos concorrentes pela maneira de fazer as coisas.

FIGURA 2.3 A decisão de inovação estratégica

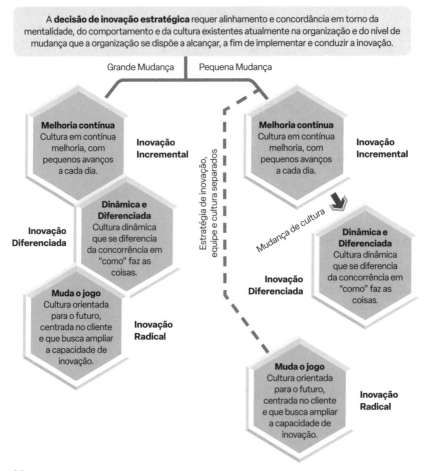

Voltaremos algumas vezes ao mix de inovação e à maneira pela qual decisões estratégicas impactam o equilíbrio entre inovação incremental, diferenciada e radical em épocas distintas, já que isso afeta não apenas o design do roteiro inicial, mas também a implementação e o resultado. Enquanto isso, o diagrama da Figura 2.3 pode ajudar a ilustrar a decisão de inovação estratégica com a qual se deparam os líderes da organização, e em particular os diferentes caminhos que se abrem aos líderes, dependendo do desfecho de suas discussões a partir de agora.

Mencionamos o perigo de ficar preso na armadilha do estágio incremental, mexendo com processos em vez de levar a mudança adiante, mas há também o perigo de que a inovação incremental fique restrita apenas a uma área do negócio. Para que a inovação possa se instalar, é necessário abranger todas as áreas: produto, serviço, marca, organização e modelo de negócios, e o mix tem que ser adequado à organização em questão.

Por exemplo, uma startup que esteja buscando ser ágil e inovar para entrar rapidamente nos mercados pode dar peso maior ao elemento radical em comparação a uma organização mais estabelecida, com forte base de clientes. Uma organização muito citada on-line é a Coca-Cola. Ela reconhece abertamente que uma parte importante de seu sucesso tem a ver com sua estratégia de inovação, de investir cerca de 70% no que está estabelecido "agora" e em programas bem-sucedidos; 20% em tendências "novas" ou emergentes que venham ganhando tração; e 10% em ideias "adjacentes", ainda não testadas: são os horizontes um, dois e três, respectivamente.

A Coca-Cola não está sozinha nisso. Em termos de árvore de decisão, 70/20/10 é tão conhecido quanto 80/20 e tem sido aplicado com sucesso em várias esferas de negócios. Qualquer que seja o mix, a consideração principal é mantê-lo equilibrado e alinhado à sua estratégia organizacional. Por exemplo, dirigir 100% de seus esforços para a inovação incremental pode otimizar os resultados a serem obtidos dos processos existentes no curto e médio prazos, mas nunca resultará no tipo de inovação diferenciada ou radical que cria sinergias que mudam o jogo. Similarmente, concentrar 100% dos esforços em soluções radicais é ignorar os ganhos que podem ser obtidos das inovações incrementais.

O mix exato vai variar conforme a organização e os setores de negócios, mas, para otimizar os resultados, o mix deve conter tipos de inovação que entreguem as metas estratégicas definidas.

O diagrama a seguir (Figura 2.4) ilustra a importância de alinhar a inovação às metas e à estratégia da organização para que todas essas atendam à lacuna de crescimento identificada que outras atividades e práticas atualmente previsíveis não estejam atendendo. Em termos simplistas, digamos que a organização está crescendo de modo estável uns 5% ao ano, e que a previsão seja que fará isso *ad infinitum* se mantiver as atuais políticas.

FIGURA 2.4 A lacuna de inovação

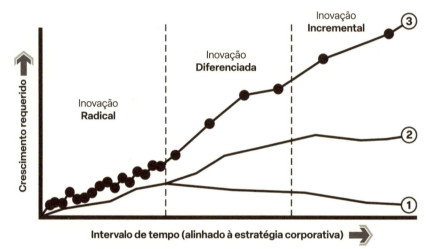

① Continuará fazendo a mesma coisa, isto é, provendo os produtos/serviços existentes aos mercados existentes.

② Prevê crescimento atualizando produtos/serviços existentes e Desenvolvimento de Novos Produtos (DNP) no esquema usual de negócios. No entanto, o crescimento produzido numa área talvez só seja suficiente para compensar um inevitável declínio na fatia de mercado de outro.

③ Exige foco na inovação, a fim de atender às ambições de crescimento da organização (a Lacuna de Inovação).

● Aumento na atividade ao longo do mix de inovação para criar um portfólio de atividade equilibrado. Taxa de inovações por tipo de inovação, isto é, 70/20/10 como exemplo.

Se a equipe de liderança estiver satisfeita com esse nível de crescimento e desfruta da feliz posição de estar numa bolha exclusiva, na qual não haja parâmetros que possam afetar o negócio, então sequer faz sentido pensar em inovação. Mas, para negócios que operam fora da bolha, que serão afetados por eventos externos ou que procuram ampliar sua fatia de mercado, o primeiro passo é olhar para os níveis de atividade atual e adjacente que possam avançar um pouco em entregar esse crescimento.

A lacuna de inovação, como ilustrado na Figura 2.4, é definida como a diferença entre o nível de crescimento a ser alcançado por meio das atividades existentes ou adjacentes e aquele que o negócio gostaria de alcançar. Definida a lacuna, a equipe de liderança então começa a identificar o mix de inovação exigido para sanar a deficiência.

O crescimento real provavelmente virá de inovação diferenciada ou radical, às vezes também chamada de inovação revolucionária ou disruptiva. No entanto, é importante notar que não é só a inovação radical que cria ruptura, já que a inovação diferenciada também pode produzir resultados disruptivos. O segredo é fazer com que a sua estratégia de inovação funcione bem nas áreas em que você imagina que precisa se destacar da concorrência e que tenha estabelecido como capazes de entregar metas identificadas. Por exemplo, pode haver uma necessidade identificada de conseguir uma real diferenciação no mercado. Embora isso talvez não exija que você tome uma medida verdadeiramente revolucionária ou radical, definitivamente não será alcançado por meio de um foco em inovação incremental ou por melhoria continuada, portanto o foco aqui será em inovação diferenciada.

O segredo para identificar um mix de inovação bem-sucedido é procurar nas adjacências em termos de produtos, soluções e mercados aplicáveis. E aqui temos uma advertência: aqueles que acabam de se converter à cultura de inovação tendem a ficar superempolgados e falam de inovação "radical" e "disruptiva", mas para a maioria das organizações a realidade é que, tomada isoladamente, ela é simplesmente grande demais e exige tempo demais, custa muito caro e é muito arriscada. Isso não quer dizer que você não deva fazê-la, mas ela precisa ser bem pensada, relevante e alinhada ao que você quer alcançar e compatível com o apetite organizacional por riscos. Voltaremos a esse tópico no Capítulo 4, quando trataremos da articulação da cultura desejada e da definição do melhor mix de inovação e da melhor estratégia.

Apropriar-se da agenda de inovação – engajar seu pessoal; criar empolgação

Até aqui, desenvolvemos uma compreensão de alto nível da maturidade em inovação e da cultura dentro da organização e começamos a ter uma ideia do mix estratégico que melhor combina com os objetivos de longo prazo identificados. Esses temas serão desenvolvidos em capítulos posteriores, quando examinarmos com maior profundidade a montagem de uma equipe e a criação de um roteiro para definir a jornada em direção ao sucesso da inovação. Mas, primeiramente, precisamos parar e tratar da apropriação da agenda de inovação.

Por sua própria natureza, a inovação é um processo inclusivo, e as organizações mais inovadoras a posicionam em todos os níveis dentro do negócio, além de atrair clientes, fornecedores e até concorrentes para o mix de inovação. Portanto, um dos desafios mais duros para os líderes é decidir não só quem vai se apropriar da agenda de inovação, mas como essa agenda será expandida para um público maior.

Construir uma cultura de inovação não é ciência espacial, mas sem dúvida requer uma cuidadosa condução, já que líderes e funcionários aprenderão a sair da zona de conforto para entrar num mundo em que o fracasso é tratado como um ponto de aprendizagem e no qual o empoderamento e a iniciativa são estimulados.

Uma das áreas-chave em que as empresas que tentam implementar a inovação na sua cultura cometem erros é na maneira em que incentivam e inspiram as pessoas a contribuir para a agenda de inovação. É importante que todos na organização entendam a estratégia de inovação e de que modo podem contribuir. Isso significa que deve haver clareza a respeito de como destacar problemas, oportunidades, ameaças, observações e assim por diante, bem como processos claros na apresentação de ideias para lidar com os problemas identificados. E, depois, é exigida uma clareza adicional a respeito de como essas ideias iniciais serão desenvolvidas.

Ao tratarmos de criar empolgação, a chave é ser claro e focado em recompensar o comportamento que você de fato quer ver, utilizando uma combinação equilibrada de recompensas intrínsecas e extrínsecas para motivar e incentivar as pessoas a saírem de bom grado de sua zona de conforto e se libertarem do *status quo*. É importante aqui fomentar a inclusão, e o risco nesse caso é você acabar criando inadvertidamente uma segregação ao compartimentar certo tipo de inovação ou atividade dentro de um grupo seleto e, com isso, excluir os demais.

Apropriar-se da agenda de inovação – o mix de risco/recompensa

Um dos principais comportamentos exigidos daqueles que adotam uma cultura de inovação, e que obrigatoriamente deve ser recompensado, é o de saber a extensão em que um risco é aceitável. A chave aqui é ser realmente claro a respeito de que tipo de risco você quer que as pessoas assumam, isto é, um "risco temerário" ou aquilo que chamamos de "risco inteligente", quando as consequências são bem ponderadas, revisadas e aceitas. Esse apetite de risco precisa ser muito equilibrado para que o processo não fique atravancado e acabe se tornando um obstáculo ao avanço.

Isso requer clareza em relação a quais são os limites e o quanto eles podem ser forçados, para que as pessoas se disponham a fazer uma tentativa. As pessoas só irão se expor se acharem que o negócio leva suas ideias a sério e, mais importante, se ele se dispuser a ouvir as suas ideias. Além disso, é necessário instaurar uma clara compreensão de que há um processo real de avaliar e desenvolver quaisquer ideias que sejam apresentadas. Portanto, as ideias não devem só ser avaliadas, é preciso que fique evidente que elas estão sendo avaliadas e que têm a possibilidade de serem bem-sucedidas e implementadas, e isso significa que o processo deve fluir da identificação para a implementação. Vamos desenvolver esse tópico mais adiante ao tratarmos do processo de inovação.

Desse modo, é preciso ter clareza a respeito do que está sendo medido e recompensado, e os funcionários precisam saber muito bem se o comportamento certo será recompensado, mesmo que ele não dê em nada, ou se as recompensas só virão se as ideias apresentadas produzirem bons resultados. Porém, na realidade, se a organização for recompensar apenas o sucesso, as tentativas que ela fizer para inculcar uma cultura de inovação ficarão bem aquém do ideal. A inovação vai de mãos dadas com a ideia de que o fracasso deve ser tratado como um ponto de aprendizagem, em vez de dar motivo a reprovações. A consequência disso é que o termo "fracasso" deve ser removido do vocabulário da empresa, e substituído pela entrega de pontos de aprendizagem ou o que chamamos de "episódios de aprendizagem". É importante aqui ser claro a respeito do valor que se está dando à inovação e à maneira pela qual a matriz de risco/recompensa é formada. É evidente que, na média, a cultura de inovação precisa resultar em melhoras tangíveis que permitam obter resultados acima do habitual. A falha em conseguir isso leva a uma rápida reversão para um modelo de comando e controle voltado a comprar soluções. Mas encarar a inovação a partir do exterior, em termos estritamente monetários, também levará ao fracasso. Por exemplo, uma ideia inovadora pode resultar numa melhoria na reputação. A curto prazo, isso talvez não acrescente nada diretamente à lucratividade, mas conforme novos clientes forem atraídos pela reputação em alta, o negócio começará a se beneficiar financeiramente.

Isso leva a outra razão-chave para se ter clareza a respeito do que está sendo medido e recompensado: os funcionários precisam se sentir confortáveis sabendo que suas ideias serão reconhecidas e recompensadas mesmo que elas não tenham um impacto direto no resultado final. Isso é importante porque se você apenas mede e recompensa novos produtos e sua colocação no mercado, estará então compartimentando a inovação ou colocando-a em departamentos dentro de um grupo seleto da organização, excluindo, portanto, todos os demais. Com isso, em princípio, fica impossível construir uma cultura de inovação que englobe a organização inteira.

Muitas organizações já têm implementadas recompensas visíveis para ideias, mas elas tendem a ser subjetivas, em vez de serem parte de um programa de inovação plenamente integrado. Isso significa que a questão não é apenas se elas são mensuradas, mas o fato de haver uma tendência inconsciente de favorecer ideias que tenham impacto no resultado final. Dependendo do nível de maturidade em inovação da empresa, essa matriz de reconhecimento/recompensa precisará ser flexibilizada e revista para incluir ideias e soluções em todo o negócio. Ideias que despertem elogios, publicação de um artigo, prêmios setoriais ou reconhecimento do mercado podem não ter um valor intrinsecamente monetário, mas beneficiam a organização de outras maneiras.

No que se refere a considerar as sugestões e a matriz de recompensas, o fator-chave é distinguir entre recompensa e reconhecimento. Recompensas podem ser financeiras – bônus, férias, brindes etc. – ou podem ser menos tangíveis, como um evidente reconhecimento público, ter destaque na revista ou newsletter interna, propiciar um almoço com um chef etc., junto ao reconhecimento e ao potencial que essa contribuição adicional tem de levar a uma promoção na empresa.

Dessa forma, as recompensas não precisam ser sempre financeiras e, em muitos casos, um reconhecimento aberto das contribuições é mais bem recebido do que um bônus monetário. Um simples "muito obrigado" é um elemento-chave para o engajamento do funcionário, e conseguir o mix ideal de ideia/recompensa não só beneficia o negócio mas também ajuda a fortalecer os níveis de engajamento dos funcionários. Essencialmente, trata-se da diferença entre extrínseco e intrínseco, e do desejo de fazer algo bom e de ser visto como alguém que sabe fazer e contribui, um defensor da inovação. O reconhecimento e a visibilidade da inovação também ajudam os outros a verem que ela está efetivamente acontecendo na empresa, e o fato de seus pares estarem fazendo coisas e sendo notados ajuda a aumentar o alinhamento e incentivar mais a inovação ao longo de cultura e no interior dela. Aqui, de novo, destaca-se a importância de projetar uma cultura e uma estratégia únicas, que sejam as mais adequadas à sua organização. A matriz de recompensa irá variar conforme a organização, dependendo dos tipos de personalidade de seus funcionários e da natureza de suas funções. O que é visto como uma recompensa valiosa numa organização pode equivaler a um tapa na cara em outra, por isso, é vital que a estratégia escolhida se ajuste bem aos seus funcionários.

Parte do processo de inovação deve também lidar com aqueles que decidem quem será recompensado, de modo que o processo se torne quase automático, em vez de subjetivo e aberto a críticas ou ceticismos a respeito de por que algumas ideias evoluíram bem e foram recompensadas e outras não.

Apropriar-se da agenda de inovação – posicionamento da apropriação

Uma das maiores barreiras à inovação, e um grande obstáculo para implementá-la na cultura, é pedir que as pessoas deem ideias e depois não fazer nada com elas; ou não dar às pessoas um *feedback* a respeito do que está acontecendo com as ideias apresentadas, se estão sendo encaminhadas ou se foram rejeitadas e por quê. Particularmente, nos primeiros estágios, é um erro comum nas organizações pedir ideias e depois não saber lidar com o grande volume recebido. Por isso é importante, não só ao conceber o roteiro mas também quando forem apresentados os campeões de inovação, assegurar que, desde o início, haja um processo de inovação implementado para captar ideias, avaliá-las e dar o *feedback*/comunicar o que acontecerá em seguida (se é que algo vai acontece) e por qual razão.

A questão, quando se pede que as pessoas deem ideias, é "ideias a respeito do quê?". A inovação trata de resolver problemas ou projetar soluções para coisas que você descobre, identifica etc.; portanto, o processo deve começar pedindo que as pessoas apresentem observações a respeito disso, e o estágio dois é sobre pedir ideias que permitam resolver desafios específicos. Isso é feito lançando "desafios de ideias", com critérios claros sobre o contexto e os parâmetros do desafio e com alinhamento à principal estratégia corporativa. Lembre-se de que esse processo implica fazer as perguntas certas e também compreender as razões por trás das respostas. Caso contrário, você pode acabar com o cenário com que se deparou Henry Ford quando comentou que, se tivesse perguntado às pessoas o que elas queriam, teriam dito "um cavalo mais rápido" em vez de "um carro". Adotar esse processo nos estágios iniciais permite não só alcançar algumas "vitórias rápidas" mas também começa a gerar empolgação e maior compreensão do processo de inovação. E esse interesse e incentivo não só é crucial para o ideal de inovação que permeia a organização como deve também agir como um guia para definir a apropriação da agenda de inovação. Claro que no final todos terão uma aposta na inovação, mas até lá os que têm a tarefa da apropriação devem ser aqueles que, por seu papel ou personalidade, estão em melhor posição para levar a agenda adiante.

Isso significa que a apropriação do plano de implementação da inovação não precisa necessariamente estar assentado de modo direto na equipe de liderança. Isso não quer dizer que a equipe de liderança simplesmente decidirá que "seremos inovadores" no futuro, e então irá acomodar-se. Como em qualquer mudança de cultura, a não ser que a equipe de liderança esteja preparada para abraçar a mudança, não fará sentido sequer começar. E quando a mudança é tão profunda como a que a inovação persegue, as atitudes, crenças e comportamentos da equipe de liderança precisam mudar para que a inovação tenha sucesso.

Em capítulos posteriores, vamos revisitar mais profundamente o assunto da liderança em relação à mudança na cultura de inovação. Agora, vamos destacar apenas alguns de seus elementos-chave. E vamos começar fazendo uma afirmação óbvia: a mudança da cultura só acontecerá se a equipe de liderança der seu apoio 100%. É surpreendente ver quantas vezes a equipe de liderança tem uma ideia, lança-a para os demais colaboradores e depois passa a se ocupar com a próxima grande ideia, sem ter entendido ou se comprometido com a implementação da primeira. E quando falamos aqui da equipe de liderança, a intenção é destacar que cada indivíduo precisa estar pessoalmente alinhado e comprometido. Um só indivíduo que não esteja pessoalmente alinhado cria a real probabilidade de você enfrentar perturbações na fase de implementação.

Não se iluda: mudar para uma cultura na qual a inovação impregna todos os cantos da organização é algo que exige muito mais do que apenas mudar uma cadeia de comando ou introduzir novos recursos de TI. Os obstáculos à mudança irão se erguer a cada etapa. Inércia, medo da mudança, burocracia, ceticismo, tradicionalismo e gente que simplesmente não compreende, tudo isso irá se opor de maneira consciente ou inconsciente, em todas as situações. "Alguns problemas culturais também se destacaram na lista de obstáculos à inovação, entre eles a dificuldade de implementar a mudança (41%) e a persistência de uma mentalidade de projeto pronto em lugar de ver a inovação como um processo em andamento (39%)" (Imaginatik, 2013). Portanto, mudar para uma cultura de inovação requer total compromisso da equipe de liderança. E, mais que isso, requer que a equipe de liderança defina estratégia, visão e valores, e depois os implemente usando uma abordagem em três camadas que englobe comunicação, delegação e mobilização. E esse é outro ponto importante: a mobilização pode requerer que a administração média pegue a bola da inovação e passe a conduzi-la, mas isso não significa que a equipe de liderança possa recuar completamente e se dedicar ao desafio seguinte. Para lidar com a mudança, você precisa ser a própria mudança, ou seja, mudar seus comportamentos – não apenas para dar exemplo aos outros, mas para dar o tom para a organização.

Compreender onde você está hoje

Apropriar-se da agenda de inovação – colaboração

Delegar e mobilizar também são vitais para que a mudança dê certo. Por exemplo, não faz sentido afastar a organização do modelo de organização em departamentos e direcioná-la a uma maneira de trabalhar mais colaborativa se os líderes desses departamentos ainda insistirem em ter autonomia absoluta. Do mesmo modo, pouco adianta implementar no serviço ao consumidor um modelo que promova a apropriação dos problemas e assegure que as questões dos clientes sejam plenamente respondidas se o líder do departamento ainda avalia as pessoas pelo número de atendimentos feitos.

Por sua própria natureza, inovação significa colaboração, e as primeiras pessoas que precisam ser vistas colaborando são as da equipe de liderança e gestores do mais alto escalão. Mas isso não significa que a agenda de inovação deva necessariamente ser apropriada em bases contínuas pela equipe de liderança. Seus membros podem de início conceber estratégias, valores, crenças e comportamentos, mas, como ocorre com qualquer mudança de cultura, são geralmente os líderes emergentes que vão traduzir essas estratégias em sucesso. E, como a verdadeira cultura de inovação requer que os funcionários em toda a empresa estejam engajados em crenças e comportamentos inovadores, é importante que a inovação não seja vista meramente como mais uma moda passageira da equipe de liderança ou como algo que foi adotado simplesmente porque pega bem nos relatórios. A equipe de liderança pode, portanto, decidir que após a conclusão da fase inicial, a apropriação deve se assentar em níveis mais baixos dentro da organização.

Voltaremos a esse tema no Capítulo 3, quando trataremos da montagem de uma equipe de inovação, mas, primeiro, precisamos explorar outro aspecto da cultura de inovação – o fato de que a verdadeira inovação não se restringe à organização apenas. Quando clientes, fornecedores e até rivais são trazidos para o mix, os negócios devem considerar se os fornecedores externos serão parcialmente responsáveis pela agenda de inovação. Naturalmente, isso tem que ser gerido com muito cuidado. Nenhum negócio quer se entregar a um terceiro sem antes garantir que sua cultura e seus valores estarão refletidos no trabalho feito por essa organização.

Apropriar-se da agenda de inovação – a devida avaliação cultural

Logo, a resposta é seguir o caminho de uma devida avaliação cultural, recomendada não apenas para fusões e aquisições, mas também quando se procura uma parceria com terceiros. Reservar um tempo para realizar uma revisão completa da cultura irá não só destacar áreas de sinergia, mas também apontar se a organização externa está em posição forte para levar adiante seus planos de inovação.

Quando designamos outra organização para ser nossa fornecedora, para prover aconselhamento ou assumir responsabilidade por serviços de apoio como TI ou RH, é muito comum dar prioridade ao preço em lugar do contexto, ou privilegiar a rapidez de entrega em vez da cultura. Mas, num mundo interconectado, no qual estamos colocando um pouco da responsabilidade pelo negócio nas mãos de outros, temos que realizar a melhor avaliação possível. A cadeia de risco de terceiros/ fornecedores está cada vez mais se insinuando na agenda de negócios e deve também estar no topo da agenda da estratégia de inovação.

Uma devida avaliação cultural irá ajudar a identificar sinergias mas também permitirá que a equipe de liderança planeje a estratégia de comunicação, delegação e mobilização que irá possibilitar a terceiros assimilarem os comportamentos decorrentes de uma cultura de inovação.

Claro que algumas organizações externas são mais intrinsecamente adequadas a fazer parte do mix de inovação, e talvez tenha sido justamente seu nível de prontidão para a inovação que as tornou atraentes. Mas, para outras organizações, você pode ter que introduzir uma medição de tempo/custo no seu orçamento para ajudá-las a se mover em direção a uma cultura de inovação que reforce suas metas.

Ao incorporar terceiros, a colaboração realmente entra em jogo. Você começa a colocar na mão de outros os desenvolvimentos que acabarão ajudando seus clientes. Por exemplo, pode entregar a fabricantes ou fornecedores a tarefa de melhorar produtos ou cadeias de suprimentos; ou trabalhar conjuntamente com terceiros para criar condições que irão inculcar comportamentos de inovação em funcionários, por exemplo, ao compartilhar recursos de RH ou de treinamento. Ou talvez valha mais a pena seguir a pista lançada pela Toyota, quando anunciou no início de 2015 que estava abrindo cerca de 6 mil patentes para uso geral gratuito, numa aposta para fazer avançar o desenvolvimento de células de combustível de hidrogênio. Ao se referir a esse anúncio, Bob Carter, então vice-presidente de operações automotivas da Toyota, afirmou: "Quando boas ideias são compartilhadas, grandes coisas podem acontecer" (Toyota, 2015).

Apropriar-se da agenda de inovação – subculturas

Existe outra razão pela qual a equipe de liderança pode não ser a escolha ideal para se apropriar da cultura de inovação, e é quando uma decisão estratégica é tomada para posicionar a inovação dentro de uma unidade de negócios ou de uma empresa subsidiária. Existem subculturas que estão sob o guarda-chuva da estrutura do grupo, mas são reajustadas para cuidar de condições operacionais ou locais, e essa é uma prática bastante comum nas organizações maiores.

Por exemplo, um elemento da cultura do grupo pode prover destacados níveis de serviços ao cliente, mas as expectativas do cliente diferem conforme o país. A história está cheia de exemplos de organizações que tentaram impor seu modelo de negócios no exterior e falharam. Nesses casos, ajustar a cultura para que represente melhor as condições locais pode ser muito mais eficaz.

Antes, neste capítulo, examinamos o mix estratégico, e definimos que o equilíbrio ideal para uma organização é entre inovação incremental, diferenciada e radical. Mas, embora uma organização possa muito bem ter um mix estratégico ótimo para o todo, esse mix pode variar ao longo de suas divisões. Por exemplo, o serviço ao cliente pode já estar bem a caminho de uma cultura de inovação inclusiva, por ter adotado novas metodologias de trabalho que parecem prover uma solução do tipo "canal único" às reclamações. Portanto, nesse caso, pelo menos na fase inicial, a inovação incremental pode ser a mais apropriada. Por outro lado, os departamentos de contabilidade ou TI podem sofrer limitações para se desenvolver, por razões tecnológicas ou financeiras, e talvez já estejam bem mais prontos para algumas mudanças diferenciadas ou radicais.

Definir o mix de inovação para cada departamento ou divisão e ajudar esses setores a traduzirem estratégia em ação é uma tarefa da equipe de liderança na qual ela não pode dar-se ao luxo de errar.

A seguir, alguns exemplos em que as organizações podem optar por introduzir a cultura de inovação em uma ou mais áreas, em vez de no grupo todo:

>> **Começar a atuar num novo mercado.** Quando há pouco histórico, ou nenhum, que tenha condições de atuar como barreira à mudança, a inauguração de uma nova divisão é o momento ideal para introduzir uma cultura de inovação.

>> **Aquisição de uma nova subsidiária.** Essa empresa já estará vivendo um período de fluidez, por estar sendo integrada à organização matriz, portanto, de novo, os líderes podem decidir introduzir estruturas de inovação nesse momento.

>> **Identificação de uma necessidade no mercado.** Uma divisão ou linha de produtos pode ter sido identificada como vivendo uma ameaça da concorrência ou de uma mudança tecnológica. Contrapor-se a essa ameaça introduzindo matrizes de inovação nessa divisão pode permitir que a organização neutralize a ameaça sem perturbar o resto do negócio.

Apropriar-se da agenda de inovação – alinhar-se à estratégia de inovação

Vamos começar afirmando o óbvio: estratégia organizacional é uma coisa, e os comportamentos exigidos para que ela seja colocada em prática podem muito bem variar ao longo da organização. Examinando um exemplo de nível bem alto: se a estratégia é prover comportamentos focados no cliente, então para a equipe de TI isso talvez exija aprender um novo conjunto de códigos que lhe permita redesenhar o site e deixá-lo ainda mais amigável ao cliente; para funcionários que têm contato cara a cara com clientes, pode-se exigir uma mudança nas métricas e na abordagem, algo que torne possível assumir uma questão apresentada e garantir uma solução rápida.

Um ponto importante a ser lembrado ao projetar um roteiro de implementação de inovação é que áreas diferentes de uma organização podem ter funcionários com aptidões muito diversas, que terão de se adaptar de diferentes maneiras, embora a meta final seja a mesma. Como ilustrado na Figura 2.5, traduzir a nova estratégia numa série de comportamentos que propiciem o sucesso pode exigir uma atenção cuidadosa à definição e à comunicação, a fim de que tal estratégia seja entendida no contexto de cada funcionário.

Quer a organização opte por uma completa transformação ou queira simplesmente lidar com as necessidades de uma divisão em relação a uma cultura de inovação, quer decida manter total apropriação pela equipe de liderança ou terceirizá-la: a mensagem-chave para os que se apropriam da inovação é que a composição da equipe de inovação e o roteiro que ela projeta para implementá-la devem estar alinhados à estratégia identificada e à cultura essencial da organização.

FIGURA 2.5 Traduzir estratégia em comportamento

Isso significa que aqueles que se apropriam da agenda de inovação precisam estar familiarizados com a estratégia, a visão e os valores da organização e compreender como são afetados pelo resultado da avaliação da cultura. Eles também precisam ter uma ampla compreensão da agenda de inovação, inclusive do nível inicial de maturidade em inovação. Isso significa que, embora a equipe de liderança possa garantir certo nível de autonomia aos que se apropriam da inovação, ela não pode simplesmente deixá-los avançar à vontade sem que se reportem à cultura e à estratégia essenciais.

Em qualquer mudança de cultura, a comunicação é crucial, e isso funciona em duas vias. Isto é, comunicar a mudança aos funcionários de maneira que desperte seu entusiasmo é vital, assim como é vital que eles se reportem de baixo para cima, a fim de assegurar que a mudança continue a atender e a alinhar-se à estratégia identificada e aos KPIs. O desvio da missão é um perigo perene para qualquer mudança dentro de uma organização, e quando se trata de uma mudança tão radical quanto instilar uma cultura de inovação, as chances de fracasso em razão do desvio da missão são altas. Na realidade, como ocorre com outras mudanças de cultura, os líderes e os condutores da mudança devem estar vigilantes quanto aos riscos de fracasso que surgem em razão de:

» **A equipe de liderança lançar o projeto de mudança, mas depois desvincular-se demais dele.** Dar um passo atrás é uma coisa, recuar e se distanciar demais é outra. Com muita facilidade a equipe de liderança passa a cuidar do desafio seguinte e abre mão de qualquer envolvimento na atual iniciativa. Isso envia os sinais errados, tanto para a equipe de implementação quanto para os funcionários, e além disso a falta de envolvimento da liderança pode resultar no fracasso do projeto, com os recursos sendo direcionados a outras coisas.

» **Desvio da missão.** A não ser que a equipe de implementação faça uma checagem constante do alinhamento com a estratégia essencial e os KPIs identificados, é muito fácil o projeto sair da rota ou ser sobrepujado por outras agendas dentro da organização.

» **Barreiras à inovação.** Já examinamos isso no Capítulo 1, mas entre as barreiras estão a inércia, a resistência à mudança e a falta de sinergia entre as prioridades da missão e os processos organizacionais.

Resumo

Muitas das ideias contidas neste capítulo serão revisitadas em seções posteriores deste livro, mas a mensagem essencial aqui é que se a equipe de liderança não se dispuser a compreender plenamente o ponto de partida, será impossível garantir que as estratégias que ela implementa para desenvolver a cultura de inovação sejam as mais acertadas ou que de fato funcionem.

Portanto, os elementos-chave para o sucesso aqui são:

» **O quanto você está maduro?** Certifique-se de que você está sendo absolutamente honesto a respeito de seu atual nível de maturidade em inovação. Só então será capaz de mapear a mudança alinhando-a ao seu desejo e ao grau em que precisa inovar, conforme sua lacuna de inovação.

» **O quanto você está preparado para mudar?** Para sentir-se confortável com a sua decisão estratégica de inovação, é preciso fazer com que o nível de mudança que você está preparado a promover ande de mãos dadas com o nível de sucesso em inovação. Se você não está preparado a mudar sua cultura o suficiente para conduzir a inovação que pretende implementar, nesse caso, construa sua capacidade de inovação como uma unidade autônoma. Mas lembre-se de que não fazer nada não é uma opção.

» **Está no horizonte...** Se você deseja mais do que uma mera mudança incremental de inovação, esteja bem-preparado para uma longa jornada. Para causar um impacto profundo no mercado, é necessária uma transformação de inovação plena, e isso demanda tempo; portanto, certifique-se de que a organização inteira, especialmente o principal nível executivo, está confortável com o longo prazo, e projete algumas vitórias rápidas a curto prazo para manter o nível de empolgação.

»Risco *versus* recompensa. A inovação precisa do fracasso. Errar por meio de experimentação e de protótipos aumenta a aprendizagem de maneira mais eficaz do que qualquer outra coisa, portanto, pense em montar seus KPIs em torno disso. Se você só visa e recompensa o sucesso, logo sua organização nunca irá forçar seus limites. Você se tornará excepcional apenas por ser mediano!

»É tudo uma questão de comunicação. O trabalho inicial de bastidores para posicionar a inovação e determinar como avançar raramente engloba contribuições de toda a organização. Certas ou erradas, as definições de mudança cultural tendem a ficar na alçada das equipes de alto escalão, possivelmente com a colaboração de algumas pessoas. Mas, depois que a estratégia e o roteiro estão definidos, a chave é o quanto essas noções conseguem ser adequadamente comunicadas, de modo que se tornem a agenda de inovação de todos, e não apenas das equipes executivas. É essencial que a comunicação em torno de cada parte da estratégia, da agenda e das atividades de inovação seja feita diariamente, e desde o início, para que funcionários, clientes e outros se engajem na nova cultura.

Referências

3M. A Culture of Innovation. *3M*, 2012 [on-line]. Disponível em: http://solutions.3m.com/3MContentRetrievalAPI/BlobServlet?lmd=1349327166000&locale=en_WW&assetType=MMM_Image&assetId=1319209959040&blobAttribute=ImageFile. Acesso em: 14 jan. 2015.

IMAGINATIK. State of Global Innovation. *Imaginatik*, 2013. Disponível em: https://www.imaginatik.com/2013-state-of-global-innovation-report-shows-a-growing--corporate-focus-on-innovation/. Acesso em: 13 maio 2015.

TOYOTA. Toyota Makes 5,600 Fuel Cell and Related Patents Available. *Blog.toyota.co.uk*, 5 jan. 2015 [Webblog]. Disponível em: http://blog.toyota.co.uk/toyota-makes-5600-fuel-cell-related-patents-available. Acesso em: 14 jan. 2015.

Construir uma equipe de liderança da inovação

No Capítulo 1, vimos os fatores sociais e de negócios que fizeram a inovação se tornar não apenas um elemento crucial para a diferenciação dos negócios, mas um catalisador da regeneração nacional e internacional. Levando adiante esse conhecimento, no Capítulo 2 passamos do geral para o particular, examinando a importância de definir o atual nível de maturidade em inovação e usar essa informação para identificar a lacuna de cultura que terá de ser eliminada.

No processo, falamos de atitudes e comportamentos culturais, assim como de barreiras que podem impedir sua implementação. Agora estamos prontos para avançar e tratar daquele que é sem dúvida o passo mais importante em direção a uma transformação cultural bem-sucedida. Este passo consiste em montar uma equipe que irá definir, moldar e implementar uma transformação cultural revolucionária por meio de inovação. Já falamos sobre como os defensores da inovação podem e devem ser arregimentados ao longo do espectro organizacional, e vamos desenvolver mais esse tema neste capítulo. Mas, independentemente da amplitude a que seja estendida a rede da equipe de implementação da inovação, existe um fato indiscutível:

Se não estiver na agenda da equipe principal, não estará na cultura

Adotar uma cultura de inovação, ou qualquer outra cultura, não é uma simples questão de decidir mudar o *status quo*, lidar com alguns poucos processos e então passar para o próximo projeto. Não importa se a equipe de liderança tem ou não uma presença significativa na equipe de implementação: para que a inovação seja implementada em toda a organização, a equipe de liderança precisa mudar sua atitude mental e passar a pensar, viver e respirar inovação em todas as suas decisões.

Em termos simples, uma verdadeira cultura de inovação permeia todos os aspectos da organização, desde a estrutura geral de negócios à maneira pela qual você interage com o mundo externo. O processo de contratação, as expectativas dos funcionários, como são projetados e desenvolvidos produtos, serviços e experiências, o marketing, as interações com clientes e fornecedores, mesmo o apoio de TI e a contabilidade, tudo é trazido para o mix de inovação. Isso significa que, para a verdadeira inovação, todos os departamentos e, por implicação, todos os membros da equipe de liderança precisam abraçar a estratégia de inovação para que ela seja bem-sucedida.

Voltaremos a esse tema mais adiante neste capítulo, quando examinarmos as formas de garantir que a inovação esteja na agenda da equipe de alta gestão e, em seguida, seja propagada para os defensores da mudança e para a equipe de implementação. Antes disso, porém, é vital desenvolver uma compreensão da importância de alinhar a estratégia da organização ao seu apetite por inovação.

Alinhar a estratégia ao apetite da organização por inovação

No Capítulo 2, começamos a transitar pela estrada que leva à inovação, medindo tanto o nível atual de maturidade em inovação da organização quanto as suas lacunas. Também abordamos a decisão estratégica de inovação e a importância de definir um mix de inovação adequado à organização individual. Agora, vamos avançar procurando colocar a essência de uma estratégia de inovação que trará resultados revolucionários para sua organização. E, embora cada organização encontre um mix único, que mostre ser o certo para ela, vamos iniciar com uma verdade universal.

Se você pretende implementar uma cultura de inovação, logo, será necessário adotar uma mentalidade de "capital de risco". Algumas ideias, ou talvez a maioria delas, acabarão não sendo usufruídas, mas, ao estendermos o risco, aquelas que forem bem-sucedidas compensarão de sobra as que não forem.

Organizações que tradicionalmente exigiam estimativas de custos sobre a viabilidade de projetos, antes mesmo de saírem do papel, podem muito bem achar difícil se adaptar a uma mentalidade de inovação que aceita que nem todos os projetos darão certo. Porém, mudar a postura mental é parte intrínseca do sucesso da inovação. Assim como os investidores de capital de risco compreendem que nem todas as empresas nas quais investem serão igualmente bem-sucedidas, também as organizações que buscam a inovação aceitam que nem todas as suas soluções irão render os resultados esperados.

Mas é raro um fracasso constituir um fracasso completo. Um exame cuidadoso dos projetos costuma coletar pontos de aprendizagem que podem ser usados para criar êxitos futuros, seja por meio da ressurreição posterior de uma ideia, seja usando em futuros projetos as aptidões e metodologias desenvolvidas ao se perseguir um projeto que não vingou. Esses são os "episódios de aprendizagem" que mencionamos.

Com isso em mente, de que modo devemos moldar a estratégia? Como já vimos, a estratégia de inovação deve ser específica da organização. Deve, portanto, estar ancorada na realidade dela quanto à sua capacidade e sua habilidade de executar e implementar. A estratégia deve mapear claramente, partindo do ponto em que a organização está hoje e indo até onde ela deseja estar no futuro.

Inovação e construção de uma cultura de inovação são coisas que têm a ver com ímpeto, e manter o ímpeto depende de pequenas vitórias rápidas que reforcem o quadro geral e assegurem que a meta final é perfeitamente alcançável. Quando você cria esse ímpeto, começa a gerar atividades que naturalmente transcendem a inovação incremental, conforme as pessoas começam a ter ideias cada vez mais ambiciosas e poderosas, mais úteis e/ou comercialmente viáveis.

Levando em conta as barreiras à implementação, a estratégia deve também ser clara a respeito dos desafios e atribulações que terão de ser enfrentados ao longo do caminho. Portanto, deve ser honesta e congruente com o aquilo que cada um na organização acredita ser possível. Por isso, ao conceber a estratégia, a equipe de liderança precisa ser aberta e clara a respeito das capacidades e da adesão. Por exemplo, não faz sentido conceber uma estratégia que dependa fortemente de capacidades de TI se essas capacidades simplesmente não estão disponíveis ou então exigem uma verba fora do alcance da organização.

Ser aberto e honesto nesse estágio (mesmo que isso signifique admitir deficiências) ajudará a garantir que a estratégia adotada seja um projeto realista e capaz de entregar o tipo de inovação e de mix definidos previamente. Em outras palavras, deve ser prática e pragmática. Precisa ser viável!

Afinal, o que a estratégia deve conter? Essencialmente, a estratégia de inovação deve estar focada em inovação estratégica, ou seja, nos problemas, questões, oportunidades, ameaças e previsões que a capacidade de inteligência da organização conseguiu detectar. Acrescente-se a isso que a equipe de liderança precisa compreender de que modo a capacidade coletiva das pessoas da organização pode ser arquitetada para criar soluções poderosas e diferenciadas.

E, é claro, você deve permitir que as pessoas tenham alguma liberdade de apresentar coisas que estejam fora da estratégia essencial. No entanto, essa liberdade não equivale a anarquia. Um dos mitos a respeito da inovação é que ela promove total liberdade criativa e dá às pessoas a capacidade de criar coisas, livres de quaisquer restrições. Na prática, é o oposto. Na realidade, inovação está diretamente ligada a restrições – mas do uso correto das restrições, a fim de criar uma solução dentro de um *framework* livre. Não é fazer as pessoas "pensarem fora da caixinha"; ao contrário, a inovação estratégica é dar às pessoas a caixinha certa para que pensem dentro dela! Trata-se de criatividade com direção e estratégia, isto é, "criatividade estratégica"!

Essencialmente, uma estratégia de inovação bem-concebida deve planejar e dar conta de cada atividade de inovação que estiver em andamento na organização a cada momento do mix de inovação. É fácil dar pouco valor às pequenas coisas, às inovações incrementais, e favorecer as grandes coisas, merecedoras de prêmios. Mas, na realidade, cada fração de atividade contribui para o mix correto em qualquer organização; ajuda a consolidar a agenda de inovação e a unir todo mundo em dar contribuições seguindo uma direção alinhada.

Estratégias de inovação podem diferir muito na abordagem dependendo da organização. A Apple segue uma abordagem à inovação de cima para baixo – com frequência usando *skunk works* [pequenos grupos aos quais é dada liberdade para trabalhar e desenvolver um projeto, muitas vezes de maneira não convencional. A expressão tem origem na Segunda Guerra Mundial, e se refere a um grupo de projeto montado pela Lockheed Corporation]. No outro extremo do espectro está a W. L. Gore, que persegue uma estratégia de inovação de baixo para cima, baseada em explorar capacidades essenciais. Embora sejam abordagens e organizações radicalmente diferentes, ambas esperam que as pessoas dentro da empresa compreendam a estratégia e inovem de acordo com ela (Kelley, 2010).

Os principais motores da inovação

No Capítulo 2, desenvolvemos uma compreensão do mix de inovação, examinando como é possível combinar inovação incremental, diferenciada e radical para criar inovação sustentável. Agora, vamos expandir a estrutura mergulhando nos três componentes-chave da inovação, aqueles que são característicos das "Organizações da Próxima Geração". Já vimos isso no Capítulo 1 quando examinamos a maneira pela qual as organizações que têm dominado a inovação estratégica estão perfeitamente posicionadas para criar o futuro por meio de um mix de inteligência, colaboração e adaptabilidade. Veremos a seguir como esses três elementos podem ajudar a definir o mix estratégico, fazendo a nós mesmos algumas perguntas:

>> **A equipe de liderança sabe qual será o aspecto do futuro?**
Nada como começar com uma pergunta fácil! O ritmo da mudança tecnológica é tão acelerado que, quando olhamos para o futuro, às vezes temos a impressão de que a única certeza é que não há certeza alguma. No entanto, os únicos fatos concretos a respeito dos quais você pode ter certeza são que o seu setor irá mudar e que, se você realmente investir em inteligência, será possível ter algum palpite bem preciso a respeito da direção que sua organização precisa tomar.

» Você sabe o que será bem-sucedido no futuro? Se há uma coisa que as loucuras e os posts virais da internet nos ensinaram é que não há nenhuma certeza a respeito de qual será o próximo interesse do público, a não ser que você esteja dedicado a publicar imagens fofas de filhotes de animais. Mas, por outro lado, você sabe o que funciona bem agora e, com uma inteligência aprimorada a respeito do mundo ao seu redor, pode contar com decisões e previsões melhores, mais bem informadas sobre o que tem chance de funcionar no futuro. Em outras palavras, use aquilo que você sabe agora como seu nível básico e alavanque *insights* para ter "palpites melhores" em relação à forma das mudanças futuras. Nunca perca de vista, porém, o fato de que o mundo está mudando todos os dias. Portanto, os *insights* que você reunir devem pressupor uma base em contínua transformação, para evitar que você seja surpreendido pela mudança. E não se esqueça que, resumidamente, a inovação trata de resolver problemas reais, e se a sua inteligência aponta para problemas no produto, na integração com usuários, na sustentabilidade, no "ecologicamente correto" ou em qualquer outra área, então é provável que, se você basear sua criatividade em informações para prover soluções, estará no caminho do sucesso futuro.

» Quais tendências estão se movendo mais rápido do que o seu ritmo de crescimento? De novo, alavancar inteligência irá ajudar a prover parte da resposta, mas, para integrar a mudança acelerada ao design da solução, a organização precisa recorrer à adaptabilidade. Quando o mundo muda tão rapidamente, permanecer onde estamos não é a solução. Na realidade, o desafio hoje é que os líderes são obrigados a aceitar uma dose de ambiguidade, isto é, sabem qual é a meta ideal, mas não sabem bem como será o quadro final; e isso cria a necessidade de ser adaptável e flexível, já que não temos uma total compreensão do possível resultado. Por exemplo, se implementamos um novo sistema de planejamento da força de trabalho ou uma plataforma interna de compartilhamento que atenda às necessidades atuais, mas que não é flexível o suficiente para poder ser escalável ou adaptada com facilidade de modo a suprir as necessidades do negócio futuro, estaremos investindo verba num mundo que não para de mudar. Usar inteligência para fazer as "melhores apostas" possíveis no ritmo acelerado de mudança permite que a equipe de liderança desenvolva uma estratégia capaz de abranger áreas de risco extrapoladas e de alocar recursos de acordo.

» Existe consenso a respeito de onde inovar e do que arriscar? Voltaremos a esse tema mais adiante neste capítulo ao tratarmos da adesão da equipe de liderança, mas esse é um bom lugar para começar a examinar a colaboração. Se a equipe de liderança não consegue consenso em trabalhar em conjunto para definir parâmetros de inovação, logo, não há como ter esperança de que a inovação será acolhida pelo resto da organização. E seus membros definitivamente devem colaborar. No caso de organizações não colaborativas, costuma haver pouca sobreposição entre os departamentos, e onde há necessidade de ações interdepartamentos, estas geralmente assumem a forma de um relacionamento transacional, limitado no escopo, no conhecimento compartilhado e no espaço para desafios. Por exemplo, a contabilidade pode precisar que o departamento de TI forneça e mantenha seus programas contábeis, ou então o marketing pode precisar que o departamento de RH elabore um contrato para um novo membro da equipe. Mas, dentro de uma cultura de inovação, essa colaboração entre departamentos é frequente, com os funcionários colhendo ideias de múltiplas fontes para criar soluções. Portanto, ter consenso quanto aos níveis aceitáveis de risco e às áreas de prioridade para a inovação é o primeiro passo não só para instilar uma mentalidade colaborativa na organização, mas para demonstrar uma atitude colaborativa perante os funcionários.

» Como você combina recursos internos com influência externa? Isso resulta da colaboração dentro da equipe de liderança. Na medida em que a organização amadurece em inovação, fica evidente que a colaboração não se restringe apenas ao próprio negócio. Clientes, fornecedores, organizações externas, órgãos

Construir uma equipe de liderança da inovação

de pesquisa, até mesmo negócios rivais acabam fazendo parte do mix de inovação. Assim como ocorre com outros elementos da estratégia de inovação, esse fator desenvolve-se com o tempo, mas, no início, é importante definir os níveis aceitáveis de colaborações externas.

》 As suas apostas no futuro são conservadoras demais? O problema aqui tem duas vertentes. Primeiro, a equipe de liderança deve ter consenso a respeito do nível de risco que é aceitável e então definir uma estratégia que impulsione a organização a realizar dentro desses limites. Vamos deixar de lado o cenário que diz que nenhum nível de risco é aceitável, já que em essência isso equivale a não ter inovação nenhuma. Mas, ao alavancar inteligência e definir limites aceitáveis para a colaboração externa e a adaptabilidade, a equipe de liderança deve ser capaz de conceber uma estratégia que faça um ótimo uso de recursos para entregar os resultados esperados.

No entanto, há um segundo elemento nessa questão: a maneira pela qual a inteligência é extrapolada nos "melhores palpites" a respeito do futuro. Pode ser fácil demais terminar com um foco bem concentrado na forma em que se espera que as coisas irão acontecer. Por exemplo, na época em que este livro estava sendo escrito, os carros autônomos estavam prestes a ser testados nas estradas. Os comentários na mídia tendiam a ressaltar fatores de segurança, especulando se os carros autônomos seriam capazes de prever e evitar colisões ou se os motoristas ainda precisariam estar a postos para assumir o controle prontamente caso algo desse errado.

Mas, se encararmos as coisas de um ponto de vista expandido, podemos nos perguntar: haverá necessidade de possuir um carro particular num cenário em que seja possível requisitar um carro autônomo toda vez que precisarmos? Qual será a consequência disso nos setores de financiamento e no automobilístico? Se não houver necessidade de ser proprietário de um carro particular, que efeito isso terá no projeto arquitetônico de casas e núcleos habitacionais? Se jovens, idosos e doentes forem capazes de circular pelas ruas em carros autônomos, qual será o reflexo disso no transporte público e no transporte por aplicativos?

Com as colisões praticamente eliminadas, haveria uma dizimação dos setores de seguros e de reparo de carros? E será que isso repercutiria na polícia de trânsito e nos serviços de emergência?

Quanto mais a equipe de liderança for capaz de "reavaliar conjeturas" no início, mais condições terá de conceber uma estratégia melhor, suficientemente adaptável para se alinhar à mudança futura ou até mesmo antecipar-se a ela. Ao contrário, não há inteligência e colaboração no mundo que possam ser úteis se a estratégia levar a um pensamento rígido, próprio dos "negócios convencionais".

Estudo de caso 🔍

Simplificar o complexo

INTRODUÇÃO

Acabamos de examinar alguns cenários mais comuns que indicam aos líderes que é hora de adotar uma cultura de inovação. Mas não podemos deixar de incluir mais um cenário, no qual os indivíduos estão tão convencidos de que é hora de mudar que saem da posição em que estão para iniciar um negócio a partir do zero. Essa é a história por trás da Octopus Investments.

SITUAÇÃO

Em 2000, os fundadores da Octopus, Simon Rogerson, Chris Hulatt e Guy Myles, estavam convictos de que havia outro modo de oferecer serviços financeiros, que colocasse os clientes não só no centro do processo, mas como sua razão de ser. Largaram seus cargos na Mercury Asset Management e decidiram criar uma organização que oferecesse uma visão inovadora, para "satisfazer nossos clientes com produtos inovadores e um serviço excepcional".

Iniciar uma organização de serviços financeiros a partir do zero não é pouca coisa. Mesmo quando potenciais investidores já estão persuadidos a apoiar o empreendimento e já se recebeu aprovação dos órgãos regulatórios, ainda há a questão de convencer potenciais clientes a investirem seu dinheiro e seu futuro pessoal num novo negócio. Os fundadores da Octopus

Construir uma equipe de liderança da inovação · **107**

admitem que tiveram boa dose de sorte, como a mudança das regras de impostos do Venture Capital Trust (VCT) em 2004, que quadruplicou o mercado em dois anos. De qualquer modo, em 2014 o negócio já havia crescido a ponto de acumular 5 bilhões de libras, que eram administradas para seus 50 mil clientes, o que evidencia a visão e o trabalho duro de seu pessoal.

ABORDAGEM

Desde o início, os fundadores da Octopus tinham essa firme visão de um futuro que colocava o cliente no centro do negócio. Haviam identificado que, com poucas variações, todos os negócios de serviços financeiros ofereciam essencialmente produtos similares e partiram então para se diferenciar pela maneira com que seu produto era estruturado e oferecido. Anúncios de vendas e conteúdos foram produzidos em linguagem acessível, buscando evitar ao máximo o jargão financeiro e usando o mínimo de detalhamento em letra miúda. Os consultores financeiros foram orientados a compreender não apenas os produtos, mas como estes poderiam ajudar seus clientes, e os produtos foram projetados para atender às suas necessidades e também produzir um impacto positivo na sociedade.

O foco, portanto, não foi em conseguir vendas prometendo um retorno significativo, mas em ressaltar as razões pelas quais o cliente queria e precisava do produto e em como este iria ajudá-lo a conseguir suas metas de vida. No longo prazo, o foco era também prover soluções que pudessem criar uma lealdade forte e sustentável do cliente. Essas metas de longo prazo nasceram da crença dos fundadores de que produzir impacto, colocando o cliente em primeiro lugar e entregando a eles serviços de qualidade, era seu principal objetivo. Isso desloca decisivamente o fluxo do lucro, fazendo com que o lucro por si só se torne um benefício colateral da abordagem do dia a dia, em vez de ser sua principal razão.

O que tem sido crucial para traduzir essa visão em realidade é a ênfase que a Octopus coloca em alocar funcionários que compartilhem os valores e as atitudes dos fundadores. Na realidade, a equipe da Octopus tem como prioridade colocar o foco no cliente por meio da atitude dos funcionários. À medida que o negócio e sua reputação crescem, não faltam candidatos a uma vaga no empreendimento, mas a equipe de liderança está firmemente determinada a contratar apenas aqueles que se dispõem a colocar os clientes antes do lucro. Como um dos membros da equipe declarou, eles não estão apenas procurando obter o melhor, estão procurando a melhor conciliação funcionário/cliente.

CONCLUSÃO

O modelo inteiro da Octopus é de inovação. Desde o conceito original de criar uma firma de serviços financeiros que coloque os clientes em primeiro lugar e trate os lucros como consequência benéfica de prover um excelente serviço, passando pela ênfase em simplificar o que é complexo, o negócio procura ser disruptivo, desafiando culturas mais estabelecidas orientadas para o lucro. Ao longo do processo, a motivação tem sido esquecer as "soluções mágicas" e em vez disso tentar fazer diferença em centenas de pequenos detalhes.

Desde ligar para o primeiro cliente para dizer "muito obrigado" ao constante movimento em direção a novos mercados e novos produtos que possam fazer diferença, o estilo da Octopus rendeu-lhe numerosos prêmios. Mas, mais que isso, tem oferecido a uma faixa crescente de clientes leais um serviço que os ajuda a conquistar suas metas de vida. ■

Exemplos de estratégias de inovação

Agora que começamos a acumular conhecimentos, definir o tipo de colaboração exigido e os parâmetros de risco aceitáveis e passamos a acolher a adaptabilidade, talvez seja oportuno parar e olhar para um par de exemplos de estratégias de inovação. Embora não haja duas estratégias que sejam ou precisem ser iguais, examinar ideias de outras organizações pode servir como catalisador de uma mudança estratégica.

Exemplo ✓

Primeiro, uma rápida olhada na estratégia de inovação aberta da Procter & Gamble (P&G), empresa de produtos ao consumidor.

Com um portfólio de produtos de beleza, cuidados pessoais e medicamentos, a P&G é um ótimo exemplo a seguir para aqueles negócios que estão sujeitos aos caprichos da moda ou do controle regulatório. Por sua própria natureza, a P&G necessita contínuo desenvolvimento, e não só estar atualizada, mas antecipar-se às mudanças.

Abraçando a interconectividade do mundo atual, a P&G, além de acolher cientistas, engenheiros e outras empresas que operam em seu setor, concebeu uma estratégia que aceita colaboração externa. A estratégia de inovação da P&G, chamada "Conectar + Desenvolver", busca estimular o potencial do mercado para conduzir a inovação interna. Comentando a estratégia, seu Chefe de Tecnologia, Bruce Brown, declarou: "A estratégia 'Conectar + Desenvolver' ajudou a entregar algumas grandes inovações da P&G e é crucial para nos ajudar a fazer avançar nossa estratégia de crescimento renovada. 'Conectar + Desenvolver' mostrou ser uma estratégia vencedora, que tem ainda mais espaço para crescer" (P&G, 2015). ■

Passando agora de uma empresa que está bem dentro do mercado B2C [*Business-to-Consumer*] para uma que está mais no campo do B2B [*Business-to-Business*], vamos dar uma olhada na Alcatel-Lucent.

Exemplo

Empresa global de telecomunicações, a Alcatel-Lucent é especialista em redes IP, acesso a banda ultralarga e tecnologia de nuvem. Acompanhar o ritmo de evolução do setor de comunicações e banda larga exige uma organização que viva a inovação desde sua primeira respiração. Manter-se na linha de frente exige determinação e colaboração.

O motor de inovação da Alcatel-Lucent não só colabora com cientistas, pesquisadores e engenheiros, como procura liderar o ideal de inovação em todo o seu setor de negócios. A pesquisa ajuda a conceber e a implementar soluções que criem uma significativa diferenciação competitiva, ao passo que incubar projetos de *startups* ajuda a manter o negócio ágil e inovador. Crucial para o seu sucesso tem sido a maneira pela qual a organização não só procura entregar ideias de produto inovadoras mas também busca "antecipar-se, explorar e eliminar o risco das evoluções tecnológicas" (Alcatel-Lucent, 2015). ∎

Como apropriar-se de sua estratégia de inovação e de sua visão

O que os dois exemplos anteriores ilustram com perfeição é a maneira pela qual algumas organizações criam estratégias de inovação que, além de adequadas a elas, também reconhecem a importância de interagir com o ambiente de negócios mais amplo. Os dias de isolamento terminaram e o negócio inovador que irá vingar no mundo amanhã é aquele que busca absorver e influenciar o mercado como um todo. Uma colaboração nesse grau pode levar alguns a temer que o resultado final seja um declínio gradual em direção à convergência. Nada poderia estar mais distante da verdade. Quando você inova, quando busca criar produtos que mudem o jogo ou mudem os modelos de negócios ou as experiências, a meta final é ainda a longevidade de sua organização, aliada à excelência para o cliente e à confiança do investidor. Só isso já diferenciaria sua organização, nem que fosse pelo caráter peculiar das suas estratégias de inovação.

Pense nisso da seguinte maneira. Dê a 10 pessoas um lápis e uma folha de papel, coloque-as sentadas diante da mesma paisagem e elas irão produzir 10 desenhos completamente diferentes. Elas têm as mesmas ferramentas, o mesmo *input* e, apesar de conversarem e trocarem ideias durante o processo, a visão e a abordagem que escolhem terão vindo de dentro delas para gerar resultados diferentes.

A verdade é que não há resposta certa ou errada em termos de criar uma visão de inovação, um roteiro e uma estratégia, mas você não pode simplesmente pegar a estratégia de alguém e achar que vai dar certo se aplicá-la à sua organização. Tudo bem "aproveitar ideias dos outros", mas cada organização é única em sua cultura, composição e na maneira como opera dinamicamente, portanto você terá que criar seu próprio caminho para avançar em vez de tentar seguir os passos dos outros. Assim, usar ideias como catalisadores é bom, mas tentar copiar diretamente está fadado ao desastre; no mínimo porque você estará num estágio muito diferente de maturidade em inovação em relação a qualquer organização cuja estratégia de inovação ou abordagem você tente emular.

Visões e estratégias de inovação, como quaisquer outras estratégias de negócios, também estão sujeitas à necessária alteração como reação às mudanças no mundo dos negócios, na tecnologia, nas tendências ou preferências do consumidor. O resultado é que as estratégias devem ser encaradas como entidades com um grau de fluidez. Por isso, a adaptabilidade é um elemento crucial das principais empresas inovadoras e é parte fundamental de suas estratégias de inovação. Em qualquer ponto em que algum grau de mudança ou desvio de rota ou de trajetória for exigido de sua estratégia de inovação e visão, a maneira em que você estiver posicionado para encarar essa mudança com adaptabilidade e suas condições para comunicar a mudança serão absolutamente cruciais para o sucesso.

Examinaremos mais a fundo a importância da comunicação no Capítulo 5, mas, nesse estágio, vamos tocar num aspecto da definição da estratégia que pode criar problemas àqueles acostumados com um método de trabalho mais linear: a importância de posicionar a inovação a todos.

Posicionar a inovação a todos

Aqueles que cresceram dentro de uma organização tradicional (hierárquica) geralmente têm uma visão muito linear do mundo dos negócios. Em suma, a equipe de liderança concebe a visão, os valores e a estratégia, as camadas médias da gestão transmitem essa estratégia às suas equipes e a maioria dos funcionários segue em frente com qualquer que seja sua tarefa, conforme determinada pela estratégia. O engajamento do funcionário pode entrar no mix em algum lugar, mas, de novo, a visão nesse aspecto também é um pouco linear. Porém, a adoção de uma cultura de inovação põe de lado os limites tradicionais. Colaboração entre departamentos, empoderamento e um impulso em direção a uma organização baseada em soluções não só abalam a estrutura uma vez, mas continuam a fazer isso conforme os desafios e as soluções vão se apresentando. Pense num caleidoscópio infantil. As formas dentro dele não se alteram, mas, conforme você gira o brinquedo, essas formas inalteradas recombinam-se continuamente, formando diversos padrões. Embora haja limites estabelecidos, apesar de as formas não mudarem e de continuarem operando dentro dos limites do tubo, elas reagem a influências externas dentro desses limites, isto é, reagem à maneira como o caleidoscópio é manipulado e produzem diferentes resultados.

A estrutura mais plana e entrelaçada que decorre da natureza em constante mudança das interações pode criar desafios para a equipe líder quando seus membros tentam definir uma estratégia que coloque a inovação no topo da agenda. Por sua vez, isso pode fazer surgir problemas de alinhamento entre os membros da equipe líder e afetar sua capacidade de comunicar uma estratégia de inovação robusta, pragmática e que ao mesmo tempo exerça pressão sobre a organização, repercutindo nela de cima a baixo.

É aqui que a liderança, por meio de tomada de decisões empoderada, pode exercer melhor seu papel. Na recessão, o empoderamento sofreu pelo fato de a tomada de decisões se mover para a parte mais alta da organização a fim de aumentar o controle e poder gerir melhor o risco. Agora é hora de reverter esse movimento, retomar a jornada de empoderamento para apoiar a inovação. Comitês e processos desatualizados simplesmente não irão prover um estilo de liderança que leve a soluções inovadoras; para isso, você precisa de pensamento e práticas ágeis. Porém, isso só acontece se as corporações se voltam ativamente para aceitar tomadas de decisões empoderadas como um modo de vida.

A linguagem comum da inovação geralmente gira em torno de dois tipos de inovação, isto é, a incremental, que em essência pode ser descrita como "melhoria contínua", e a radical. Na realidade, a maioria das inovações incrementais são tipicamente focadas internamente no aprimoramento de processos, sistemas, maneiras de trabalhar/operar e assim por diante. No entanto, às vezes ela se manifesta em pequenas melhorias em áreas como linhas de produtos ou serviços existentes, reduções de custos ou melhor valor ao cliente. Mudanças internas dessa natureza tendem a ser mais facilmente assimiladas pela força de trabalho inteira.

A grande questão é o próximo passo, que é a inovação radical. Ela afasta a inovação de seu contexto "estrutural" de mudanças incrementais

Construir uma equipe de liderança da inovação

para o âmbito "contextual" de inovação em torno de problemas ou desafios estratégicos específicos. Como regra, a inovação contextual envolve em grande parte uma perspectiva ou "contexto" de cliente externo. Com maior frequência, criar soluções dessa natureza requer uma significativa contribuição em design, desenvolvimento, testagem, investimento e tempo para chegar a ser comercializada. O desafio aqui, quando o objetivo é construir uma cultura de inovação, é que nem todo mundo pode contribuir com a inovação nesse nível; é simplesmente algo grande demais para a maioria dos funcionários.

Portanto, a solução é criar outro degrau a ser encaixado entre a inovação incremental e a radical. Utilizamos a expressão "inovação diferenciada" como uma maneira simples de explicá-la e posicioná-la, mas também incentivamos as organizações a criarem as próprias definições, usando uma linguagem apropriada a elas. Para o propósito explicativo, porém, adotaremos "diferenciada". Para nós, inovação diferenciada é focar a atenção externamente, já que costuma haver suficiente cobertura de melhorias internas por meio dos esforços "incrementais". O foco externo deveria ser apenas em "como fazemos as coisas de um jeito diferente" para os nossos clientes.

Resumindo: inovação diferenciada é algo mais que a incremental, mas não chega necessariamente a ser radical, a ponto de diferenciar sua empresa de maneira absoluta de seus concorrentes. Assim, deve ser suficiente para mudar como você e seus clientes se comportam por meio de um aumento de valor e/ou criação de experiências melhores, mais alinhadas e mais pessoais. É sobre você se tornar a escolha "de praxe" para os seus clientes.

Compreender quando a inovação é incremental, diferenciada ou radical ajuda a equipe de liderança a posicionar a estratégia de uma maneira que repercuta melhor na organização. Aqui, de novo, a comunicação é o aspecto-chave. Independentemente do mix de inovação, quanto mais a estratégia tiver sido concebida para colocar a inovação num nível que abranja a organização inteira, e quanto mais funcionários receberem apoio para adotarem um ponto de vista holístico, melhores os resultados. Isso coloca justamente na equipe líder o ônus de conceber uma estratégia inclusiva, que seja ela mesma inovadora e tenha o apoio incondicional da equipe toda.

Construir consenso na equipe de liderança – você está pronto?

Logo adiante, vamos passar a examinar a apropriação e a responsabilização. Mas, antes, vamos fazer uma checagem rápida da realidade atual com uma pergunta: você de fato sabe por que está buscando adotar uma cultura de inovação? É aquele momento em que a pessoa "já leu o livro, já assistiu ao filme e agora é hora de vestir a camiseta". Em termos bem simples, você está preparado para se comprometer a repensar seu modelo operacional de modo que ele entregue o tipo de inovação diferenciada que irá criar uma mudança duradoura? Está preparado para aumentar sua dependência de parcerias com clientes, fornecedores e outros, a fim de acelerar a entrega ao mercado? E está plenamente preparado para que seu modelo operacional se torne mais adaptável a fim de ser mais ágil e inovador?

Como você pode ver, nessa era de comunicação aberta, é muito fácil simplesmente saltar para a próxima onda, buscar adotar a última moda como uma panaceia para todos os seus males. Talvez você não encare as coisas assim. Pode ter ficado empolgado ao comparecer a apresentações, ao ler a respeito de inovação ou ter contato com diretores que já tenham percorrido essa trilha. Talvez tenha lido estudos de caso mostrando como a cultura de inovação vem transformando as organizações. Ou pode ter sido influenciado por publicações da União Europeia ou dos órgãos reguladores de seu setor, que estimulam a adoção de uma cultura de inovação como maneira de fomentar o crescimento. E não estaria sozinho em assimilar a ideia de que a inovação é a melhor maneira de avançar. Um relatório da Accenture de 2013 revelou que 93% dos executivos acreditavam que o sucesso a longo prazo dependia de sua capacidade de inovar (Accenture, 2013).

Mas não importa o que você tenha lido, o quanto pesquisou a fundo, você tem certeza de que entendeu o real motivo para essa mudança em sua organização? A distância entre saber que algo existe e realmente ser capaz de praticar essa habilidade pode ser imensa. E, mesmo que você imagine estar pronto para mergulhar, será que a sua organização está pronta para mudar? Para começar, faça a si mesmo as seguintes perguntas:

1 Sua abordagem é focada no produto ou o que você tem em mente é mais a visão que a inovação aplica a tudo (marca, organização, modelo de negócio, experiências, etc.) com foco no cliente?

2 Você considera que assumir um "risco inteligente" é algo não só tolerado mas recompensado? Ou acredita que os riscos devem ser atenuados e repreendidos/mal vistos etc.?

3 Seu foco é em continuar a proteger o modelo de negócios existente e tentar ganhar uma fatia maior do mercado atual? Ou em se reinventar para o futuro?

4 Há alguma atividade de mix de inovação (um portfólio equilibrado de inovação) que percorra a inovação incremental, diferenciada e radical?

5 Você está preparado para mudar completamente sua cultura ou promover uma disrupção em você mesmo a fim de perseguir um futuro conduzido pela inovação?

6 Existe na organização como um todo uma tolerância e uma exploração de ideias disruptivas, não convencionais ou controversas?

7 Existe uma necessidade estratégica de aplicar recursos para inovação fora da atual estrutura organizacional? Existe um processo para isso?

8 Há uma clara visibilidade de que você e sua equipe de liderança estão se apropriando, bancando e assumindo responsabilidades para levar a inovação adiante?

9 Você está preparado para sacrificar partes do negócio existente para fornecer ambientes do mundo real aos seus esforços de inovação, com o objetivo de prototipar novas ideias, fluxos de receita e modelos de negócios?

(10) Caso necessário, você está preparado para reinventar completamente sua organização em busca de vencer o novo jogo por meio de inovação?

Quando consideradas em conjunto, as respostas a essas questões indicarão se você já está bem encaminhado a uma cultura de inovação ou se ainda há um trabalho árduo a fazer para remodelar a visão e os ideais do seu negócio. Sem dúvida, algumas dessas questões são difíceis, mas, se os motores da inovação não forem cristalinamente evidentes, você não será capaz de liderar, engajar e criar um bom resultado de desempenho inovador. As perguntas também agem como uma lista de verificação útil à medida que você segue na sua jornada de inovação. Por exemplo, no início, a resposta à questão seis pode ser um inequívoco "não", mas, conforme você se move pelo programa de inovação, à medida que os departamentos ou divisões vão aos poucos assumindo uma postura mental mais inovadora, a maneira pela qual as respostas mudam irá ajudá-lo a rastrear de que modo a inovação está sendo infundida em sua organização.

Construir consenso na equipe de liderança – colaboração e risco

Com a alta gestão totalmente focada em conceber uma estratégia inclusiva, que seja implementada em todos os níveis da organização, será que já podemos pular direto para o Capítulo 4 e Projetar o Futuro? Ainda não. No início deste capítulo destacamos que se algo não está na agenda da alta gestão, então não está na cultura. Porém, há outra barreira importante a transpor, que é o grau de unanimidade, capacidade e resolução da alta gestão.

Mesmo que a equipe de design e implementação inclua pessoas de toda a organização, a alta gestão deve em primeiro lugar estar absolutamente alinhada em relação à visão da inovação, à decisão de inovação estratégica e à estratégia de apoio. Caso contrário, não será capaz de comunicar claramente o quanto a inovação é importante para o futuro da organização e, mais importante ainda, qual é o comportamento exigido dos indivíduos para fazer a inovação avançar. Isso, portanto, requer que haja uma clara e visível apropriação, patrocínio e responsabilização por parte do CEO e da equipe de liderança, a fim de criar um movimento de inovação no coração da organização. Mas isso não é tão simples como ter um consenso quanto ao apetite de risco.

Em termos básicos, o apetite de risco da organização não é a mesma coisa que o apetite de risco dos elementos individuais do negócio. Por exemplo, se um relatório interno estiver atrasado, será um mero contratempo; se um pedido de cliente estiver atrasado, será a reputação do negócio que sofrerá. Mas a coesão corre bem mais fundo do que o apetite de risco. Dentro do mix geral, cada diretor terá suas próprias metas, KPIs [indicadores-chave de desempenho] e pontos de pressão, e alguns deles correrão em sentido contrário aos dos outros diretores. Quando as vendas não vão bem ou o marketing enfrenta restrições financeiras, os diretores geralmente trabalham para chegar a um equilíbrio aceitável dentro dos parâmetros do negócio. Mas quando a inovação exige colaboração entre departamentos é importante que a alta gestão concorde com os pontos de tensão coletivos (*score* equilibrado) em toda a organização, incluindo riscos, custos, reputação, serviço etc.

É importante também compreender onde pode haver flexibilidade nesses pontos de pressão, e onde se faz necessário uma discussão ou um reagrupamento de pensamentos para pôr a organização de volta nos trilhos. O fracasso é um elemento importante de uma cultura de inovação, mas você não deve permitir que o fracasso quebre seu negócio. Assim, a equipe de liderança precisa compreender todos os parâmetros e as medições, o que lhe permitirá dizer "sim, podemos continuar tentando x, mas só se y & z estiverem equilibrados". O desafio para os líderes e para o negócio é combater a urgência de se afastar da visão de longo prazo em favor de pequenas vitórias hoje e de alcançar metas de curto prazo. Por exemplo, a pressão de curto prazo nos custos pode tirar o foco da meta de inovação, mas ceder a essas dispersões de curto prazo não faz a organização avançar e não impulsiona o crescimento movido por inovação.

Construir consenso na equipe de liderança – aceitação pessoal

Mesmo quando há um consenso aparente entre a equipe de liderança, ter sucesso na implementação requer um profundo compromisso pessoal com o ideal de inovação. Por sua própria natureza, o acordo e o consenso são cruciais numa sala de reunião. Claro que pode haver divergências ocasionais em questões menores, mas "para o bem da organização" os diretores se esforçam para mostrar uma face unida para o mundo exterior. Tanto que em muitas salas de reunião há o perigo de que o desejo de concordar supere a capacidade de questionar e desafiar.

Reagindo à percepção desse perigo, autoridades regulatórias ao longo do globo deram passos importantes para aumentar a diversidade nos conselhos diretores e estimular o debate. Por exemplo, na União Europeia, houve um esforço para implementar medidas que aumentassem a representação feminina nos conselhos, mas criar melhor equilíbrio entre os gêneros é apenas a ponta de um iceberg mais amplo de diversidade. Fato interessante é que o relatório de 2014 da Egon Zehnder Diversity Analysis, que examinou as maiores empresas da Europa e do resto do mundo, revelou que cerca de 90% das empresas europeias pesquisadas tinham pelo menos um diretor estrangeiro e, no geral, cerca de um terço de todos os diretores de conselhos na UE são estrangeiros (Egon Zehnder Analysis, 2014).

Esse movimento em direção à diversidade, não só como um meio de refletir melhor a população em geral, mas também para incentivar um debate mais equilibrado, talvez esteja mais bem resumido no FRC do Reino Unido (o Financial Reporting Council [Conselho Relator de Finanças] é o órgão regulador independente do Reino Unido, responsável por promover governança e relatórios corporativos de alto nível para fomentar o investimento). Ao anunciar uma atualização para o Corporate Governance Code [Código de Governança Corporativa] do Reino Unido, em 2014, o FRC enfatizou ser.

> crucial para o funcionamento eficaz de qualquer conselho um diálogo ao mesmo tempo construtivo e desafiador. Uma das maneiras pelas quais tal debate pode ser incentivado é tendo suficiente diversidade dentro do conselho, incluindo gênero e raça. Não obstante, uma composição de conselho diversa não é, por si só, uma garantia. A diversidade pode ser simplesmente responsável por uma diferença de abordagens e experiências (FRC, 2014).

Construir uma equipe de liderança da inovação

Independentemente do nível de debate e consenso, não basta os diretores apresentarem uma frente unida; cada membro executivo também precisa assimilar o ideal de inovação. Concordar em se mover em direção a uma estrutura de inovação não é como qualquer outra decisão da diretoria. Se ela decide abrir uma nova fábrica, fechar alguma filial, adotar nova linha de produtos, então a decisão coletiva pode requerer ação da parte dos diretores, mas são ações diretas e tangíveis. Ou seja, o RH pode ter que elaborar novos contratos ou iniciar processos de consulta, o financeiro talvez precise recorrer a fundos externos e assim por diante, mas a maneira pela qual eles agem não precisa mudar.

No entanto, quando se trata de uma transformação cultural, a maneira pela qual as pessoas pensam e agem também precisa mudar. Não basta o diretor do RH ou do departamento financeiro concordar com a política, e então levá-la adiante como já o fez antes em outros casos. "Ser a mudança que você deseja ver" implica primeiro entender o que a agenda de inovação significa pessoalmente, e depois trabalhar no sentido de mudar as posturas mentais e modelos de comportamento para liderar o caminho. Isso pode exigir algumas conversas sérias no início. Se aqueles que se sentam à mesa principal não estão confortáveis com a inovação (quem sabe por vê-la fluida ou ambígua demais e se sentem pouco à vontade para lidar com ela ou desconfortáveis com os níveis de risco percebidos), é preciso então que lidem com esse desconforto logo no início. Falhar em fazer isso é aceitar que o movimento em direção à inovação acabará sendo oscilante. Por exemplo, você pode ter a concordância do departamento financeiro com o grupo, mas de repente poderá vê-lo tirar o fio da tomada porque o projeto acabou estourando o orçamento ou não entregou um retorno instantâneo.

Construir consenso na equipe de liderança – apropriação

Isso nos leva à apropriação e à responsabilização. Já vimos o quanto é importante que cada membro da alta gestão assimile uma postura de inovação em seus pensamentos, decisões e ações do dia a dia. Mas, geralmente, não é realista achar que a alta gestão irá apropriar-se coletivamente de todo o programa de inovação por que os defensores da inovação no final das contas terão que ser captados em cada nível da organização. Isso, porém, não significa que os membros da diretoria possam dar um passo atrás e distanciar-se demais, entregando a apropriação a um único indivíduo. Trata-se de um número de equilibrismo complexo. Cada membro da equipe precisa ter certeza de que desempenha um papel definido em criar a cultura da inovação, mas, ao mesmo tempo, é preciso que a estratégia e a direção geral tenham uma força controladora.

Em certo sentido, isso corre paralelo à ação dos órgãos reguladores, em particular aqueles dentro do setor de serviços financeiros, ao buscarem que haja crescentes níveis de apropriação pessoal e responsabilização como um meio de coibir os excessos que levaram certas empresas à beira do colapso. Sob esse novo regime, embora os conselhos diretores tenham uma responsabilização geral, espera-se que pessoas credenciadas tenham uma responsabilização pessoal pelos setores sob seu controle. Embora o regime dessas pessoas credenciadas seja mais conhecido como uma medida adotada pelos órgãos reguladores de serviços financeiros do Reino Unido, medidas similares têm sido adotadas em outros setores de negócios e em outros países.

Com a apropriação pessoal e a responsabilização correndo paralelas à responsabilidade coletiva, a maneira pela qual a liderança da inovação se posiciona dentro da organização será crucial para o seu sucesso. Se você jogar a rede numa área ampla demais, ficará muito fácil para cada indivíduo supor que outra pessoa está levando adiante a transformação. Inversamente, um foco estreito demais fará o resto da alta gestão se acomodar e ficar esperando que a mudança aconteça.

Em última instância, a "melhor combinação" depende do tipo de organização. No entanto, um modelo sugerido é que a equipe de liderança se aproprie das decisões e das ações enquanto a equipe de implementação leva adiante a mudança cotidiana. Essa equipe de implementação costuma ser liderada por um ou dois indivíduos atuando como coordenadores. E aqui é preciso fazer uma advertência.

Os méritos ou deméritos de se nomear um Diretor de Inovação têm sido objeto de muito debate e, na realidade, não há uma só resposta, assim como não há uma única estrutura de empresa. Em algumas organizações, portanto, o papel será efetivamente preenchido por um ou dois indivíduos já em cargos de autoridade. Mas, quando for criado

Construir uma equipe de liderança da inovação

um único cargo de diretor de inovação, o detentor do cargo precisa ter suficiente autoridade e nível hierárquico para efetivamente criar mudança dentro da organização. Em outras palavras, não faz sentido nomear para levar adiante a inovação alguém que seja incapaz de interagir regularmente com os altos executivos e não tenha condições de influenciar a mudança do processo e da cultura em toda a organização.

Esse aspecto talvez possa ser mais bem ilustrado por uma apresentação feita em 2010 à Comissão Econômica e Social da Europa (Ameel, 2010). A apresentação intitulada "O Gestor de Inovação: Papel, competências e aptidões" destacava a importância do gestor de inovação em ser capaz de interagir e influenciar tanto no nível da diretoria quando no nível operacional. Por exemplo, no nível da diretoria o gestor de informação precisa defender a inovação, construir e manter a capacidade de inovação e assegurar os recursos necessários para inovar, enquanto no nível operacional o seu papel inclui liderar o processo e o trabalho de inovação com indivíduos e equipes, para incentivar e facilitar a inovação.

Criar capacidade

Até aqui, concentramo-nos em áreas como apropriação e responsabilização, além de estar preparado para abraçar a cultura de inovação, mas há um elefante na sala que precisamos levar em conta. É a questão de esclarecer se a alta gestão é capaz de fato de levar a mudança adiante. Em termos simples, as aptidões de liderança exigidas para gerir a mudança são diferentes das exigidas para uma liderança dentro de uma condição estável, e as aptidões de liderança exigidas para implementar uma cultura de inovação ficam de novo um nível acima.

Antes, neste capítulo, falamos da questão de saber se a equipe de liderança estava pronta para acolher e se apropriar da inovação; agora, precisamos avaliar aptidões pessoais e de liderança a fim de garantir que a equipe de liderança tenha o talento necessário para promover a mudança. Existem vários programas de avaliação da liderança disponíveis, mas em geral recomendamos o Leadership Practices Inventory™ (LPI). O LPI é um dos instrumentos de avaliação da liderança mais amplamente usados e confiáveis, e faz parte do programa The Leadership Challenge™.

Desenvolvido em 1983, o programa The Leadership Challenge™ se baseia em milhares de estudos de caso, que examinaram de que modo os líderes conseguiram resultados extraordinários. A pesquisa concluiu que a maioria dos líderes extraordinários ostentava cinco particularidades. São elas:

1 Modelar o caminho.

2 Inspirar uma visão compartilhada.

3 Desafiar o processo.

4 Permitir que os outros ajam.

5 Incentivar a coragem.

Em apoio a essas cinco práticas, há dez compromissos que levam à liderança exemplar. São eles:

1 Encontre sua voz tornando evidentes seus valores pessoais.

2 Dê o exemplo ao alinhar ações a valores compartilhados.

3 Visualize o futuro imaginando possibilidades estimulantes e propícias.

4 Inclua os outros numa visão comum, fazendo apelo a aspirações compartilhadas.

5 Busque oportunidades procurando maneiras inovadoras de mudar, crescer e melhorar.

6 Experimente e corra riscos gerando constantemente pequenas vitórias e aprendendo com a experiência.

7 Incentive a colaboração promovendo metas cooperativas e construindo confiança.

8 Fortaleça os outros compartilhando poder e direção.

9 Reconheça as contribuições mostrando apreço pela excelência individual.

10 Celebre os valores e as vitórias criando um espírito de comunidade.

Promovendo uma revisão quantitativa de 360 graus, a ferramenta validada psicometricamente da LPI mede a frequência com que um líder individual e seus observadores testemunham essas cinco práticas em ação. Com essa avaliação, que ajuda os líderes a compreender seu estilo individual, o programa pode então levar os líderes a desenvolver sua *expertise*, para que possam liderar melhor a mudança para inovação. Seja utilizando o LPI ou qualquer outro programa, a equipe de liderança estará em uma posição forte para assimilar e fazer avançar a mudança. Mas isso não significa que após concluírem a avaliação ou o programa devam voltar instantaneamente ao isolamento dentro da organização. Recorrer a *expertise* externa ajudará a fazer as ideias fluírem e a incorporar a inovação à cultura, de modo que se torne seu modo de vida. No entanto, como a colaboração é um elemento forte de inovação, a equipe de liderança não deve ter receio de procurar mentores ou *coaches* para ajudá-la a manter seu desenvolvimento pessoal fluindo e o projeto nos trilhos.

Criar capacidade – gerir recursos

Isso nos leva a outra questão que a equipe de liderança deve considerar nos primeiros estágios do processo, que é buscar recursos e saber como geri-los. Programas como The Leadership Challenge™ podem ajudar o desenvolvimento pessoal, mas há outras áreas que vale a pena considerar desde cedo. Vejamos alguns exemplos:

>> **Capacidade digital.** Pergunta: quão bem você compreende as suas capacidades digitais ou as vantagens que podem ser obtidas por meio de uma alavancagem do potencial digital? Quando você está procurando aumentar *insights* e colaboração, as interações

124   Inovação digitais são obrigatórias. Desde a otimização do design web e dos motores de busca ao uso de mídias sociais e apps, o mundo digital é feito para acolher a inovação. Você reservar um tempo logo de início para avaliar e fortalecer a capacidade digital irá ajudá-lo a garantir que quando precisar de métricas, a informação já esteja fluindo. Como bônus, reservar também um tempo para aprimorar as aptidões digitais dos funcionários irá enviar um sinal precoce de que a mudança e a colaboração estão a caminho.

≫ **Parcerias existentes.** Quando você está empenhado em criar soluções inovadoras, a última coisa que quer ou precisa é que os parceiros existentes criem barreiras à mudança. Sejam equipes externas jurídicas ou de auditoria, ou fornecedores e outras organizações de apoio, seu sucesso depende da cooperação de todos eles. Alguns irão abraçar a mudança de bom grado, e pode até haver quem já esteja adiante de você na jornada, mas haverá também ocasiões em que você terá que procurar parceiros progressistas alternativos a fim de assegurar o sucesso.

≫ **Órgãos de regulação.** Já tratamos desse aspecto antes, mas vale a pena ressaltar de novo. Se você está num setor regulado, então estabelecer desde cedo um diálogo com os reguladores ajudará a assegurar que deem sustentação ao seu desenvolvimento. Alguns podem até já ter orientações ou pesquisas de apoio que irão ajudá-lo a desenvolver sua nova estrutura. Reguladores não têm todas as respostas e podem não aprovar formalmente planos no nível básico do produto, mas vale a pena notar que a liderança fora do negócio, como a provida por reguladores e organismos setoriais, às vezes é tão importante quanto a liderança interna.

Liderar por meio da mudança

Com apoio em *coaching* e com a alta gestão tendo consenso, o caminho fica aberto para projetar o futuro. Existe, porém, outro desafio que vamos abordar agora, que é a maneira pela qual a equipe se mostra capaz de liderar em meio a mudanças, ambiguidades e incertezas.

Construir uma equipe de liderança da inovação

A equipe pode ficar confortável liderando e avançando com visão e propósito, mas o que dizer de todos os demais que trabalham no negócio? É muito fácil ficar muito empolgado e dedicado, mas esquecer do elemento pessoal ao liderar a mudança.

Também é fácil demais dar um peso exagerado àqueles que têm maior probabilidade de resistir à mudança. Em todas as organizações, há aqueles que têm ideias preconcebidas e forte adesão ao *status quo*, e isso os impede de ver o que está bem diante de seus olhos ou de considerar outras opções disponíveis. São os resistentes, aquelas pessoas que apresentam uma série de desculpas para não aceitar a mudança ou que a aceitam em princípio, mas depois voltam a fazer as coisas do jeito de sempre. É fácil a equipe de liderança achar que precisa se concentrar nesse grupo, mas na realidade essa é uma falsa premissa.

É muito melhor gastar tempo e recursos naquelas pessoas que têm influência dentro da organização e que irão trabalhar com a alta gestão para liderar a mudança. Elas podem estar em qualquer nível dentro do negócio, e mas os "líderes sem título" são cruciais para influenciar a mudança e garantir que ela perdure. Vamos voltar a isso mais adiante, ao tratarmos da nomeação de defensores da mudança e de como comunicá-la dentro da organização. Já vimos alguns aspectos disso ao examinar como superar obstáculos à mudança, mas, por enquanto, vamos tecer algumas outras considerações.

Antes de mais nada, é preciso considerar a maneira pela qual as pessoas reagem instintivamente à mudança. A reação de "lutar ou fugir" diante de um perigo físico é bem-conhecida, mas o que talvez não se conheça tão bem é que as pessoas percebem mudanças sociais também desse jeito. David Rock, um pesquisador australiano, descreveu a dor social dentro da esfera dos negócios usando o acrônimo SCARF (Rock, 2008).

De acordo com esse modelo, quando os funcionários sentem a mudança como ameaça, é ativada neles a reação de "fuga" e surge resistência à mudança. Mas, quando o funcionário percebe a mudança como positiva, o que fica ativado é sua reação de "aproximar-se", que resulta em engajamento e alinhamento. O acrônimo SCARF descreve o tipo de interação social que ativa fortemente a reação de "afastar-se". As letras correspondem a *Status, Certainty, Autonomy, Relatedness* e

Fairness [Status, Certeza, Autonomia, Afinidade e Justiça]. Esses fatores, se forem mal conduzidos, podem disparar no cérebro a reação de "fuga", criando resistência à mudança. Compreender e continuar a observar esses cinco domínios do modelo SCARF ajudará os líderes a lidar com a mudança de maneira bem mais eficaz. Em geral, nossas principais dicas para lidar com a mudança são:

» **Esteja atento.** Estar aberto à possibilidade de mudança e resistência ajuda a prever e evitar o surgimento de problemas. Uma conversa tranquila agora é bem melhor do que ter de lidar mais tarde com rixas no departamento.

» **Comunique.** Um dos trampolins principais da gestão de mudanças é comunicar cedo, de maneira eficaz e com frequência. Acima de tudo, não espere ter certeza para iniciar a comunicação. Isso apenas irá fazer com que boatos e especulações tenham a oportunidade de se insinuar, e então você terá perdido a melhor chance de despertar empolgação e engajamento na mudança. Veremos isso com mais detalhes no Capítulo 5.

» **Ouça.** Procure ouvir o que as pessoas estão tentando dizer em vez de se prender apenas às palavras que elas estão usando. Observe a linguagem corporal, tenha consciência de que as emoções podem levar tanto a reações exageradas como a conter as reações. Mantenha a calma e faça perguntas diretas para que as verdades venham à tona.

» **Seja claro e consistente.** Quando há unanimidade na diretoria, isso pode ser mais fácil, mas a mensagem que é emitida precisa ser clara e consistente, não só em relação à alta gestão mas também no que é dito a cada pessoa. E não se esqueça de que "faça o que eu digo e não faça o que eu faço" não tem lugar na gestão da mudança. Você precisa liderar dando o exemplo.

» **Engajamento.** Dê um tempo para que os funcionários se engajem na nova cultura. Lembre-se de que está dedicado a criar experiências do cliente capazes de mudar o jogo por meio de uma cultura inovadora e à prova do futuro, que entrega excelência para o negócio, os acionistas, os funcionários e a comunidade em geral; então, alinhar os empregados à estratégia do negócio significa que eles vão parar de ser meros observadores e passarão a ser participantes ativos.

» **Vitórias rápidas.** Nunca subestime a importância das vitórias rápidas para elevar os ânimos.

» **Comece com pessoas que se importam.** Use os defensores que você já tem para ajudá-lo a construir impulso em torno da mudança.

Resumo

Essa é a fase em que a equipe de liderança para de pensar na inovação como exercício teórico e começa a colocar a mudança em prática. É a hora de fazer perguntas difíceis e de se comprometer totalmente com uma nova estratégia, diferente de qualquer uma que já tenha existido. No próximo capítulo, vamos avançar e começar a moldar a jornada, vestindo a estratégia com visão, valores e competências. Tudo isso só tem efeito na organização se a equipe de liderança já tiver assimilado o ideal de inovação em seu pensamento e seus comportamentos.

Portanto, as questões-chave aqui são:

1 **Você está preparado para implementar a inovação na agenda da alta gestão?** Em termos simples, se a equipe de liderança não está preparada para mudar sua postura mental e passar a pensar inovação, viver inovação e respirar inovação em cada decisão, logo, não fará sentido o esforço, pois todas as tentativas de avançar serão revertidas pela inércia que vem de cima.

2 **Você está preparado para criar uma estratégia alinhada ao apetite de inovação da organização?** Seja qual for o mix de inovação, a mensagem importante é que você precisa adotar uma mentalidade de "capital de risco". Algumas, ou a maioria, das ideias não serão aproveitadas, mas ao difundir o risco, aquelas que forem bem-sucedidas irão compensar com sobras as que não forem.

③ Você está preparado para passar de um estilo de liderança hierarquizado para um estilo que prefere liderar do que gerir, e que empodera em vez de controlar? A equipe de liderança pode concluir que precisa de algum treinamento de liderança enquanto realiza seu trabalho, para ajudá-la a assimilar um estilo de liderança mais inovador e empoderado, mas toda liderança é uma jornada, e esse é justamente o estágio que irá levá-lo ao futuro.

Insights

> É impossível construir uma cultura de inovação que englobe a organização inteira se isso não estiver na agenda da alta gestão.

> Para poder adotar uma cultura de inovação, você precisa adotar uma postura mental de "capital de risco".

> O negócio inovador que será bem-sucedido no futuro não é o que compete nos mercados existentes, mas o que busca moldar os que já existem e até criar novos mercados.

Referências

ACCENTURE. Why 'Low Risk' Innovation is Costly. *Accenture*, 2013 [on-line]. Disponível em: http://www.accenture.com/SiteCollectionDocuments/PDF/AccentureWhy-Low-Risk-Innovation-Costly.pdf. Acesso em: 3 abr. 2015.

ALCATEL-LUCENT. *Alcatel-Lucent Website*, 2015 [on-line]. Disponível em: http://www3.alcatel-lucent.com. Acesso em: 3 abr. 2015.

AMEEL, D. The innovation manager: role, competencies and skills: The relevance of implementing specific positions for managers creating innovative organizations.

European Economic and Social Committee, 2010 [on-line]. Disponível em: https://www.eesc.europa.eu/en/news-media/presentations/innovation-manager-role-competencies-and-skills-relevance-implementing-specific-positions-managers-creating--innovative. Acesso em: 3 abr. 2015.

EGON ZEHNDER ANALYSIS. 2014 Egon Zehnder European Board Diversity Analysis With Global Perspective. *Egon Zehnder*, 2014 [on-line]. Disponível em: https://www.egonzehnder.com/what-we-do/board-advisory/insights/2014-egon--zehnder-european-board-diversity-analysis-with-global-perspective. Acesso em: 3 abr. 2015.

FRC. The UK Corporate Governance Code. *FRC*, 2014 [on-line]. Disponível em: https://www.frc.org.uk/getattachment/59a5171d-4163-4fb2-9e9d-daefcd7153b5/UK-Corporate-Governance-Code-2014.pdf. Acesso em: 3 abr. 2015.

KELLEY, B. *Stoking Your Innovation Bonfire*. Londres: John Wiley & Sons, 2014. p. 25.

P&G. Innovation. *P&G*, 2015 [on-line]. Disponível em: https://us.pg.com/innovation/. Acesso em: 3 abr. 2015.

ROCK, D. SCARF: A brain-based model for collaborating with and influencing others. *Neuroleadership Journal*, v. 1, p 1-9, 2008.

É impossível construir uma cultura de inovação que englobe a **organização inteira** se isso não estiver na **agenda da alta gestão**.

Moldar o futuro

A não ser que você esteja folheando este livro ao acaso, a essa altura, sua jornada pela inovação já o terá levado a sentir a importância desta nos negócios do século 21 e também a desenvolver uma compreensão do lugar que a sua organização ocupa hoje no espectro da inovação. Ao longo do caminho, tratamos dos problemas de uma organização resistente à inovação, falamos em focar as energias organizacionais para maximizar resultados e reiteramos a importância de elencar as atitudes e os comportamentos que estão moldando atualmente sua cultura.

No Capítulo 3, tratamos da construção de consenso na equipe de liderança, a fim de criar um time que se aproprie, desenvolva e promova a inovação. No presente capítulo, iremos avançar, visando soltar as algemas da história e abraçar todo o brilho do potencial de inovação. Vamos examinar como moldar visões e valores organizacionais e a maneira pela qual esses valores podem ser traduzidos em competências. Em particular, vamos examinar neste capítulo as diferentes abordagens que podem moldar a jornada de inovação e a importância de alinhar a equipe para ingressar no futuro.

Em essência, este capítulo cobre a fase inicial de projeto que irá funcionar como o alicerce para inculcar e assentar a mudança. Aqueles que já seguiram programas de mudança no passado estarão familiarizados com a maneira pela qual a visão se traduz em valores e competências; trata-se de trabalhar para criar as atitudes e os comportamentos que permitirão que uma cultura de inovação se estabeleça. Alguns desses valores, como o profissionalismo, podem já ser familiares à cultura existente; outros, como o empoderamento, talvez representem uma mudança radical no relacionamento empregador-empregado. Mas só quando esses elementos são mapeados é que a equipe de liderança pode avançar e começar a moldar a jornada transformacional, e avaliar se um sistema operacional dual ou uma introdução gradual da mudança podem ser alternativas melhores do que uma introdução tipo *big bang*. Finalmente, veremos neste capítulo a importância de engajar seu pessoal nas mudanças exigidas e examinaremos também a estrutura de apoio que sustenta o modelo de inovação.

Vamos começar com uma advertência. Para muitas organizações, esse estágio da jornada representa o ponto de virada, o momento em que a organização ou desliza e volta para o pessimismo ou dá um passo adiante para o futuro. Pois esse é o momento em que a organização precisa sair de sua zona de conforto e investir tempo e esforço para se projetar de forma nova, inovadora, ágil e oferecer excepcionais experiências do cliente como rotina.

Mas, diante de tais recompensas em oferta, por que esse estágio da jornada é tão difícil? Essencialmente porque alcançamos o ponto crucial, a hora em que você sabe como chegou aonde está agora, em que você entende no nível intelectual por que mudar seus hábitos seria bom para você, mas de repente percebe também que a mudança envolve muito trabalho. Portanto, esse momento tem um pouco a ver com aquela hora da verdade, em que você toma todas aquelas resoluções no Ano Novo. Sim, você precisa fazer mais exercício físico e aumentar suas habilidades, e entende as razões pelas quais o condicionamento físico é bom para a saúde a longo prazo; porém, mudar aqueles hábitos que se insinuaram na sua vida ao longo dos anos exige resolução e força de vontade, além de uma clara visão ou mesmo um pouco de dor para forçar a mudança.

Entretanto, do mesmo modo que sair direto de um estilo de vida sedentário e ir correr uma maratona não costuma ser uma boa ideia, você tampouco tem que sair anunciando a inovação para a organização inteira de uma hora para outra. Mais adiante, examinaremos os benefícios de introduzir a mudança por meio de um sistema operacional dual, fazendo a inovação envolver processos essenciais. Da mesma maneira que isso pode ser feito por etapas, também o ideal de inovação pode ser promovido por fases ao longo do negócio. Como ocorre com o mix de inovação, não há resposta certa quanto a implementar a inovação por fases. Do mesmo jeito que negócios comparativamente pequenos ou ágeis podem decidir promover uma mudança de uma vez, os maiores ou os que têm estruturas mais complexas podem decidir facilitar a inovação na organização com uma introdução por fases.

Moldar a visão

É essa necessidade de uma visão clara que vamos examinar primeiro. No Capítulo 2, falamos da importância de montar uma estratégia que se alinhe ao apetite da organização por inovação. Agora, precisamos dar o próximo passo, isto é, moldar a visão e os valores da organização de modo que esses não só sustentem a transformação inovadora, mas moldem o caminho organizacional para avançar.

"Bons líderes de negócios criam uma visão, articulam essa visão, apropriam-se dela com paixão, e são incansáveis em concretizá-la" (Welch, 1989).

Elaborar uma visão para a organização pode ao mesmo tempo ser incrivelmente fácil e infernalmente difícil. É um pouco parecido como completar palavras cruzadas enigmáticas, ou seja, é relativamente fácil preencher os espaços em branco com palavras, mas ter certeza de que aquelas palavras são de fato as certas já é uma história bem diferente. Uma boa visão de empresa tem que falar ao coração, inspirar e prover uma meta que desafie as pessoas a grande gestos. E não se esqueça de que em cada estágio da jornada não se pode subestimar a importância da experiência do cliente e do *insight*. Quando olhamos para a visão, quando avançamos e definimos valores e competências, todos eles devem estar alinhados aos resultados para o cliente. Voltando ao Capítulo 1, devemos lembrar como é importante também que o design futuro antecipe as diferentes exigências de toda a base de clientes e funcionários. Por exemplo, isso pode significar projetar para gerações diferentes ou para clientes de diversos países. É inevitável que a entrega se torne mais complexa na medida em que você se desvencilha do modelo "um tamanho único serve para todos", mas, ao alinhar corretamente o mix de inovação, é possível prover um serviço personalizado.

Ao projetar o futuro, não negligencie o legado do passado. Inevitavelmente haverá alguns processos ou procedimentos que faziam sentido no passado, por exemplo haver múltiplas instâncias de aprovação a fim de controlar custos, mas que simplesmente não cabem mais no futuro. Agora é tempo de varrer isso de lado, se não for mais necessário, remover camadas de governança que podem atuar como barreiras a inovações colaborativas e ter clareza em relação aos impactos que as decisões terão mais adiante. Mas há outros aspectos do passado, como um firme compromisso com o serviço ao cliente, que podem ainda se encaixar bem numa cultura de inovação.

Embora haja quase tantas definições de uma boa visão de empresa quanto livros sobre administração, os temas comuns que definem uma boa visão de empresa são, entre outros:

➤➤ **Concisão.** Se o seu desejo é inspirar mentes e corações, a última coisa que você vai querer fazer é jogar um livro inteiro no colo das pessoas. Parágrafos longos e divagantes só servem para desengajar e não ajudam a expressar bem a visão.

➤➤ **Individualidade.** Todos podemos ter uma visão de nossa organização como "a melhor do setor", mas, num mundo homogêneo, o que irá nos diferenciar é nossa maneira de fazer as coisas. Ter uma visão que tenha sido simplesmente "tirada da prateleira", e que montamos a partir de alguns exemplos que vimos na internet ou copiamos de outra organização revela que não temos nenhuma intenção de nos sobressair no meio da multidão. Portanto, a visão tem de ser adequada à nossa própria organização, assentar-se na nossa esfera de negócios e expressar as maneiras pelas quais pretendemos manejar a cultura de inovação para criar um legado duradouro e ágil.

➤➤ **Clareza.** Além de ser breve, a visão precisa ser clara, tangível, capaz de ser o alicerce de normas, processos e comportamentos e de inspirar crença, lealdade e confiança.

➤➤ **Engajamento.** A visão precisa ter ressonância dentro da equipe, permitir que os funcionários acreditem nela e que estes alinhem seus corações e mentes a ela.

Se você está tendo dificuldades para expressar a visão, volte ao básico. Você já sabe qual é seu ponto de partida, pois já empreendeu a avaliação da cultura e identificou sua lacuna de inovação, logo, tem uma boa ideia do que sabe fazer bem, do que precisa melhorar e de onde gostaria de chegar. No Capítulo 3, você pegou essas ideias e começou a conceber sua estratégia, alavancando inteligência para fazer as "melhores apostas" a respeito da configuração do futuro.

Ao articular uma visão, portanto, tudo o que você faz essencialmente é combinar essas ideias para criar um roteiro de alto nível, que defina onde a organização quer estar no futuro. Se pensar nisso como se fosse seu GPS ou sistema de navegação por satélite, você já terá seu ponto de partida e agora poderá programar seu destino final e quaisquer pontos de parada ao longo do caminho. A forma real da jornada, quer você use uma via expressa ou não para chegar onde quer, virá mais tarde. Pelo fato de estarmos ainda examinando uma estratégia de alto nível nesse estágio, a navegação por satélite só pode nos levar na direção certa, isto é, até a cidade ou bairro certo, mas não ainda a algum endereço específico. Conforme formos refinando nossa estratégia, o destino ficará mais preciso, mas ainda existe a chance de ele mudar de forma, reagindo a circunstâncias que aparecerem ao longo do caminho. Também vale a pena lembrar que nosso eventual destino não é fixo e pode mudar, pois o mundo e o ambiente no qual operamos mudam e evoluem continuamente.

Vamos agora seguir adiante e começar a olhar os valores que sustentam essa visão, mas, antes, talvez valha a pena fazer uma viagem para considerar o manifesto cultural. Quanto mais as organizações começam a lidar com a importância de sua cultura e a compreendê-la, maior a percepção de que se essa cultura pretende passar uma mensagem, ela deve ser comunicada de maneira que tenha ressonância junto a funcionários, consumidores e outros envolvidos.

A declaração de missão da empresa pode ser vista como uma declaração mais ou menos insípida da visão; já o manifesto cultural leva isso a outro nível, a uma tradução da visão em emoção e ação. O primeiro manifesto cultural da Apple fala sobre acreditar em profunda colaboração e polinização cruzada, a fim de inovar de uma maneira que os outros não consigam; já o manifesto cultural da Netflix foi saudado pelo executivo-chefe de operações do Facebook como o documento mais importante que já havia surgido no Vale do Silício. Quando se passa para uma cultura movida pela inovação, o manifesto cultural pode muito bem ser uma maneira crucial de alcançar e de energizar corações e mentes para a mudança.

Definir os valores

Seguindo adiante, precisamos então examinar os valores que irão sustentar a visão. Alguns, como honestidade e integridade, podem até ficar implícitos, mas ao definir valores é importante que todo valor seja incluído, a fim de evitar a armadilha da suposição. No Capítulo 2, vimos a importância de compreender onde você está hoje para poder avançar com confiança. Como resultado dessa análise, a equipe de liderança deve ter uma boa apreciação dos valores que estão estabelecidos hoje na organização, a maioria dos quais podem muito bem continuar inalterados enquanto o impulso cultural segue adiante.

Mas cuidado com os elefantes na sala, isto é, aqueles valores já adotados que podem derrotar qualquer tentativa de mudar a não ser que sejam domados. Podem aparecer na forma de uma tendência arraigada à precisão, que leva a checar três vezes cada processo e ação antes da aprovação; ou talvez um respeito exagerado pelos superiores que faz toda instrução ser seguida sem questionar; em corporações multinacionais, pode ser a suposição de que cada escritório terá as mesmas reações ao fluxo de trabalho e às mudanças, o que sufoca a mudança inovadora. Os valores arraigados, quaisquer que sejam, podem ser o fator principal que propicia ou impede a transformação. Vamos ver mais adiante como superar valores espúrios, ao examinar liderança e comunicação.

Ter sucesso na definição de valores significa determinar o que a organização deve apoiar mais e certificar-se de que isso se encaixa na visão e na estratégia. E quando você tenta criar uma organização conduzida pela inovação, seus outros valores não devem divergir dela. Por exemplo, uma cultura de inovação significa aceitar o fracasso como um ponto de aprendizagem. Se um de seus valores é "precisão a todo custo", então a inovação talvez nunca tenha sucesso.

Na medida em que você transita pela sua jornada de inovação, a importância atribuída a valores individuais pode muito bem se mover para cima e para baixo da escala. Quanto mais fundo você mergulha na inovação, mais descobre que valores como responsabilidade pessoal, confiança, agilidade e iniciativa se destacam. Outros valores que podem se assentar bem numa cultura de inovação são colaboração, *insight*, comunicação e inclusão. Os valores que você define nesse estágio, no entanto, não devem ficar confinados exclusivamente à esfera da inovação. Embora a cultura de inovação impulsione seu desenvolvimento futuro, outros valores, como integridade, precisão ou honestidade, ainda serão necessários para sustentar a organização.

Talvez valha a pena reiterar aqui que alguns valores podem diferir ao longo dos departamentos da organização. Embora os valores essenciais percorram o negócio de cima a baixo, da mesma maneira que uma organização pode se beneficiar da flexibilidade adicional de operar com subculturas, pode também operar com subvalores. Por exemplo, enquanto suas equipes de P&D se dispõem a experimentar diferentes modelos, o departamento de contabilidade pode desejar ser mais prescritivo quando se trata de alocar itens de despesas no relatório financeiro da empresa.

Dependendo do tipo de organização, pode haver também nesse estágio um requisito de definir uma missão/propósito. Quando uma organização tem missão clara, que define quem e o que eles são e o que defendem, essa missão fica acima tanto da visão quanto dos valores, como um ponto de referência constante. Mas o simples fato de uma organização ter uma missão não significa que tem o direito divino de seguir adiante sem olhar para os lados, seguindo os mesmos caminhos estabelecidos há décadas. O mundo não para e embora a missão possa requerer apenas um ou outro ajuste, a maneira pela qual a missão está sendo cumprida ainda precisa evoluir para levar em conta as metodologias do século 21. Assim, embora a missão possa permanecer inalterada, praticamente sem mudanças, isso não quer dizer que a visão e os valores que traduzem a missão em ações não possam ser fundamentalmente alterados para acomodar a cultura de inovação.

Do mesmo modo que é importante que nossa visão seja clara, a clareza também é um componente vital da definição de valores, não só em relação aos valores em si mas também à maneira pela qual eles se traduzem em ações do dia a dia na organização. Vamos revisitar esse ponto na próxima seção deste capítulo, quando examinarmos a tradução dos valores em competências, mas no momento cabe destacar outro aspecto importante dos valores, que é compreender como cada um deles se assenta não só dentro da organização, mas em relação a outros valores. Por exemplo, é fácil listar "qualidade" entre seus valores, mas, pergunto: o que você entende por qualidade e como ela é afetada por outros valores, como "valor em dinheiro", "responsabilidade ambiental", "obtido de fonte sustentável"?

Se você não parar a fim de compreender de fato e articular essas interações, arrisca perder a confiança de seus clientes e funcionários. Isso destaca outro aspecto importante de moldar a visão e os valores: a necessidade de ser realista, de dizer as coisas como de fato são. Nem toda organização pode, ou deve, produzir roupas de grife para a faixa mais elitizada do mercado. As exigências dos clientes e os orçamentos variam, e as organizações encontram os próprios nichos dentro do mercado. Se você está direcionado à produção de roupa vendida de baciada a preços promocionais, então não há nada de errado em construir valores de marca adequados a essa realidade. Em outras palavras, não prometa qualidade excelente se ela não couber na faixa de preço de seus clientes.

Isso remete à importância de definir o propósito específico da inovação dentro da sua organização. No Capítulo 1 começamos a explorar os disparadores que levam as organizações a reconhecer a necessidade de construir uma cultura de inovação, mas nesse estágio achamos que é importante reservar um tempo para destacar o propósito geral e específico da inovação. Como ressaltamos no Capítulo 1, a maior armadilha em que as organizações podem cair é confundir invenção e inovação. Se sua intenção é inventar, então você junta vários especialistas e coloca numa sala, cheia de lousas brancas ou de equipamentos de laboratório, e sua expectativa é que eles produzam algo novo. Enquanto isso, o negócio do resto da organização segue adiante normalmente.

Ter uma cultura conduzida por inovação significa embarcar num avião totalmente diferente. A invenção pode resultar em inovação, mas a verdadeira cultura de inovação permeia a organização inteira, infundindo, a cada um que ela toca, agilidade, flexibilidade e desejo de criar um nível excepcional de serviço ao cliente. Num mundo no qual toda organização tem acesso ao mesmo nível de tecnologia, em que um indivíduo isoladamente pode navegar pela internet da mesma maneira que uma organização multinacional, um mundo no qual as mudanças tecnológicas alteram os hábitos de consumo numa velocidade incrível; no qual o "que" foi ultrapassado pelo "como". Tudo isso fez surgir organizações que vêm sendo inovadoras e ágeis, enquanto outras vão ficando para trás.

Sendo franco, se você quer vantagem competitiva e crescimento, então, num mundo homogêneo, a cultura de inovação é a única saída. Mais que isso: sem uma cultura de inovação sustentando seus demais valores, a organização não terá sucesso em alcançar suas metas. Isso significa que embora a inovação seja um valor em si, todos os demais valores devem ser vistos como um subconjunto da inovação. E quando você traduz seus valores em competências, deve fazer isso com a inovação em mente.

Traduzir valores em competências

Isso nos conduz à próxima seção deste capítulo, que leva os valores ao estágio seguinte, de sua tradução em competências. Trata-se de definir as atitudes e os comportamentos que você quer ver na sua organização cotidianamente. A tarefa de definir valores e competências talvez já lhe pareça familiar, particularmente se você trabalhou ou está trabalhando no âmbito de pessoal/RH. Há sempre competências envolvidas em solicitações de emprego e na determinação de metas pessoais. Mas há uma grande diferença quando se trata de estabelecer aptidões que conduzam a uma cultura de inovação, e ela é dada pela natureza colaborativa e inclusiva da inovação em si.

Tradicionalmente, as competências tratam de incentivar comportamentos que permitam alcançar metas internas. Com a inovação no cerne da organização, as qualidades exigidas tendem mais para a colaboração, a experiência do cliente e a solução de problemas. É por isso que, quando falamos em quais são as melhores atitudes, comportamentos, estilos de gestão e de comunicação no contexto da inovação, costumamos usar a expressão "aptidões de inovação" em vez de competências.

Alguns valores são traduzidos linearmente em aptidões de inovação. Por exemplo, o valor da "honestidade" pode traduzir-se simplesmente em assumir os próprios erros ou em não acobertar falhas. Outros valores podem exigir um pouco mais de reflexão antes de se tornarem aptidões de inovação. Vejamos alguns exemplos:

»» Excelência profissional. Na realidade, o profissionalismo tem tantas conotações diferentes que talvez seja melhor vê-lo como subdefinição de outros valores; mas, supondo que profissionalismo é um valor por si, então temos que perguntar que atitudes e comportamentos devemos esperar ver se convivermos com a excelência profissional no dia a dia. Por exemplo, podemos exigir que os funcionários pareçam inteligentes, que se vistam de modo apropriado ou usem linguagem adequada em suas interações. Respeito pelos clientes e colegas pode também entrar nessa arena, mas também podemos exigir que os funcionários se apliquem diligentemente em seu trabalho ou obtenham qualificações profissionais para aumentar seu conhecimento.

»» Apropriação e responsabilização. Essa é de fato uma habilidade/valor que se encaixa bem na esfera da inovação, mas se não houver algumas linhas-guia então a iniciativa pode redundar num vale-tudo. Será que sua expectativa é que os funcionários se apropriem dos problemas, sintam-se responsáveis por eles, procurem soluções, não importa o custo, ou será que eles podem fazer isso, mas apenas dentro de certos parâmetros? Qual a medida da colaboração e quando ela passa a ser considerada excessiva? Para alguns, não é fácil mudar a postura mental para abraçar a apropriação, a iniciativa e a responsabilização. Aceitar que o fardo às vezes acabe caindo nas suas costas é bem diferente de fazer apenas aquilo que lhe mandam fazer.

»» Colaboração e trabalho de equipe. De novo, uma área intimamente ligada à inovação. Já vão longe os dias em que indivíduos, equipes e empresas trabalhavam nas próprias bolhas, sem saber ou se interessar pelo que outros grupos ou entidades estavam fazendo. Com a inovação temos uma nova definição de trabalho em equipe, na qual colaboração e interações fluentes criam soluções. Seja por meio de *crowdsourcing* ou alavancando as vantagens de uma tecnologia de código aberto, realizando reuniões abertas a todos ou simplesmente ficando acessível a um bate-papo, a colaboração e o trabalho em equipe tratam agora de romper as barreiras artificiais, de compreender o quadro geral, ligar os pontos, compartilhar informação e encontrar maneiras de resolver problemas e de criar o futuro. E não se esqueça de que a colaboração e o trabalho em equipe agora se estendem além dos limites da organização, exigindo aptidões adicionais de comunicação e compreensão.

»Empoderamento e Iniciativa. No Capítulo 3, tratamos do empoderamento e da maneira pela qual, ao longo da recessão, o empoderamento subiu na hierarquia organizacional como uma maneira de gerir melhor o risco. Mas o empoderamento é um componente crucial da inovação, embora não deva ser encarado como um "vale-tudo", no qual "você pode decidir que ações ou decisões tomar, sem controle nenhum" ou que deixe implícito que "iremos apoiar todas as suas decisões, quaisquer que sejam". Assim, ao buscar definir o empoderamento, o negócio precisa ter o cuidado de expressar claramente quais são as limitações. Quando se trata de iniciativa, o empoderamento e, portanto, as aptidões de inovação que você espera que as pessoas demonstrem precisarão estar muito bem ligadas ao seu mix de inovação. Você pode querer que as pessoas sejam empoderadas, mas precisa mostrar-lhes de que maneira e determinar a direção.

Uma das chaves do sucesso aqui é incentivar as pessoas a serem empreendedoras, a "pensar como o dono do negócio" dentro da organização. Examinaremos mais de perto o empreendedorismo no Capítulo 6, mas os comportamentos devem incluir o uso da intuição para descobrir mais coisas sobre o cliente, explorar uma ideia ou desafiar as regras. O foco deve estar em olhar para fora, colocando em destaque as aptidões de ouvir e pensar.

Poderíamos igualmente falar aqui de adaptabilidade, da necessidade de ter uma ampla gama de aptidões e estilos que as pessoas poderiam utilizar de modo flexível de acordo com a situação. Ou falar sobre agilidade, ser capaz de reagir prontamente a cenários em mudança e ter sensibilidade durante o processo para saber quando é importante seguir as regras estipuladas e quando elas devem ser reescritas. Poderíamos até falar de inteligência emocional, de compreensão e empatia, de influenciar em vez de direcionar e de estilos de comunicação flexíveis para atender às necessidades do público em vez das próprias.

Quaisquer que sejam os comportamentos que você priorize, quando estiver definindo suas aptidões de inovação, um aspecto que nunca deve ser subestimado é a importância do relacionamento com o cliente. Num mundo cada vez mais homogêneo, somos cada vez mais definidos não pelos resultados, mas pela maneira como chegamos a eles. Isso coloca a percepção e a interação com o cliente em lugar bem alto na agenda de valores. Os clientes não são mais apenas usuários de produtos, "coisas às quais vendemos". Agora os clientes, e em particular a experiência do cliente, são os motores da excelência.

Mencionamos previamente como os membros da Geração Z estão buscando se envolver na criação conjunta de soluções, em "inovar conjuntamente", mas é oportuno reiterar esse tema, já que essa nova maneira colaborativa de trabalhar promove uma grande mudança nas percepções organizacionais. Os negócios agora precisam usar a experiência do cliente para conduzir a inovação e usar a inovação para conduzir as experiências do cliente, numa espiral autoalimentada de melhoria.

Moldar a jornada

Tendo visão, valores e aptidões de inovação encaminhados, é hora de seguir adiante e cuidar de moldar a jornada e tirar o ideal de inovação da alta gestão para trazê-lo à esfera mais ampla da organização. Os valores definidos também contribuem a dar forma aos relacionamentos externos, moldando as parcerias externas que ajudarão o negócio a levar adiante o ideal de inovação. Aqui é onde você realmente descobre o quanto a equipe de liderança embarcou na ideia de inovação e o quanto eles estão preparados para mudar e fazer o modelo de negócios passar da opção linear comprar/fazer/vender e procurar a melhoria contínua em busca de soluções. "Estou realmente empolgado com a inovação mas… É que preciso primeiro concluir esse projeto… antes o sistema de TI precisa de uns ajustes… Estou no meio de negociações com um cliente importante…".

Seja qual for a desculpa, ela não pode ser ignorada. Mas tampouco pode ser usada como pretexto para jogar fora todo o bom trabalho já realizado e comprometer o ideal da inovação. Uma investigação pode mostrar que a verdadeira causa é um medo do desconhecido ou o receio do efeito gerado ao sacudir uma organização confortável e torná-la muito mais dinâmica. O fator controle também desempenha papel importante aqui. Não importa em que seu estilo de liderança se encaixa dentro do espectro de controle, há sempre uma sensação de certeza, de saber onde ficam os limites e de estar confortável com esses limites. A mudança inevitavelmente muda os limites de lugar e essa percepção da perda do controle pode inconscientemente colocar obstáculos à mudança.

No Capítulo 3, examinamos como o mecanismo cerebral de proteção reage quando percebe uma ameaça. Mesmo quando são os membros da equipe de liderança que conduzem a mudança, eles ainda assim podem perceber ameaças quando confrontados com a mudança dentro da sua própria esfera. Vamos examinar de novo rapidamente alguns dos pontos disparadores do SCARF:

» **Status e autonomia.** Esses dois são pontos disparadores importantes, no que diz respeito à equipe de liderança. Passar de um controle departamental rigoroso para uma maneira mais colaborativa de trabalhar, na qual membros da equipe são empoderados para agir por iniciativa própria, pode desencadear preocupações relacionadas à perda de status e autonomia. A inovação certamente exige um estilo diferente de trabalhar, mas isso não tira da alta gestão a responsabilidade de moldar os valores organizacionais e a direção do negócio. De certo modo, isso também coloca maior responsabilidade na alta gestão, que deve assegurar que o trabalho de inovação não descambe para um vale-tudo. E, seja como for, se um membro da equipe de liderança está ali apenas pelo status conferido, então talvez ele nem devesse estar no cargo.

» **Certeza.** Qualquer mudança acaba abalando a certeza, e quando a mudança é tão radical como a de passar para uma cultura de inovação então a mudança pode ser assustadora. A solução aqui é rever com calma os benefícios que podem ser alcançados ao se chegar ao design correto para a sua cultura. Vamos falar mais sobre isso ao final deste capítulo.

Assim, mesmo que a equipe de liderança tenha comprado a ideia de inovação como transformação cultural, é bem possível que persistam algumas apreensões. Tendo isso em mente, qual a melhor maneira de moldar a transformação, passando da situação atual para um modelo totalmente inovador? Você fecha os olhos, espera que dê tudo certo e mergulha fundo? Você implementa gradualmente a mudança nas divisões ou departamentos? Ou adota um modelo operacional dual?

Na verdade, não há uma resposta certa. É aqui que entram em jogo o conhecimento que a equipe de liderança tem do ramo de negócio e sua *expertise* na área. É a hora da verdade, em que a equipe de liderança tem que ligar a decisão de inovação estratégica ao mix de inovação e ao apetite de risco para decidir o caminho a seguir.

Embora não exista uma regra estabelecida, na prática as organizações que buscam uma conversão instantânea tendem a ser aquelas de porte menor ou que já operam em campos naturalmente inovadores, como o marketing ou o design.

Organizações que têm comparativamente poucos funcionários em geral preservam um pouco da mentalidade de startup. Colaboração e interação estão em nível relativamente mais alto, com o compartilhamento de tarefas e funções sendo mais a norma. Se numa tarde de sexta-feira os funcionários regularmente são tirados de suas tarefas ou papéis para ajudar a embalar uma remessa ou para enviar uma grande quantidade de e-mails, eles naturalmente adquirem uma visão mais holística do negócio, e isso torna a colaboração e a agilidade conceitos bem mais fáceis de assimilar.

Do mesmo modo, funcionários que trabalham em organizações que operam em arenas naturalmente colaborativas, como marketing ou design, são também mais inclinados a aceitar a ideia de trabalhar com clientes, fornecedores e outros para criar soluções. Para eles, é um passo relativamente curto a ser dado em direção a um modelo de inovação.

Implementar mudanças por etapas na organização para que alguns departamentos ou divisões adotem um modelo de inovação antes de outros pode ser bem-sucedido, mas às vezes também é um desastre.

Em geral, funciona melhor quando as divisões têm relativa autonomia ou quando operam numa estrutura do tipo "grupo líder/subcompanhia". Mesmo então, a não ser que haja uma separação completa entre as divisões, a equipe de liderança precisará dar passos para assegurar que o modelo mais inovador adotado por alguns não tenha impacto adverso no negócio essencial e vice-versa.

Estudo de caso 🔍

Construir capacidades de inovação

INTRODUÇÃO

Este livro conduz você por uma jornada, partindo do ponto em que está agora e levando-o a construir e implementar uma estrutura de inovação em sua empresa. E, embora possamos guiá-lo nessa jornada, os blocos dessa construção, isto é, as peças que dão forma "ao que nós fazemos", têm de ser as peculiares da sua organização. Não há duas organizações ou setores iguais e, portanto, não há soluções idênticas.

Como já mostramos, a cópia direta de ideias nunca funciona, já que a sua organização nunca poderá estar no mesmo nível de maturidade em inovação de alguma outra. Isso significa, inevitavelmente, que embora possamos funcionar como catalisadores de ideias, em última instância as ideias concretas precisam vir de sua organização e do pessoal que ela abriga. Mas, de qualquer modo, ideias obtidas de outros lugares também podem ajudá-lo a começar sua jornada. Portanto, colocamos a seguir nosso foco na Cisco, para ver de que maneira eles gerenciam suas capacidades internas de inovação.

SITUAÇÃO

Operando em 165 países e com mais de 70 mil funcionários, aos quais se somam mais de 30 mil pessoas em funções terceirizadas ou externas, a Cisco é líder global em desenvolvimento de conectividades, e tem a inovação no cerne de suas atividades. Ela utiliza uma abordagem em multicamadas, que serve não só para introduzir capacidades de inovação na

Moldar o futuro

população de funcionários, mas para ajudar os clientes a desenvolverem os próprios programas de inovação.

Agradecemos a Matt Asman, gerente geral de Serviços Globais de Inovação da Cisco, por sua inestimável assistência em prover esse estudo de caso.

ABORDAGEM

Dentro dessa plataforma global, o negócio da Cisco está dividido em diferentes setores, cada um com sua estratégia de inovação e seu próprio nível de maturidade em inovação. Este estudo de caso examina a abordagem do centro de excelência em inovação de serviços, focado internamente [Services Innovation Excellence Centre, SIEC]. Sua missão tem três vertentes: propiciar ideias, construir uma cultura de aptidões e capacidades e conduzir atividades de inovação para impulsionar os resultados dos negócios. Não iremos aqui descrever o processo todo, se não acabaríamos facilmente tendo um capítulo a mais no livro, mas podemos destacar, entre outros:

- Um processo de seis passos que guia os inovadores internos e dá apoio de ponta a ponta ao desenvolvimento de ideias.

- Foco em desafios internos de inovação em torno de tópicos, também conhecidos como "raias de natação" (por exemplo, estratégia de liderança, cultura das pessoas e assim por diante). Isso inclui facilitar soluções obtidas coletivamente e alocar "gestores de *pipeline*" que supervisionem processos de ponta a ponta.

- Uma estrutura estabelecida que conduz as equipes numa jornada que vai da consciência para a competência e para a excelência.

- Atividades de inovação e oficinas que apoiem iniciativas. Isso compreende:
  - Um *"workshop in a box"* [oficina numa caixa] equipado com tudo o que é preciso para conduzir uma oficina de inovação.
  - Uma "caixa de desenvolvimento de inovação" que contém itens para ajudar indivíduos a desenvolverem suas ideias, e que conta com um cartão Visa prime que permite obter os materiais necessários.

- Um "mercado" no qual algumas pessoas podem lançar ideias e outras são incentivadas a se juntar e acrescentar *expertise*, tempo, aptidões ou fundos.

CONCLUSÃO

Dentro de uma estrutura holística que permite criar e sustentar, a abordagem da Cisco estimula e recompensa a inovação em todos os níveis. Dá especial atenção às medições dos resultados, que são realimentados no sistema para fomentar iniciativas adicionais. O sucesso se apoia na liderança, nos programas utilizados e nos fortes elos de comunicação pelos quais a Cisco é globalmente renomada. ■

Sistema operacional dual

Um modelo que vem tendo cada vez maior aceitação nos negócios é o sistema operacional dual proposto pelo Dr. John Kotter. Um líder de pensamento nos campos de liderança e mudança, Kotter lançou o livro *Leading Change,* amplamente considerado uma obra transformacional na área da gestão da mudança (Kotter, 1996).

Em seu mais recente trabalho, *Accelerate,* Kotter propôs a ideia de um sistema operacional dual para organizações que adotam modelos de inovação (Kotter, 2014). Em essência, o sistema operacional dual permite que as organizações obtenham o melhor de ambos os mundos, isto é, que mantenham o negócio como é e, ao mesmo tempo, beneficiem-se da atividade inovadora. Como? Em termos bem simples: passando a pensar fora da caixinha. Kotter argumenta que, ao permitir que a atividade essencial de negócios seja levada adiante dentro da caixa e então envolvendo essa caixa em outra caixa de inovação, os negócios podem se tornar inovadores sem perder seu objetivo essencial. Ou seja, enquanto as faturas vão sendo pagas e os pedidos atendidos dentro da caixa interna, na caixa externa a questão da inovação é explorada; assim, as regras são seguidas, mas as pessoas também têm liberdade para desafiar e tentar coisas novas em busca de excelência e inovação.

A reação instintiva quando se propõe esse modelo é que ele soa muito complexo. Como é possível combinar uma estrutura essencial que leva o negócio da maneira usual com uma rede ágil de pessoas que cobre a organização inteira? A resposta simples é que isso exige liderança em vez de gestão na rede de inovação e que a hierarquia essencial é vista como uma série de elementos intercambiáveis. A equipe de liderança tem que estruturar valores e aptidões de inovação de modo que consiga gerir o previsível e liberar a inovação.

"Enquanto gerir diz respeito a organizar, coordenar e dizer o que fazer, liderar diz respeito a inspirar, propiciar e criar conjuntamente" (Bradt; Davis, 2014).

Com informações, pessoas e atividades fluindo entre a hierarquia tradicional e a rede voltada à mudança, ficam assentadas as condições para que a organização se torne mais flexível e adaptativa. A agilidade é impulsionada pelo fluxo contínuo de informação, com *feedbacks* relativos aos requisitos do cliente ou aos desenvolvimentos do setor, que agem como catalisadores da mudança. Conforme as pessoas se movem regularmente entre a hierarquia tradicional e a rede voltada à mudança, a base de conhecimento compartilhada se expande, criando uma consciência aprimorada que alimenta oportunidades adicionais de mudança.

Alguns indivíduos, pela natureza de seus papéis ou pela maneira com que acolhem a inovação, podem ser rotulados de agentes de mudança e acabam assumindo um "papel de mudança", mas idealmente o que você quer é ampliar a gama de pessoas envolvidas numa iniciativa de mudança a cada momento. Pessoas provenientes do "mundo da mudança" que fluem de volta ao seu mundo operacional assumem uma perspectiva diferente. Do mesmo modo, aqueles que tiram um tempo de seu mundo operacional para dedicá-lo à rede de mudança podem contribuir com um *insight*/perspectiva atualizado, e ainda continuam lidando com os desafios operacionais de sempre. Portanto, a chave é promover a rotação de pessoas, dando-lhes suporte adequado e desenvolvendo-as em vez de apenas lançá-las na rede de mudança.

Por exemplo, você pode estar trabalhando com desenvolvimento de sistemas usando metodologia "*agile*" para entregar *sprint design* e construções. Você pode muito bem ter vários *sprints* com pessoas em rotação, entrando e saindo, conforme exigido pelas aptidões delas e pelos requisitos do projeto. Fazer essa rotação de indivíduos entrando e saindo do projeto amplia a base de conhecimento, traz diferentes pontos de vista e permite que uma gama maior de pessoas aprimore suas aptidões. De modo similar, incentivar pessoas da função de serviços ao cliente para que trabalhem em atividades de *insight*/pesquisa de mercado irá ampliar seus pontos de vista e também acrescentará uma perspectiva diferente à equipe de marketing.

Ao longo do tempo, a rede se torna uma função de mudança contínua, que acelera o impulso e a agilidade porque nunca cessa. Isso confere uma espécie de "*fitness*" ou habilidade estratégica; quanto mais a organização exercita seu músculo da mudança, mais apta se torna a lidar com um ambiente muito competitivo. Isso na realidade requer esforço da liderança para acomodar o modelo dual e atenção para treinar pessoas para que adotem a nova metodologia. Portanto, no exemplo de *sprint* acima, você precisaria ajudar as pessoas a desenvolver uma compreensão dos novos padrões de trabalho, documentação de projeto, comunicação e colaboração.

Um modelo que raramente dá certo é a deliberada divisão de um grupo de inovação para que este trabalhe separado da organização principal. Quando não contam com as marés crescentes ou decrescentes de informação, com as interações com os clientes ou a estrutura de apoio da organização principal, os grupos divididos simplesmente não entregam progresso de uma maneira que beneficie a organização.

Exemplo ✓

No final da década de 1960, a Xerox montou uma subdivisão voltada à pesquisa de inovação, a PARC. Ela criou algumas das mais empolgantes inovações tecnológicas da época, como o mouse, a GUI [Interface Gráfica do Usuário] e a Ethernet, mas sua separação da organização matriz resultou na desconexão entre a PARC e a Xerox. Como a gestão da matriz falhou em apreciar o valor de algumas invenções, e a PARC nem sempre criou inovações capazes de beneficiar diretamente a matriz, esta se beneficiou pouco das invenções da PARC. ■

Este exemplo não significa que você não possa ter grupos divididos dentro da estrutura principal da organização. A existência de tais grupos ou de equipes de descobertas rápidas pode ajudar a acelerar o progresso, mas só quando eles são parte integrante da camada de inovação e podem, portanto, beneficiar-se de interações regulares e de *feedback* entre as fronteiras de cada divisão. A essência da mudança é que você se afasta de uma abordagem rígida da "função de mudança" e se aproxima de um estilo mais fluente e ágil de "liderança de mudança", no qual as pessoas agem como catalisadoras para levar a mudança adiante. Isso pode eliminar barreiras à mudança, uma vez que as pessoas mais acostumadas a trabalhar dentro de uma hierarquia tradicional procuram naturalmente avançar na carreira, o que inclui passar um tempo na rede de mudança antes de seguir adiante. Agora estamos à procura de uma rede mais ampla de pessoas voltadas à mudança, que entrem e saiam de projetos conforme é ditado pelas necessidades.

Isso nos leva claramente a construir uma estrutura de apoio e mapear um roteiro de alto nível, que nos conduza de onde estamos agora a um futuro liderado pela inovação. Mas antes disso, vamos fazer uma breve pausa para examinar o engajamento dos funcionários.

Engajamento dos funcionários

Até aqui, a maior parte do trabalho ficou a cargo da equipe de liderança. Criar a visão, conceber a forma futura da organização e até mesmo moldar a jornada são em grande parte exercícios teóricos. Mas vamos agora avançar para o território da implementação, e isso significa enviar em cascata novas crenças e comportamentos por meio de *i-agents* [os agentes de inovação] e introduzi-los nas camadas de funcionários. No Capítulo 5, examinaremos como comunicar a mudança, mas antes disso é importante compreender não só o efeito que isso pode ter nas equipes, mas a maneira pela qual o fato de reservar um tempo para engajar os funcionários na nova estrutura e nos novos valores irá afetar dramaticamente nossas probabilidades de sucesso.

Mas o que é esse engajamento dos funcionários? Ele ocorre quando as pessoas se alinham à estratégia de negócios. Isso significa que seus funcionários tanto compreendem seu papel como acolhem os objetivos e valores da organização e trabalham constantemente com eles em mente. Com isso, a atitude em relação ao trabalho, os relacionamentos com colegas e terceiros e a maneira de abordar as tarefas são levados adiante, todos eles, para o benefício da organização.

O engajamento dos funcionários se dá quando você para de tratá-los apenas como um ativo a mais. Numa empresa que acolhe a individualidade, tira o máximo proveito dos talentos e provê um sentido de autonomia e de valor, os funcionários dispõem-se a alinhar seus objetivos aos da organização e a trabalhar em benefício dela.

O engajamento dos funcionários não é só uma maneira agradável de deixar as pessoas mais felizes no local de trabalho. Ele aumenta a produtividade, reduz desperdícios e melhora as margens e os relacionamentos com clientes e fornecedores. Ao mesmo tempo que um dos benefícios colaterais de um programa de engajamento dos funcionários é deixá-los motivados e dispostos a se dedicarem por inteiro em seu trabalho, ele também faz o engajamento impactar todos os aspectos da sua empresa. Com funcionários engajados e empoderados, constantemente voltados a levar adiante os objetivos da organização, você pode muito bem obter:

>> **Melhora no relacionamento com fornecedores.** Significa que você conta com melhores chances de receber tratamento prioritário, notícias antecipadas de novos produtos, melhores descontos. Com um relacionamento forte, construído por funcionários engajados, os fornecedores também ficam mais inclinados a colaborar com você na agenda de inovação.

>> **Melhores relacionamentos com clientes/usuários.** Significa que os clientes permanecem fiéis, aumentam suas compras, recomendam você a outros e ficam mais dispostos a ajudar a criar e inovar junto a você.

>> **Melhora na reputação.** Significa que fica mais fácil atrair novos clientes e funcionários de boa qualidade e ser visto como uma organização líder dentro do seu setor. Uma boa reputação também abre acesso a linhas de crédito e investimento que podem ajudar a bancar projetos mais radicais de inovação.

Moldar o futuro

153

>> **Melhora na fluência dos processos.** Significa que isso leva a prazos de entrega mais rápidos, menor desperdício, melhores margens e, em última instância, *melhoria* na adaptabilidade e na agilidade.

Além disso, funcionários engajados:

>> **Ficam mais felizes e menos estressados,** o que propicia menores níveis de ausência no trabalho e um trabalho mais focado.

>> **Procuram ativamente beneficiar a empresa,** o que traz maior produtividade e um constante desejo de melhorar processos e gerar novas ideias.

>> **Querem permanecer na empresa,** o que implica taxas mais baixas de rotatividade do pessoal, redução de custos de treinamento de novos funcionários e contribui para uma força de trabalho com melhores aptidões.

>> **Atuam como embaixadores da organização,** melhorando as relações com o exterior, e com isso fortalece-se a imagem da marca e reduz-se o número de reclamações.

Sem engajamento, há pouca possibilidade de um negócio ter sucesso em integrar uma matriz de inovação. Se seus funcionários não forem proativos, não buscarão soluções. Se não sentem orgulho pessoal de pertencer à organização, não se esforçarão para criar relacionamentos fortes com clientes e fornecedores. Se não veem as metas organizacionais como intercambiáveis com suas metas pessoais, não terão estímulo para criar sinergias.

Em termos bem simples: a cultura de inovação requer uma mentalidade de "querer alcançar algo" e não de "ter que fazer algo". Ações e interações que levam a inovações vêm tanto da cabeça quanto do coração. Os funcionários devem estar engajados no que estão fazendo e na maneira de fazê-lo. Mas, então, como criar esse grau de engajamento? Bem, para começar, você não irá criá-lo fazendo preleções a respeito disso, nem criará engajamento simplesmente pondo uma mesa de sinuca no escritório e oferecendo comida grátis na cantina. Quando você engaja, constrói um relacionamento no qual o funcionário entra no negócio de bom grado, o que requer usar múltiplos canais e promover um reforço regular. Isso quer dizer que o engajamento é uma relação pessoal, tanto com o negócio quanto com o mix de funcionários, que tem alguns pontos comuns, entre os quais:

» **Ouvir.** Se você quer que os funcionários se sintam valorizados, eles precisam saber que estão sendo ouvidos. Existem muitos tipos de escuta, desde a pessoal às discussões em grupo, e desde as redes internas da empresa a pesquisas feitas com o pessoal e em mídias sociais internas, como o Facebook ou o Yammer. Mas, sejam quais forem os métodos utilizados, o importante é mostrar que as vozes deles estão sendo ouvidas. Você pode não gostar do que ouve, às vezes é uma sugestão totalmente inviável, mas ao reservar alguns momentos para dar um retorno você estará mostrando que valoriza as contribuições criativas.

» **Dispor de tempo.** Não importa o quanto você esteja ocupado, reservar tempo para interagir mais uma vez mostra que você valoriza as opiniões e portanto valoriza o funcionário e está criando tempo para a inovação.

» **Dizer obrigado.** "Não custa nada agradecer": isso talvez seja um clichê, mas dizer "obrigado" ou reconhecer as sugestões é uma maneira simples de valorizar as contribuições feitas pelos funcionários. E não restrinja seus agradecimentos àqueles que participaram de projetos bem-sucedidos; ideias, soluções, colaboração ou mesmo apenas a disposição de compartilhar conhecimento são todos elementos valiosos para uma mentalidade de inovação.

» **Compartilhar.** Quais são seus planos? Qual o novo projeto empolgante no qual o negócio embarcou? O que está acontecendo no setor que pode impactar o negócio? Se você quer que os funcionários tenham uma visão abrangente do negócio e se sintam envolvidos no seu sucesso, então você precisa compartilhar mais. Isso é particularmente importante numa cultura movida por inovação. Compartilhar notícias e atualizações sobre inovações é uma maneira importante de atrair as pessoas para o programa de inovação. Pode ser impossível prever isso agora, mas talvez seja aquela notícia que você compartilhou que irá disparar um pensamento em alguém não relacionado com o projeto e que levará a outras iterações, melhorias e inovações.

» Envolver. Engajamento não é apenas algo que a alta direção impõe ao negócio; em vez disso, ele requer a adesão de todos. Então, por que não estimular os funcionários a assumirem alguma responsabilidade por seu próprio engajamento? Ajude-os a definir os próprios objetivos, alcançar seus marcos e criar o próprio sucesso. Assumir responsabilidade por seu engajamento irá ajudá-los a desenvolver traços inovadores, como agir por iniciativa própria, resolver problemas e colaborar.

Criar alinhamento

Manter o engajamento dos funcionários firme no topo da agenda ajudará a criar um protocolo de alinhamento bem-sucedido. Em tese, o alinhamento é uma simples questão de levar sua visão e seus valores recém-estabelecidos a comportamentos, atitudes e estilos de trabalho capazes de ser facilmente entendidos por todos os funcionários. No entanto, é fácil se desviar disso ao passar da teoria à implementação.

Portanto, é vital que as organizações comprovem se a razão pela qual estão querendo construir capacidades de inovação está sendo mantida com clareza no topo de seu processo de planejamento. Isso exige checar regularmente a lacuna de inovação e a visão, além de ter um foco contínuo em manter um modelo de implementação equilibrado.

Mas cuidado: se o modelo estiver distorcido você não obterá necessariamente os resultados que procura. Se você seguir demais numa direção, pode acabar com uma inovação incremental, mas sem que as inovações mais radicais e diferenciadas vejam a luz do dia. E se for demais na direção oposta, talvez alguns empregados se deem ao trabalho de criar novos conceitos, mas a estrutura de apoio não estará lá para assegurar que o que estiver sendo criado atenda às necessidades operacionais. O meio de campo é onde fica a "cola"; é onde é possível criar inovação diferenciada, que aproveite o melhor de cada um dos lados, eliminando a polarização e criando melhoras efetivas.

É nesse estágio que o roteiro de alto nível começa de fato a se formar. A equipe de alta gestão já fez seu trabalho: definiu a direção para o futuro e compreende o que é que impulsiona a inovação nesse nível estratégico. Agora que está definido, o roteiro pode começar a ser introduzido de maneira mais abrangente e colaborativa na organização, com mais pessoas sendo capazes de contribuir e ter um papel em desenvolver o impulso que irá levar a organização em direção à meta identificada.

Agentes de inovação (*i-agents*), RH, engajamento de funcionários e equipes de mudança podem agora ser trazidos para a mesa para começar a construir um plano coerente e pragmático e mover a empresa de onde ela está hoje em direção à organização orientada para o futuro que ela deseja ser, alimentada por inovação e já madura neste aspecto. O nível de maturidade em inovação desempenha grande papel aqui quando combinado com a posição de crescimento que a organização quer alcançar, já que isso, em essência, define o que precisa ser feito para entregar a estratégia e as metas que a organização estipulou. Isso significa que pessoas, departamentos e equipes apropriados podem ter suas tarefas relevantes atribuídas ao longo do processo.

Ao montar a equipe de inovação, reserve um tempo para examinar as aptidões e a atitude, mais do que os cargos. As escolhas óbvias podem não ser as pessoas certas para liderar a mudança. Aqueles que têm títulos na porta da sua sala às vezes simplesmente se mostram resistentes demais a defender a mudança. Mais adiante no processo, você precisará considerar a utilização de *i-agents* que sejam capazes de falar positivamente e ter influência na mudança. Esses indivíduos podem estar em todos os níveis da organização, e será benéfico para a equipe de implementação ter alguns deles a bordo a partir desse estágio.

O sucesso requer que os líderes da mudança assimilem e estejam alinhados à meta final. Sim, você precisa ter alguém com experiência em RH na equipe para moldar a futura política de RH, mas não precisa ser necessariamente um dos líderes da equipe de RH. Especialmente quando quiser operar o sistema dual dentro de cada departamento, você geralmente acabará escolhendo alguém que de início mantém o *status quo*, enquanto os outros adotam uma posição mais inovadora. São esses outros que você deve incentivar a se juntar à equipe de implementação.

Como ocorre com qualquer outra equipe, não deixe de levar em conta a importância de equilibrar aptidões e perspectivas para otimizar resultados. Você precisa de planejadores e executores, comunicadores e influenciadores.

É também nesse estágio que a organização precisa começar a construir sua "estrutura de inteligência". É o que provê um fluxo contínuo de informação que ajuda a organização a garantir que seu atual desenvolvimento está oferecendo soluções que de fato são capazes de mudar o jogo. No Capítulo 1, examinamos como as "Organizações da Próxima Geração", aquelas que criarão o futuro, dependem de inteligência, colaboração e adaptabilidade para criar sucesso. Vale a pena reiterar aqui a importância de montar e de manter uma estrutura de inteligência capaz de ajudar a garantir o sucesso. Lembre-se de que, nesse contexto, inteligência não é apenas saber que seu cliente tende a comprar uvas na sexta-feira e maçãs semana sim, semana não.

A verdadeira inteligência investiga além dos números brutos, na tentativa de entender por que a escolha do cliente é essa, quais são o estilo de vida e as escolhas que definem as decisões de compras e aquilo que o cliente idealmente gostaria de ver no futuro. A verdadeira inteligência não trata simplesmente de identificar que um cliente costumava comprar determinado produto e parou de fazer isso, levando você então a oferecer um incentivo para que volte a fazê-lo. A verdadeira inteligência procura compreender antes de mais nada por que o cliente parou de comprar, e leva você a projetar um produto que atenda à mudança de requisitos. Em outras palavras, a verdadeira inteligência permite que você traduza necessidades não aparentes em inovações.

Benefícios da mudança

Você já fez todo o trabalho pesado e identificou o roteiro de alto nível que irá levá-lo adiante para o sucesso. No próximo capítulo, examinaremos como identificar os *i-agents* que trabalharão dentro do negócio para promover mudanças, e também como comunicar a mudança ao negócio como um todo. Você está agora à beira do sucesso, e às vezes esse momento é assustador. Portanto, antes que você se intimide, é hora de fazer um lembrete sobre os benefícios de chegar aos moldes adequados do futuro para a sua cultura.

Em primeiríssimo lugar, temos que considerar a razão pela qual você procurou adotar um modelo de inovação. Podem ter sido os percalços enfrentados por sua organização, ou talvez você tenha sido superado pela concorrência. Quem sabe a tecnologia mudou o cenário de seu setor de negócios ou foram os apetites dos clientes que mudaram. Seja qual for a razão, você identificou no modelo de inovação a maneira de avançar e acertou em fazer isso.

Em segundo lugar, há o benefício colateral que vem de engajar os funcionários num novo sistema. Com maior engajamento, surgem numerosos benefícios, como longevidade dos funcionários, redução do desperdício, maior foco nas experiências do cliente e atitude de "ser capaz de fazer".

Isso então se traduz numa mudança no modelo de liderança. Liderar pessoas é mais fácil se você lhes dá uma direção segura e algo para acreditar. Por meio de inovação e engajamento, a equipe de liderança pode afastar-se de um modelo de gestão no qual ela passa a maior parte do tempo ditando a estrutura e o processo e adotar um estilo de liderança mais aberto. Empoderar, incentivar a coragem e delegar ganham destaque, e quando todo mundo vai na mesma direção é mais fácil operar mudanças de curso, conforme a estratégia e o mercado mudam. O resultado é uma organização mais ágil e proativa. Com efeito, com funcionários engajados buscando soluções, a cultura e a abordagem tornam-se quase autorreguláveis.

Depois, há os benefícios "menores" que vêm de ser um líder de mercado proativo. Bons resultados financeiros aliados a uma forte reputação atraem não só clientes como potenciais investidores. Também aumenta a probabilidade de que os fornecedores ofereçam termos preferenciais à medida que são trazidos para o mix de inovação colaborativo.

Resumo

Passar da estratégia para a visão, os valores e as aptidões de inovação pode parecer um pouco intimidante, mas se cada passo for dado na ordem certa o desenho rapidamente se encaixará. A equipe de Recursos

Humanos terá valor inestimável nessa hora, já que eles já têm *expertise* em projetar valor e competência.

O ponto-chave a ser lembrado, particularmente no caso das organizações maiores, é que você não precisa introduzir a inovação na organização inteira de uma vez. Fazer essa introdução por etapas significa que cada passo age como um ponto de aprendizagem para o seguinte; e, na medida em que os sucessivos departamentos ou divisões veem as vitórias daqueles que já fizeram a mudança, o impulso rapidamente ganha força.

Insights

> Uma boa visão de empresa tem que falar ao coração, inspirar e prover uma meta que desafie as pessoas a pensar grande; você precisa "inovar com propósito".

> Quando você está definindo suas aptidões de inovação, uma área que não deve nunca ser subestimada é a importância do relacionamento com o cliente, pois esta é parte vital de se tornar uma organização mais "inteligente".

> Manter o engajamento dos funcionários entre as prioridades da agenda contribui para uma mudança mais bem-sucedida e alinhada na implementação de uma capacidade de inovação.

Referências

BRADT, G.; DAVIS, G. *First-Time Leader*: Foundational tools for inspiring and enabling your new team. Londres: Wiley, 2014.

KOTTER, J. *Leading Change*. Boston: Harvard Business School Press, 1996.

KOTTER, J. *Accelerate*. Boston: Harvard Business Review Press, 2014.

WELCH, J. *Speed, Simplicity, Self-Confidence*: An Interview with Jack Welch. Entrevista de Noel Tichy e Ram Charan. Harvard Business Review, 1989 [on-line]. Disponível em: https://hbr.org/1989/09/speed-simplicity-self-confidence-an-interview-with-jack-welch. Acesso em: 4 mar. 2015.

Uma boa visão de empresa tem que **falar ao coração**, **inspirar** e prover uma meta que **desafie as pessoas a pensar grande**; você precisa **"inovar com propósito"**.

Comunicação e engajamento
das pessoas

Parabéns! Você fez todo o trabalho pesado e agora é só falta uma corrida até a linha de chegada. Será? Vamos fazer uma pequena pausa e examinar como foi a jornada até aqui. Depois de começarmos com uma sensação de que algo precisava mudar, mas sem termos muita certeza do porquê, chegamos a um ponto em que precisamos definir a estrutura para a forma futura da organização. Ao longo do caminho, dedicamos tempo a avaliar e definir a lacuna de cultura, trabalhamos para chegar a um acordo quanto ao mix de inovação mais adequado à organização e aos seus planos futuros e alinhamos os valores da equipe de alta gestão à nova estratégia.

Nesse caso, o que falta? Por que não podemos simplesmente estalar os dedos e deixar o plano se encaixar no lugar? Há uma razão simples: é que até aqui a estratégia, a visão e os valores estão todos firmemente assentados no alto da organização. Isso é muito bom para equipe de alta gestão, já que seus membros tiveram tempo para pensar sobre a mudança, assimilar as ideias e trabalhar no que cada um pessoalmente precisa fazer para introduzir a mudança nas próprias atitudes e metodologias de trabalho. Mas e o restante da organização? Pode soar óbvio, mas para que a organização mude, todos que estão conectados a ela precisam mudar também. E isso significa que a equipe de liderança precisa agora trazer a organização toda para a jornada que seus membros acabaram de concluir.

É claro que de algumas maneiras a jornada será agora mais simples, pois acontecerá pela segunda vez. Como já completaram o trajeto, os líderes sabem onde estão as armadilhas e podem guiar as pessoas por esses pontos de entrave, que talvez confundam aqueles que estão fazendo a jornada pela primeira vez. As barreiras já estão previstas e as soluções já foram buscadas;

a equipe de liderança tem consenso e o admirável mundo novo já foi mapeado, portanto todos têm clareza quanto à direção e à ambição futuras.

No entanto, com a organização movendo-se em direção a um futuro no qual a colaboração e o empoderamento definem o jogo, a mudança não é algo que possa ser imposto: a jornada não pode ser mapeada nos mínimos detalhes sem a contribuição colaborativa. A equipe de liderança projetou corretamente a cultura de alto nível, a visão e os valores. Agora é hora de apresentá-los aos funcionários e incentivar as equipes a definir e desenvolver o manifesto cultural que apresentamos no Capítulo 4.

De certo modo, essa é apenas a etapa seguinte da jornada. A equipe de liderança já engajou os funcionários em prover *feedback* a respeito da atual condição da organização. Agora é hora de os funcionários apresentarem seus pensamentos, pontos de vista e opiniões sobre como a visão pode ganhar vida e como isso se traduzirá em ações e comportamentos. Quanto mais pessoas você engajar nesse estágio, mais envolvidas elas ficarão em levar adiante a forma futura da organização. Afinal, mudança de cultura não é sobre os vistosos novos valores afixados na parede do lobby, é sobre o que você faz com eles para tornar a visão uma coisa viva – e quando se trata de cultura de inovação, a colaboração e o empoderamento têm que começar o mais cedo possível.

Em essência, ao traduzir visão em realidade, o CEO e a equipe de liderança precisam ser líderes, reunir os soldados, envolver corações e mobilizar recursos. Uma estratégia bem-sucedida é uma estratégia estabelecida com todos os recursos, tanto de pessoas como de tecnologia, alinhados com esse propósito. E aqui não estamos falando apenas daqueles que trabalham diretamente dentro da organização; uma verdadeira cultura de inovação funciona melhor dentro de uma estrutura organizacional estendida, juntando trabalhadores diretos, fornecedores, clientes e outros. E a chave para ter sucesso em implementar o plano na organização inteira é a comunicação e o engajamento.

Neste capítulo, portanto, vamos lidar com a matriz de comunicação: examinar alguns dos elementos-chave de um bom plano de comunicação, assim como as diferentes técnicas de engajamento. Examinaremos alguns dos canais que podem ser usados para entregar um mix de comunicação e engajamento que seja o mais adequado à sua organização. Também trataremos dos *i-agents*, isto é, os indivíduos que podem ajudar a apoiar e a disseminar a mensagem de inovação por toda a organização. E, por fim, falaremos do evento de lançamento, um momento crucial que pode promover a aceitação ou dificultá-la.

Desenvolver engajamento

Não importa se você tem uma padaria ou um banco, uma cadeia de supermercados ou uma fábrica de sapatos: a ordem e estrutura rígida que eram antes vistas nos negócios mudou e continua mudando ao redor do mundo. Igualdade e diversidade estão conduzindo uma nova maneira de trabalhar, que valoriza a contribuição mais que a estrutura hierárquica. Por exemplo, no Capítulo 1 vimos a maneira pela qual sucessivas gerações, e em particular a Geração Z, estão propondo uma nova maneira de trabalhar: uma maneira perfeitamente adequada ao modelo de inovação, mas que se afasta da autocracia e se move para o consenso. Isso coloca nos líderes o ônus de mudar a maneira pela qual interagem com as pessoas, tanto dentro da organização como ao longo de um cenário mais amplo.

Dos líderes modernos espera-se não só que sejam visionários, mas que sejam capazes de comunicar essa visão de uma maneira que envolva corações e mentes e inspire ações. O resultado é que os líderes precisam ser capazes de comunicar efetivamente por meio de múltiplos canais, tanto pessoalmente quanto por meio das ferramentas digitais; quando falham nisso, o resultado é a discordância. Isso coloca a comunicação e o engajamento no centro do próximo passo para incorporar a cultura de inovação dentro da organização, e é por isso que estamos dedicando todo um capítulo às comunicações e ao plano de engajamento. O engajamento pode ser apenas uma corrente de trabalho dentro de um plano geral de design e implementação, mas precisa agir como um conduto para grande parte do resto do plano, levando a mensagem a toda a organização estendida e entregando elementos-chave.

No Capítulo 4, já demos uma breve olhada no engajamento dos funcionários, mas cabe repetir: a não ser que se dê atenção a alinhar os valores dos funcionários e da empresa, qualquer aceitação irá fracassar. Nossa recomendação geral é trabalhar no desenvolvimento dos funcionários usando nossa *Metodologia dos 4Es*.

Primeiro, você precisa **Educar** seu pessoal em relação a quais são as mudanças que você está pedindo que eles façam, e mostrar por que essas mudanças são importantes para eles, para o negócio e para o mercado como um todo. No entanto, é um erro concentrar-se apenas no ângulo do negócio. Ao argumentar sobre a mudança, deve-se considerar que as pessoas e os "porquês" emocionais são tão importantes ou mais do que qualquer argumento puramente de negócios. Não se esqueça de que no passado você apoiou, até incentivou, um conjunto de comportamentos, e agora está pedindo que as pessoas mudem sua mentalidade, seu perfil e suas atitudes. A educação funciona melhor quando é promovida em conjunto com uma mudança perceptível na liderança.

Você também precisa **Engajar** seu pessoal na mudança que está sendo exigida, agenciando suas observações, preocupações e experiências (a mudança cultural deixou de ser algo feito *para* as pessoas, é muito mais algo feito *aliado a* elas, em colaboração com elas, com a sua contribuição). Além disso, você precisa dessa contribuição, pois essas são as pessoas na linha de frente e que provavelmente estão mais próximas do cliente/usuário e de processos, políticas e práticas de trabalho cotidianos, portanto têm muito a contribuir.

FIGURA 5.1 A Metodologia 4Es

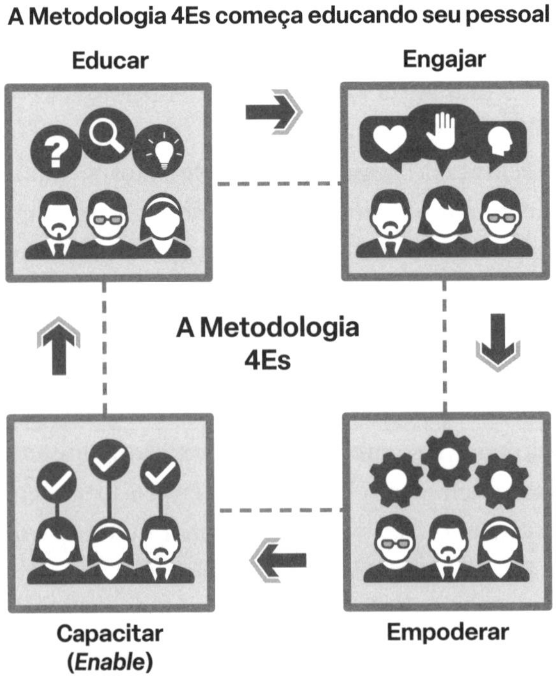

A Metodologia 4Es começa educando seu pessoal

Educar

Engajar

A Metodologia 4Es

Capacitar (*Enable*)

Empoderar

A seguir, você precisa **Empoderar** seu pessoal para a ação – precisa delegar de maneira apropriada a responsabilização e permitir que seu pessoal use o próprio julgamento para tomar decisões sensatas, alinhadas à cultura desejada. Se você educou, engajou e colocou os controles e a governança certa no lugar, isso será viável.

Por fim, você precisa **Capacitar** [*Enable,* em inglês] as pessoas para que elas possam agir. Isso é particularmente importante quando se trata de uma cultura movida pela inovação. Quanto mais você conseguir fazer que esses programas deem apoio e se afastem do esquema "marque o quadradinho e passe adiante" do RH e do departamento de *compliance*, melhor será sua recepção e mais inclinados à mudança os funcionários estarão. Portanto, deve constar na agenda incrementar aptidões facilitadoras, como a comunicação e as relações interpessoais, a gestão do tempo e a autogestão, saber tomar decisões e assumir responsabilidades.

Falar sobre o engajamento dos funcionários daria um novo livro, mas há um aspecto que vale a pena enfatizar aqui: o engajamento do funcionário não tem que ser um programa de cima para baixo. Há alternativas, e uma das que vêm ganhando popularidade é a que dispõe que os próprios funcionários podem cuidar e assumir responsabilidade pelos caminhos que levam ao seu engajamento.

Programas de engajamento liderados pelos funcionários

Quando se trata do engajamento na inovação, a maneira de você agir costuma ser tão importante quanto o que você faz. Essa é uma das razões pelas quais a melhor prática é se afastar dos programas de engajamento conduzidos pelo empregador e adotar uma solução de engajamento conduzida pelos funcionários. Isso transforma o engajamento dos funcionários numa jornada motivacional autogerida, e o próprio fato de adotá-la sinaliza fortemente para os funcionários que o negócio não só se preocupa com seu desenvolvimento e bem-estar como também está sendo sincero em relação a construir uma a cultura de inovação.

Assumir a iniciativa e fazer pregações aos funcionários nunca criará engajamento. Oferecer um programa autogerido que seja conduzido pelos indivíduos conjuntamente com seus colegas de trabalho pode ajudar a transformar a atitude e a ética de trabalho dos evolvidos, das equipes e dos líderes. Em geral, programas de engajamento autogeridos incluem elementos como levantamentos, recursos de desenvolvimento e programas de ação, junto à capacidade de definir metas e rever os progressos, seja individualmente, seja em conjunção com um líder de equipe.

Um dos benefícios dos programas autogeridos é que eles tendem a ser totalmente on-line, têm bom custo-benefício e podem ser entregues em pequenas porções. Com as finanças ainda apertadas após a recessão, talvez não surpreenda que uma maioria significativa dos negócios alegue que as restrições orçamentárias são um dos principais entraves a melhorar o engajamento. Programas conduzidos pelos funcionários são uma solução de baixo custo. E como tais programas têm forte elemento de autodeterminação, isso significa que os próprios funcionários e seus líderes de equipe imediatos podem levar adiante o processo de engajamento.

Outro benefício dos programas de engajamento conduzidos por funcionários é que eles, por sua própria natureza, costumam prestar-se a um ciclo contínuo de revisão e aprimoramento. O método tradicional para medir o engajamento é fazer uma pesquisa, geralmente uma vez por ano, aguardar os resultados, discutir os achados em grupos focais e então passar à ação. Mas, a essa altura, qualquer benefício obtido pela realização da pesquisa já terá se dissipado. Adotar um sistema no qual o engajamento do funcionário é uma métrica corrente, em tempo real, não só o vincula mais de perto a outras informações de gestão e inovação como mantém a ideia de engajamento como prioridade na linha de frente da organização. De modo similar, fazer com que o processo de planejar ações deixe de ser puramente central e vire uma mistura de planejamento de ação central e localizada tem promovido significativo aumento dos níveis de satisfação.

Como regra, esses programas autogeridos são sistemas apoiados por funcionários que trabalham tanto individualmente como por equipes, para introduzir, acompanhar e monitorar metas pessoais ou coletivas. Os dados ficam disponíveis em tempo real para os gestores e outros, que podem monitorar o progresso e dar *feedback*. Ao acompanhar dados, a liderança pode avaliar rapidamente os resultados de quaisquer iniciativas ou instituir treinamento apropriado nos locais em que se identificar uma necessidade. Outro benefício do engajamento conduzido por funcionários é que ele ajuda a fomentar os ideais de empoderamento e iniciativa, que são um aspecto das culturas focadas em inovação. Quanto mais os funcionários são incentivados a pensar por si mesmos, a trabalhar por iniciativa própria, a identificar problemas e a criar soluções, mais capazes serão de "viver" a inovação. Essa é uma mensagem importante de ser lembrada ao criar o plano de engajamento, e é este o tópico que vamos abordar agora.

O plano de engajamento

Como ocorre com o engajamento conduzido pelos funcionários, a criação de um plano de engajamento como uma cascata de informação partindo do alto, confinada a alguns poucos, não funciona numa cultura de inovação que queira de fato engajar pessoas de maneira geral. Claro que você precisa dar o tom "desde cima", mas a cultura final é aquela que evolui a partir desse ponto e se torna um esforço mais colaborativo, incorporando a visão da linha de frente e a adesão da gestão intermediária. Se isso não foi feito antes, essa é a hora em que os funcionários precisam deixar de ser vistos como meros números ou custos no resultado financeiro: eles são, na verdade, contribuidores valorizados para o sucesso futuro. "Conhecer seu pessoal" nunca foi tão importante quanto na hora em que você procura por eles para que se engajem na mudança. E uma das lições mais importantes que a equipe de liderança precisa assimilar é que o "seu pessoal" não é composto por indivíduos iguais. Para criar sucesso, você precisa entender as motivações internas e formatar a comunicação e o plano de engajamento de acordo com seu público interno. Isso significa adaptar o plano não só aos líderes, aos gestores e ao pessoal da linha de frente, mas também às divisões, departamentos e equipes.

O desafio para a equipe de liderança é não só reconhecer que cada grupo tem necessidades particulares de engajamento, mas evitar enviar mensagens confusas ou ser vista como favorecendo ou discriminando algum grupo em especial. Isso pode exigir um complexo nível de equilibrismo, ainda mais quando uma parte dos indivíduos é capaz de carregar bem mais peso nos estágios iniciais do que outras. Vamos examinar mais de perto alguns desses grupos de "influenciadores":

>> **Os empreendedores.** São as pessoas, em qualquer nível dentro da empresa, que já demonstram muitas das qualidades que a organização está procurando promover para avançar. Empreendedores são os criadores de ideias, aqueles que constroem e assumem riscos, que se dispõem a tentar algo novo ou diferente. São conscientes dos riscos mas também sabem que há recompensas se for alcançado sucesso. Geralmente formam o núcleo dos agentes de inovação, os *i-agents*: são as pessoas em todos os níveis da organização e que conduzirão a mudança. Mais adiante neste capítulo examinaremos os *i-agents* a fundo e também o papel dos empreendedores, no Capítulo 6.

>> **Os altos influenciadores.** Esse grupo é formado por indivíduos que são altamente considerados. Podem estar há muito tempo na organização, liderar grandes departamentos ou serem especialistas técnicos. Na realidade, formam o grupo que está em melhor posição para influenciar a mudança. Alguns farão isso de bom grado e irão se tornar parte da população de *i-agents*; outros procurarão resistir intensamente ou tentar bloquear a mudança. De um jeito ou de outro, são indivíduos que a equipe de liderança não pode se dar ao luxo de ignorar.

>> **Novos gestores.** Este é um subconjunto muito importante de gestores. Por serem inexperientes ou de nível mais baixo, eles estão ansiosos para impressionar e são mais abertos ao apoio externo. No início de sua jornada de gestão, têm menos probabilidade de mostrar ideias preconcebidas e metodologias arraigadas. Portanto, podem captar mais rapidamente novas ideias e se dispor a levá-las adiante em suas equipes. Na realidade, a principal perigo que decorre dessas pessoas é que às vezes são entusiasmadas demais e podem conduzir as coisas muito longe e com muita pressa, pois não contam com experiência para saber quando é o caso de aplicar algum freio.

Para cada indivíduo dentro desses grupos acima descritos, que trabalha para promover e aplicar a mudança, a probabilidade de adoção bem-sucedida e de engajamento entre os funcionários é maior. Mas há outro grupo que irá arcar com boa parte do fardo cotidiano da mudança – os gestores intermediários. Junto aos empreendedores, alguns altos influenciadores selecionados e novos gestores, os gestores intermediários formarão a "coalizão" de *i-agents* que desempenhará um papel crucial em comunicar, engajar e incorporar a mudança. Claro que pode haver pessoas fora desses grupos que estejam realmente empolgadas com a inovação, mas o mais provável é que, se existem, já estão em algum desses grupos. O foco então deve ser descobrir/identificar os *verdadeiros* empreendedores dentro desses grupos, já que são o ativo mais poderoso na busca de inovação e na sua incorporação à cultura.

Antes de examinarmos em profundidade os *i-agents*, vamos dar uma olhada mais de perto nos gestores intermediários. Esses indivíduos são os guardiões da inovação; eles têm a capacidade de bloquear ou desbloquear, de abrir ou fechar o portal para o futuro. Aqueles que estão nas camadas intermediárias da gestão não têm tarefa fácil. Como Barry Oshry afirma em seu livro *In the Middle* (1994), essas pessoas têm um trabalho árduo, espremidas entre a alta administração e a parte de baixo. Além disso, raramente compõem uma equipe unificada e, a não ser que a estrutura organizacional de mentoria seja forte, tais indivíduos podem sentir-se isolados e impotentes. Vamos passar por cima da possibilidade de que talvez estejam mais competindo entre eles do que apoiando-se, porque se for este o caso a equipe de liderança terá muito trabalho a fazer na cultura organizacional antes mesmo que possa pensar em inovar.

Então, com isso em mente, o que a equipe de liderança precisa fazer para apoiar a equipe de gestão intermediária? Primeiro, é preciso ver em que pé esses indivíduos estão em suas vidas pessoais e profissionais. A demografia dessa população indica que eles têm maior probabilidade de ser afetados na sua vida profissional por circunstâncias externas. Demandas com filhos, hipotecas, pais idosos; qualquer que seja a demanda de tempo fora do trabalho, é provável que impacte seus níveis de energia, seu apetite por risco e a probabilidade de acolherem a agenda de inovação. Mesmo sem essas pressões externas, esses indivíduos estão numa curva descendente de aprendizagem de liderança e é mais provável que já arquem com uma carga de trabalho significativa. Aumentar a pressão ao introduzir a mudança só irá exacerbar os níveis de estresse, a não ser que a introdução seja gerida de maneira estruturada.

Portanto, a alta prioridade é engajar os gestores intermediários na mudança o quanto antes no processo. Ter tempo para se acostumar com uma ideia, assimilá-la nos próprios padrões de pensamento e comportamento e, mais importante, influenciar a forma da ideia, fará muita diferença nos níveis de aceitação. Em base contínua, a equipe de liderança, ao lado do RH, precisa trabalhar com os indivíduos para avaliar e apoiar suas necessidades de desenvolvimento. Isso fortalece suas aptidões de liderança e lhes dá melhor apreciação de como podem ajudar a organização a alcançar suas metas.

Já mencionamos que os indivíduos da gestão intermediária raramente formam uma equipe unificada, mas esse estágio do processo dá à equipe de liderança a oportunidade perfeita para começar a unificar esse grupo. Quando a cultura de inovação está difundida na organização, os que estão em posição de liderança em cada nível trabalharão juntos para fomentar a colaboração e produzir resultados efetivos. Começar o processo agora, talvez com algo tão simples quanto um fórum de gestores, trará dividendos mais tarde.

Agentes de inovação (*i-agents*)

Agora que já demos uma rápida olhada em alguns dos grupos que terão papel vital em engajar e comunicar a mensagem, vamos passar para aqueles que terão o papel crucial na mudança, os *i-agents*. Sem dúvida, trazer outras pessoas para o mix exigirá trabalho adicional, mas jamais pense em "fazer sozinho", particularmente quando se vai em direção a uma cultura mais empoderada e colaborativa.

Claro que num primeiro momento você é responsável pela comunicação e pelo engajamento na organização, mas lembre-se também que se você ficar com toda a diversão ninguém mais irá aderir à mudança. Todo líder precisa de um mensageiro e, particularmente quando a natureza da mudança pretendida envolve colaboração e uma estrutura mais fluente, centralizar em você as linhas de comunicação só irá passar a mensagem errada. A maioria desses indivíduos virá dos grupos descritos acima. Nós os chamamos de defensores e mensageiros, empreendedores ou agentes de inovação (*i-agents*), mas você deve escolher os termos que forem mais apropriados à sua organização, talvez até promovendo um concurso para escolher um nome como parte da introdução desse ideal de inovação.

Há uma linha tênue para decidir quando uma ação deve vir de cima ou quando deve situar-se mais abaixo, mas se você decidir com bom senso produzirá maior impacto a longo prazo. Uma boa analogia é com o setor de restaurantes, especialmente os avaliados por estrelas Michelin. Quem lidera é o chef. Ele cria o cardápio, define o tom e o tema do restaurante e cria os pratos característicos. Mas se ele for o único que cozinha, então acabará servindo uma clientela muito seleta e o negócio não escalará. Então ele seleciona e treina sua equipe nos valores e técnicas exigidos para levar sua genialidade a um público maior. Não importa o que aconteça, o chef lidera, supervisiona, refina e garante que o restaurante mantenha o padrão, mas a real tradução no dia a dia dos seus ideais, na comida e no serviço excepcionais, fica a cargo de outros.

O mesmo ocorre com a mudança de cultura. A equipe de liderança criou a cultura e os valores de alto nível com um trabalho detalhado que envolveu pessoas de toda a organização, mas agora essa visão precisa ser transmitida em cascata pela organização inteira. E as pessoas que farão isso melhor, que ajudarão a garantir que o ideal de mudança não apenas toque a organização mas seja incorporado, são os *i-agents*. Em termos bem simples, as pessoas ficam mais inclinadas a mudar seu comportamento quando a mensagem vem não só de cima mas dos gestores diretos, dos seus pares, colegas e acima de tudo de alguém que elas respeitam. Mas isso não significa que a equipe de liderança possa se acomodar e não fazer mais nada. Tomando emprestado de Gandhi, para comunicar a mudança, os líderes precisam *ser* a mudança e isso significa assimilar a mudança em seu comportamento, perfil e ações, assim como mostrar aos outros de que modo podem mudar.

Mas quem são esses *i-agents*? Eles podem vir de qualquer área do negócio e até de fora, à medida que a colaboração com terceiros se torne a norma. Mais importante, os *i-agents* não são apenas líderes de equipe e de departamento. A equipe de mudança talvez inclua alguns, mas podemos igualmente pensar em definir como líderes de equipe algumas pessoas que seriam as últimas que escolheríamos para incorporar o ideal da mudança! E não se esqueça, se adotarmos o modelo de sistema operacional dual visto no Capítulo 4, algumas equipes e departamentos continuarão em grande parte intocados, pelo menos no início, enquanto a inovação vai envolvendo-os.

Portanto, *i-agents* não são simplesmente líderes de equipe, mas de certo modo são um grupo praticamente autosselecionado. Pare um momento e pense nas pessoas de sua organização. Algumas se destacam porque, por meio de sua personalidade e energia, afetam naturalmente os que estão ao seu redor. Quer seja na atitude no trabalho, na maneira em que abordam um problema ou interagem com clientes e outros, esses indivíduos podem afetar a abordagem e os comportamentos das pessoas à sua volta. Talvez não tenham formalmente papéis de liderança ou então estão num nível baixo da hierarquia, mas sejam quem for, esses "líderes sem título" ajudarão a assegurar que a mudança desejada seja incorporada à organização e que o engajamento dos funcionários se fortaleça no processo.

Além da ressalva de que equipe de alta gestão não pode e não deve fazer tudo, há duas razões fortes para nomear *i-agents* em cada nível da organização. A primeira é a necessidade de focar a estratégia de inovação de modo diferente em cada setor. Já vimos essa ideia no Capítulo 2, quando ilustramos que a estratégia de inovação de alto nível pode se tornar complexa e confusa demais à medida que você desce pela organização. O resultado é que, a não ser que a implementação da inovação seja focada numa clara explicação da visão e da estratégia, e estruturada para atender às necessidades de cada grupo, os funcionários sentirão dificuldades para compreender bem a maneira pela qual podem contribuir para a mudança e quais são os comportamentos exigidos deles a fim de promover a inovação.

Pela simples nomeação de *i-agents* em cada nível, os líderes podem ajudar a garantir que a mensagem seja focada em cada nível e que recebam *feedback* de todos.

FIGURA 5.2 Usar *i-agents* para traduzir estratégia em comportamento

A segunda razão para nomear um mix amplo de pessoas para assumir o papel de *i-agents* é assegurar que a mensagem seja pessoal para todos. Dentro de uma organização diversificada, multipaíses, multigeracional, multicultural, uma mensagem pode falar a uma pessoa mas não encontrar ressonância em outra. Na realidade, o mesmo vale até quando o aspecto da diversidade não está presente, já que aquilo que têm apelo em certos departamentos podem não ter em outros. Há uma razão pela qual algumas pessoas se tornam contadores e outras vão para o setor de vendas, e é mais ou menos o que ocorre com certas ocupações, que exercem apelo maior a certos tipos de personalidade, como ocorre com qualquer outro fator. Portanto, a visão e os valores podem ser os mesmos em toda a organização, mas sua aplicação e implementação irá variar entre as diferentes divisões e departamentos. Isso é ainda mais importante quando a inclusão da inovação se afasta do negócio essencial e abrange o mundo do fornecedor/cliente.

Não se trata, porém, de escolher friamente nossos *i-agents*, fazendo com que cada um venha de um grupo ou tipo de personalidade diferente. Mas, ao captarmos esses influenciadores e líderes naturais de toda a gama da organização, ajudamos a garantir que os diversos grupos tenham maior probabilidade de encontrar alguém que lhes fale mais ao coração. Há outra razão pela qual os *i-agents* devem ser escolhidos de todos os setores. Individualmente, eles podem dar uma forte contribuição para a mudança; e coletivamente podem tornar-se uma força muito poderosa. Compartilhando sucesso, apoiando as experiências ou ideias de um setor para que ajudem a catalisar a mudança em outro, trabalhando junto para superar barreiras à mudança: a força dos *i-agents* pode realmente mudar o jogo.

Talvez valha a pena também mencionar aqui o valor das histórias para o engajamento emocional e a adoção de ideias. Contar histórias, seja qual for o contexto, pode ser um meio poderoso – quando as histórias têm a ver com a organização atuam como um forte catalisador da mudança.

Dissemos que havia duas razões principais para nomear um mix de *i-agents*, mas há mais uma, que pode se aplicar a algumas organizações, particularmente aquelas que estão sofrendo de "fadiga de mudança". Em alguns setores, formou-se há décadas uma espécie de panaceia universal, que leva a mudar por mudar. Em vez de olhar para dentro para prover níveis excepcionais de serviço ao cliente e criar estabilidade, seus líderes olham apenas para fora e acolhem regularmente novas metodologias de trabalho e abordagens. Escritórios de plano fechado, de plano aberto, *hot desking* ["mesas compartilhadas"], centralizar e depois devolver o controle aos funcionários – quase podemos ver o barômetro subindo e descendo ao longo da escala na medida em que ideias são adotadas, compartilhadas e depois descartadas.

Para funcionários que trabalham nesses setores, o impulso incansável para a mudar só por mudar cria uma espécie de "fadiga da mudança", isto é, a sensação de que não importa o que a liderança adote, logo virá outra coisa para tomar seu lugar e suplantá-la. Esses funcionários sentem-se constantemente exauridos pela batalha, e desenvolvem um mecanismo para lidar com isso, no qual uma aparente aceitação esconde uma firme disposição de continuar fazendo as coisas "como sempre". Quando a liderança simplesmente anuncia mais um programa de mudança, então esse mecanismo entra em ação. Contudo, se os *i-agents* são vistos também acolhendo a causa, então existe uma chance até bem maior de que um novo otimismo e aceitação comecem a se difundir pela base de funcionários.

◢ Desenvolver *i-agents*

Depois de identificar nossos *i-agents*, o que vem a seguir? Bem, identificá-los é uma coisa, levá-los a participar da jornada é outra! É nesse ponto que toda a sua preparação para a mudança começa a entrar em jogo: identificar e superar barreiras, desenvolver a estratégia de inovação, o foco no engajamento dos funcionários e assim por diante. A maior parte dos métodos de comunicação será similar aos usados para comunicar mudança ao negócio em geral, portanto não vamos examiná-los com muitos detalhes aqui. No entanto, incluiremos um pensamento: a importância de identificar o "gancho", isto é, aquilo que fará os *i-agents* aderirem ao programa. Alguns irão apenas acolher a ideia e ficar satisfeitos em ser reconhecidos como influenciadores, mas ao escolher e entusiasmar sua equipe de *i-agents* procure não negligenciar o ponto de vista que leva a considerar "o que eu ganho com isso?"; quer se trate de um futuro desenvolvimento pessoal, de um trabalho mais desafiador ou de qualquer outra coisa.

Na realidade, você pode descobrir que na medida em que o programa se desenvolve estará comunicando ideias similares tanto aos *i-agents* quanto ao resto do negócio, embora com alguma antecedência em relação à comunicação mais geral. Mas há algumas poucas áreas que valeria a pena destacar aqui. Primeiro, assim como não há duas áreas iguais no negócio, também a abordagem para empolgar seus *i-agents* não deve ser sempre a mesma. Alguns podem ser incorporados no início, outros em estágio posterior do projeto, uma vez que ele se move para a respectiva área de *expertise*. Por exemplo, se você decide implementar a inovação por fases, começando com uma divisão ou uma subsidiária, então engajar *i-agents* de outras divisões cedo demais no processo pode trabalhar contra você. Isso não significa que você deva ignorar completamente as demais divisões, e certamente não devemos deixar fornecedores e terceiros lá fora no frio. Isso seria criar intensos níveis de negatividade, que levariam no mínimo a cenários do tipo "nós e eles". Para evitá-lo, permita que as pessoas saibam o que está acontecendo e o motivo, tranquilize-as dizendo que a vez delas vai chegar e até "deixe vazar" alguns desafios de inovação. Isso ajudará a garantir que quando a mudança for explicada, as pessoas estarão mais prontas a acolhê-la.

Comunicação e engajamento das pessoas

Depois há a questão de como compartilhar a ideia de cultura de inovação. Já começamos a ver esse tipo de ideia antes, mas vale a pena repetir que diferentes pessoas têm diferentes "ganchos", e é importante que você ajuste sua abordagem ao tipo de personalidade. Isso é particularmente importante para entusiasmar os *i-agents,* e de início você talvez constate que o que se requer é uma abordagem praticamente individual. Você pode até decidir fazer isso de modo simples e eficaz engajando as pessoas no processo, isto é, pedindo que exponham suas visões e ouvindo-as.

Por fim, é vital que os seus defensores não sejam simplesmente informados a respeito do novo *ethos* e depois deixados por sua conta. Eles precisarão de ajuda para desenvolver suas ferramentas de ação como embaixadores da mudança, e contar com um pouco da sua compreensão toda vez que se afastarem de um foco concentrado em suas tarefas imediatas para se dedicarem a espalhar a notícia. Para isso é vital o apoio e a compreensão do RH e dos departamentos de treinamento, assim como dos gestores de linha.

Por exemplo, se o *i-agent* se atrasa do intervalo para o café porque ficou conversando sobre os ganhos a serem obtidos com a inovação, então essa deve ser uma ocasião para elogiá-lo e não para repreendê-lo. Similarmente, metas e cronogramas de trabalho precisam ser ajustados para levar em conta o tempo gasto em reuniões sobre mudança.

Dependendo do mix de negócios, boa parte da influência dos *i-agents* pode ser vista em ação em sua abordagem ou ações do dia a dia, mais do que em reuniões formais, mas, mesmo assim, quanto mais você puder ajudar a aprimorar suas aptidões pessoais, mais capazes eles serão de agir em promover o novo *ethos,* e mais os líderes do negócio poderão demonstrar o quanto estão levando a sério a introdução dessa mudança. Será um processo contínuo no qual quanto mais o negócio ajudar a promover a ideia de empoderamento e iniciativa, mais os *i-agents* serão capazes de assimilar e promover o ideal da inovação. Portanto, obtenha deles *feedback* e *insights,* faça-os identificar problemas e bloqueios, e apropriar-se daquilo que é realmente o papel do *i-agent,* apoiando-os em sua jornada.

As aptidões exigidas vão depender dos indivíduos e de seus papéis, mas costumam incluir comunicação, influência, superação de objeções e inteligência emocional. Um aprimoramento similar das aptidões talvez seja exigido também das altas esferas, quando seus membros decidem dar início à mudança. Outras aptidões importantes que a equipe de RH pode precisar ajudar os *i-agents* a desenvolver são:

>> **Questionar técnicas e aptidões para ouvir.** Isso ajudará a garantir que estejam promovendo uma abordagem de duas vias em vez de uma cascata de mão única.

>> **Coletar *feedback* e enviar esse *feedback* de volta.** Os *i-agents* são um importante conduíte para o *feedback* e podem ajudar a influenciar a forma futura do programa.

>> **Aptidões para influenciar.** Os *i-agents* podem ter sido escolhidos por sua capacidade natural de liderar e influenciar, mas isso não quer dizer que não precisem de ajuda para aprender a superar objeções ou a pensar lateralmente na resolução de problemas de comunicação. De modo similar, precisam ser auxiliados a desenvolver a confiança para influenciar de baixo para cima, assim como de cima para baixo, para não desperdiçar o *feedback* colhido.

Todos esses aspectos podem exigir que a equipe de RH instaure um mecanismo de apoio estruturado para ajudar os *i-agents* a desenvolver suas aptidões de liderança e gestão da mudança. Isso incluirá os chamados programas de *blended learning* [aprendizado híbrido] e revisões de apoio e desafio.

◢ Começar a comunicar

Você já criou sua equipe e seus *i-agents* estão prontos para começar. O próximo estágio é levar a mensagem à organização e, potencialmente, a terceiros. Mais adiante, examinaremos alguns caminhos que surgirão com um plano de comunicação e engajamento que servirá como catalisador da mudança. Antes de entrar por essa via, talvez valha a pena repassar rapidamente os fundamentos de uma boa comunicação. Seja ao comunicar verbalmente ou eletronicamente, bons comunicadores almejam ser claros, concisos, consistentes, contínuos e congruentes. Vamos dar uma rápida olhada nesses cinco ideais de comunicação:

» A clareza da comunicação começa com você tendo clara em sua mente a visão que pretende transmitir. A mensagem deve ser explícita e honesta e, na medida do possível, isenta de gíria ou jargão. Ao comunicar uma mensagem, situe-a num nível em que possa ser mais bem entendida pelos receptores, tendo o cuidado de não expor as coisas de maneira complicada, e também sem tentar facilitar seu entendimento a ponto de distorcer o sentido. Lembre-se de que nesse estágio você já conhece a jornada da mudança, portanto é provável que já tenha alguns pressupostos que sua audiência ainda não possui nesse estágio. Ou seja, é importante garantir que a mensagem *inteira* seja comunicada, e não apenas aquela que lhe parece óbvia naquele momento. E, como dissemos no início desta seção, a mensagem deve ser exposta com cuidado e com ajustes, para que cada seção da população organizacional receba uma mensagem adequada a ela.

» A comunicação concisa acontece quando as mensagens são mantidas curtas e direto ao ponto. Informações em excesso ou insuficientes podem gerar confusão e dúvidas na mente de quem as recebe. Você está trazendo sua audiência para uma jornada, portanto deve passar informações de maneiras que a ajudem a assimilar a mudança, em vez de confundir as pessoas com uma abordagem do tipo "*big bang*". Aqui voltamos à analogia do GPS ou navegação por satélite. É bom saber que ao chegar à rotatória iremos pegar a terceira saída. Isso ajuda a estruturar nossa abordagem e escolher a faixa mais apropriada. Mas se a mensagem é que depois de percorrer cinco quilômetros pela estrada você tem que pegar a primeira à direita, depois a segunda à esquerda, e na rotatória seguinte a quarta saída... Enfim, você entendeu. Informação demais transmitida de uma só vez só serve para confundir, sobrecarregar e gerar pânico. Assim, embora começar um discurso com um "Nós temos um sonho" possa ser a abordagem correta para que os funcionários comecem entrevendo as possibilidades, se dermos todos os detalhes de cara isso só servirá para sobrecarregar. Voltaremos a esse tema mais adiante neste capítulo.

» Comunicação consistente engendra confiança; ao contrário, mensagens inconsistentes destroem qualquer possibilidade de sucesso mais rapidamente do que qualquer outra coisa. Portanto, as comunicações iniciais devem, caso necessário, ter o apoio de mensagens repetidas em diferentes mídias. Mais que isso, essa é uma hora em que todo o esforço que você fez para construir consenso na equipe de liderança enfrenta sua hora da verdade. Como destacamos no Capítulo 3, é o momento em que a equipe de liderança "veste a camisa": a hora em que todo mundo não só assimilou a mudança na própria mentalidade, mas também é visto abraçando a mudança em cada uma de suas ações e decisões.

» Comunicação contínua faz os receptores acreditarem que você não está escondendo nada e que podem confiar na mensagem. Evite, por exemplo, começar a atualizar o blog semanalmente, mas depois de poucas semanas interromper. Se fizer isso, os funcionários podem começar a achar que se trata de outro fogo de palha, lançado com entusiasmo e depois descartado quando uma nova moda se espalha pelo mundo dos negócios. Mas a comunicação contínua tem outro benefício. Quando cuidadosamente planejada, a programação de comunicação contínua ajuda os funcionários a assimilarem a mudança; faz com que eles introduzam aspectos do plano em suas ações diárias e que acreditem efetivamente na mudança. Lembre-se de que você está procurando uma mudança permanente e duradoura e que ela não irá acontecer se você simplesmente comunicar e colocar um tique no quadradinho para dizer "está feito" e seguir adiante.

» Comunicações congruentes significam simplesmente transmitir a mensagem de uma maneira autêntica e alinhada ao seu estilo normal. Ser você mesmo, passar mensagens com as quais você está alinhado tem probabilidade muito maior de levar a um nível geral de aceitação do que fazer algo encenado, que pode levantar questionamentos e preocupações. Aqui, de novo, escolha o método de transmissão mais apropriado a cada grupo de receptores.

Comunicação e engajamento das pessoas

Transmitir uma mensagem ao mesmo tempo clara, concisa, consistente, contínua e congruente é o requisito essencial de todos os comunicadores, ou seja: conhecer sua audiência, comunicar adequadamente e checar se isso foi bem entendido. Talvez tenha sido Bernard Shaw quem afirmou, "O maior problema da comunicação é a ilusão de que ela tenha acontecido de fato", mas quem quer seja o autor da frase, ela é um lembrete a todos os comunicadores da importância não só de moldar a mensagem, mas também de assegurar-se de que foi devidamente recebida.

O plano de comunicação e engajamento

É triste, mas todo o trabalho árduo e preparação podem dar em nada se o método de engajamento não for apropriado à organização ou ao subconjunto da população visado. Ninguém gosta de receber um e-mail que dá a impressão de ser "dirigido a todos", que não trata especificamente de sua situação ou suas necessidades. Vimos inúmeros casos em que a equipe de liderança deixou esse momento-chave resumir-se a um anúncio trivial e a um par de folhetos com Perguntas e Respostas. Isso sinaliza que a sua compreensão do engajamento dos funcionários, da comunicação e do que é a cultura de inovação está bem aquém do que deveria ser. Na realidade, a forma final do plano de comunicação varia de acordo com o porte e a estrutura da organização, o mix de inovação escolhido e o plano de implementação.

Vamos examinar algumas das opções de comunicação e engajamento disponíveis. Ao mesmo tempo, não podemos esquecer que a comunicação é um processo de duas vias. Quer você lance mão de reuniões ou de grupos focais, implemente programas de *feedback* específicos ou simplesmente ouça as conversas em volta do bebedouro, a decisão de solicitar, receber e atuar em cima do *feedback* é uma ferramenta valiosa para moldar os estágios futuros do plano. Você acaba desengajando as pessoas quando não pergunta, ou quando pergunta mas não age, ou quando pede às pessoas que se comportem de um jeito mas obriga-as a se comportar de outro por não oferecer uma infraestrutura de apoio. Voltaremos a esse tema no Capítulo 7 quando tratarmos de incorporar a mudança. Antes de passar ao desenvolvimento do plano, vamos dar uma olhada em algumas opções de comunicação e engajamento que os líderes organizacionais podem adotar ao compartilhar e comunicar mudanças. Dividimos isso grosso modo em opções de comunicação e opções de engajamento, embora na realidade as duas coisas sejam intercambiáveis. Toda comunicação é uma oportunidade de engajar e todo o movimento direcionado a aumentar o engajamento traz oportunidades de compartilhar e comunicar. Com isso em mente, vejamos agora algumas das opções de comunicação.

Plano de comunicação – comunicações verbais

Reuniões abertas, grupos focais, fóruns de discussão e até conversas junto ao bebedouro: não faltam oportunidades para que a comunicação verbal tenha lugar dentro de uma organização. Algumas serão estruturadas e pré-arranjadas, outras mais improvisadas, mas ao transmitir a mensagem nada pode ser descartado ou regrado demais. Às vezes, um papo rápido no corredor é tão efetivo quanto uma reunião programada minuciosamente. Bem, então quais são os "podem" e os "não podem" das comunicações verbais?

Em qualquer comunicação a chave do sucesso é o planejamento. Quer você esteja convidando um amplo grupo remoto para uma grande apresentação ou tendo uma rápida conversa *en passant*, a mensagem deve ser focada e ter como alvo o indivíduo. Sim, a conversa pode ser de improviso, mas isso não significa que os líderes e *i-agents* não tenham já gasto um tempo pensando a respeito das mensagens que querem transmitir e para quem.

Avalie bem nessa hora o cargo e o tempo de casa das pessoas que transmitem a mensagem. Quando será que é mais adequado ter o CEO liderando e quando pode ser melhor colocar à frente o chefe de divisão ou o gerente de departamento? Essa questão é particularmente pertinente quando se trata de ampliar o escopo fora do negócio essencial. Por exemplo, ao procurar engajar fornecedores ou outros terceiros no mix de inovação, o fato de ter à mão seus contatos conhecidos e imediatos pode ajudar a valorizar a mensagem.

Dividir o anúncio por divisão ou nível hierárquico pode também ser um método de comunicação eficaz, mas só se aqueles que estiverem apresentando o *briefing* tiverem sido bem treinados. No lado positivo, esse treinamento ajudará a gerar entusiasmo na nova cultura; no lado negativo, é vital que aqueles que estão passando o *briefing* sejam todos bons comunicadores e capazes de apresentar uma mensagem consistente.

Por fim, nunca subestime os benefícios dos fóruns abertos e das rodas de conversa no corredor. Numa cultura que valoriza a interação e a colaboração, esses são campos de cultivo de ideias a respeito do futuro. Quanto mais forem encorajadas as conversas de corredor, maior a probabilidade de que os funcionários interajam no futuro. Há também um benefício colateral no fato de os *i-agents* poderem usar as conversas informais para captar o sentimento dos funcionários, possibilitando com isso que a equipe de liderança refocalize sua abordagem e consiga driblar futuros obstáculos à mudança.

◢ Plano de comunicação – mídias sociais e ferramentas de colaboração

Não faz muita diferença se você emprega salas de bate-papo internas ou intranets ou se recorre às mídias sociais existentes, como Facebook, Twitter ou LinkedIn. O importante é você estimular e propiciar um fórum no qual as pessoas possam expressar-se e compartilhar. Naturalmente, se for utilizada uma mídia externa deve-se levar em conta as usuais ressalvas a respeito de confidencialidade e reputação organizacional, mas em geral, incentivar o uso de mídias sociais estimula a adesão à nova cultura. E não se esqueça de que a meta final da inovação é uma cultura colaborativa que atraia clientes e outros de fora da organização, portanto, quanto mais funcionários forem encorajados a interagir entre as equipes, melhor.

Na realidade, essa é uma área na qual os limites entre comunicação e engajamento se tornam de fato indistintos. Voltaremos a isso quando tratarmos das opções de engajamento, mas, de momento, dê uma olhada no estudo de caso a seguir, que ilustra de que modo as ferramentas de colaboração podem não só promover mais interações como permitir desenvolver algumas ideias inovadoras.

Estudo de caso 🔍

Colaborar para inovar

INTRODUÇÃO

Uma coisa é falar em colaboração externa, e outra bem diferente é criar de fato condições que permitam e encorajem uma efetiva inovação interativa e "aberta". A postura mental pode ser propícia, mas se não houver uma infraestrutura de apoio então a colaboração e o compartilhamento de ideias talvez não consigam fluir. Colocamos aqui foco na Siemens AG para ver como eles têm resolvido a charada da colaboração.

SITUAÇÃO

A Siemens AG (Berlim e Munique) é uma usina de tecnologia global que vem oferecendo excelência de engenharia, inovação, qualidade e confiabilidade há 170 anos. A empresa está presente em mais de 200 países, com foco nas áreas de eletrificação, automação e digitalização. Com mais de 29 mil funcionários em P&D e mais de 4 bilhões de dólares investidos em P&D somente em 2013, a Siemens considera a inovação "sua energia vital".

Dado o porte e o escopo do seu departamento de P&D, a Siemens tomou a decisão de montar uma plataforma que, além de permitir que as unidades individuais de negócios monitorem e alavanquem a inovação, pode ser usada para coordenar a inovação, tanto dentro da organização como externamente. Como afirma Ben Collar, diretor de P&D da Siemens Mobility e dos Sistemas de Tráfego Inteligente: "Entendemos que a inovação não deveria acontecer apenas dentro das nossas paredes, mas que é mais bem cultivada quando pode coletar ideias de mentes brilhantes do presente e do futuro".

ABORDAGEM

A Siemens tomou a decisão de implementar o software SpigitEngage da Mindjet para atender aos seus requisitos de colaboração em inovação. Projetado para propiciar inovação em escala, o SpigitEngage estimula participação e engajamento múltiplos, e também oferece total transparência do processo e do fluxo de trabalho. O valor do SpigitEngage ficou demonstrado quando a Siemens decidiu lançar o Concurso Mobility IDEA

Comunicação e engajamento das pessoas

para prover soluções para alguns dos maiores desafios enfrentados por aqueles que tinham a tarefa de gerir a infraestrutura de trânsito. Deixando à parte as preocupações ambientais, estima-se que o impacto anual dos congestionamentos no Reino Unido chegue a 4,4 bilhões de libras.

Em vez de oferecer soluções internamente, a Siemens lançou o concurso para atrair ideias de vários setores, visando especificamente estudantes universitários e profissionais, além de buscar contribuições do público em geral. Um concurso global requer soluções globais, e nisso o SpigitEngage provou seu valor, não apenas por ser fácil de usar mas porque sua interface é familiar a muitos usuários. Um dos aspectos-chave da plataforma foi a maneira pela qual permitiu que os usuários postassem sugestões para melhorar ideias que já tivessem sido apresentadas, e votar nessas ideias.

Isso levou a uma seleção final de sete projetos, que foram submetidos a um painel julgador, com as três melhores ideias recebendo premiações. O projeto vencedor envolvia o uso de um drone para identificar vagas de estacionamento e interagir com os motoristas por meio de um app que os direcionava até as vagas mais próximas.

CONCLUSÃO

A plataforma provou seu valor não só em permitir à Siemens levar seus desafios a uma audiência global, mas porque sua facilidade de uso contribuiu para a riqueza de ideias apresentadas. Comentando o sucesso do projeto, Ben Collar afirmou: "Interagir com o público dessa maneira foi uma grande experiência. Ficamos em contato com pessoas do mundo todo e tomamos conhecimento de alguns problemas específicos que as pessoas enfrentam – muitos dos quais sequer sabíamos que existiam". ■

Um ponto a destacar aqui é que o sucesso do concurso só foi possível porque a cultura de inovação já estava viva na Siemens. Já comentamos o perigo de ignorar a cultura interna quando procuramos externamente, mas o tema aqui é mais desenvolvido, pois mostra que a cultura organizacional precisa ser suficientemente conduzida por inovação para que seja possível lidar com a integração de uma plataforma como a SpigitEngage.

◢ Plano de comunicação – outras plataformas

Na verdade, poderíamos encher este livro com as plataformas de comunicação e os métodos que estão disponíveis aos líderes organizacionais. Destacamos acima o SpigitEngage como um método on-line que permite às equipes colaborarem em projetos, mas há muitos outros. Um exemplo é o Yammer, que também possibilita colaboração em equipe, ou o pulseCHECKER, que oferece um levantamento em tempo real, usado principalmente em projetos de mudança, e que permite checar a temperatura do "ambiente" da empresa. Veremos mais a respeito disso quando examinarmos as opções de engajamento, mas por enquanto abordaremos apenas três outros métodos de comunicação utilizados regularmente pelas organizações:

>> **E-mails.** Quer sejam vistos como uma força positiva ou como um gargalo do sistema causador de desperdício de tempo, os e-mails, quando usados apropriadamente, podem ser uma ótima maneira de compartilhar atualizações sobre o progresso no lançamento. Não precisam ser longos e complicados, nem ter sempre um tom "oficial", portanto não devolva a responsabilidade a alguém que não está nem totalmente atualizado com o programa ou que tem um estilo de escrita pouco fluente. Mensagens simples, como: "Desde o último comunicado, já fizemos tal e qual coisa", ou "Parabéns à equipe de vendas pela ótima conversa que teve com um de nossos clientes", ou mesmo "Obrigado pelo belo trabalho que vocês estão fazendo", podem a ajudar a reforçar a ideia de que a mudança está avançando e que a alta direção valoriza a maneira pela qual os funcionários estão abraçando a mudança. Uma advertência: se o seu sistema já está sobrecarregado de e-mails, então em vez de agravar isso procure outras maneiras de compartilhar o progresso. Na realidade, a chamada "morte por e-mail" já vem afetando tantas organizações que talvez o próprio fato de lidar melhor com o sistema de e-mail seja uma inovação que mereça ocupar o topo da lista. Quando você precisa ligar para alguém para dizer que mandou um e-mail e que precisa logo da resposta ou quando espera ser contatado diretamente antes mesmo de ler um e-mail no qual foi copiado, então é sinal de que há de fato um problema de e-mail na organização.

» Alertas. Telefone, SMS, e-mail: seja qual for a mídia, não devemos ignorar a onda de positividade que podemos engendrar ao expedir alertas – pelo menos quando se utiliza esse recurso com parcimônia. Mensagens rápidas e positivas como "Alcançamos essa meta" ou "Ótima notícia!" podem ajudar a manter o projeto na primeira fila da mente dos funcionários. Mesmo mensagens negativas como "Desculpe, isso ficou para amanhã" ajudam a reforçar a ideia de que há comunicação e inclusão.

» Newsletters. Enviadas por e-mail ou mesmo as físicas, *newsletters* expedidas regularmente podem dar de fato a impressão de que o projeto está andando. Quando clientes e fornecedores externos já foram também incorporados ao projeto, as *newsletters* ajudam a acentuar a impressão de que eles estão incluídos na equipe e que a opinião deles conta. Coloque na *newsletter* artigos curtos, visões "da linha de frente" e mesmo um ou outro joguinho de perguntas e respostas ou alguma tarefa desafiadora, para criar variedade. Se você vincular a newsletter a um site de mídia social ou a uma determinada área de inovação no website então poderá incrementar a *newsletter* com blogs periódicos e artigos on-line.

Conforme avançamos no exame de algumas opções de engajamento disponíveis às organizações, há uma arte que, em conjunto com a interconectividade da comunicação e do engajamento, liga essas duas áreas. É a arte da *escuta*. Quando você comunica seus pensamentos iniciais a fim de engajar seu pessoal e levar o plano adiante até o sucesso, se não valorizar também a escuta, suas palavras e ações podem passar longe do alvo.

Sinais verbais ou escritos, linguagem corporal ou mesmo a maneira pela qual as atitudes em relação ao trabalho vão mudando também são aspectos que ajudam a transmitir pensamentos, reações, visões e preocupações. Assim, uma vez que você avança e examina as opções de engajamento, lembre-se sempre que a comunicação é uma via de mão dupla e que, por mais que você seja bom em expressar seus pensamentos, a não ser que saiba ouvir, não ficará sabendo se suas palavras são uma força de mudança poderosa ou apenas murmúrios que se perdem no vazio.

Plano de engajamento – pesquisas, feedbacks e plataformas de engajamento

Se você quer saber como as coisas estão indo, então simplesmente pergunte. Pesquisas e formulários de *feedback* irão ajudá-lo não só a avaliar o sentimento geral, mas também a motivar o engajamento. Na realidade, se você adotou programas de engajamento autogeridos, então monitorar e receber *feedback* dessas fontes pode criar um ciclo de melhoria contínua ao inculcar a mudança. O método tradicional de medir o engajamento é fazer uma pesquisa uma vez por ano, algo assim, aguardar os resultados, discutir os achados em grupos focais e então começar a agir. A essa altura, porém, qualquer benefício obtido da realização da pesquisa já terá se dissipado. Adotar um sistema no qual o engajamento do funcionário seja uma métrica contínua, em tempo real, vincula esse sistema intimamente não apenas a outras informações gerenciais – como aos resultados de vendas e orçamentos, ou mesmo à mudança de cultura –, mas mantém a ideia de engajamento como uma prioridade na linha de frente da organização.

Fato interessante é que apenas 4% das organizações operam um sistema de *feedback* contínuo e, no entanto, para essas organizações a satisfação do pessoal com os esforços de engajamento chega a 90%, em comparação com os 59% das que são pesquisadas uma vez ao ano. Similarmente, o fato de tirar o processo de planejamento de ações de sua condição puramente centralizada e preferir um mix de planejamento que combine ação central e local aumenta os níveis de satisfação em 47% (Oshry, 2014).

No estudo de caso que apresentamos antes neste capítulo, vimos que tecnologia e colaboração on-line propiciaram a criação e o compartilhamento de ideias inovadoras. No exemplo, a Siemens usou tecnologia para coletar ideias do exterior, mas poderia com igual facilidade ter usado o programa para fomentar um trabalho colaborativo entre os próprios funcionários. De modo similar, organizações ao redor do globo estão usando o poder da tecnologia colaborativa para monitorar, medir e impulsionar o engajamento dos funcionários. Soluções adotadas em empresas como TINYpulse, breatheHR e Jostle propiciam participação em equipe, *feedback* e reconhecimento entre pares – e no processo simplificam o fluxo do projeto e incrementam o engajamento.

◢ Plano de engajamento – engajamento imersivo

Avançando um passo, o Wellevue leva a teoria dos jogos à cultura corporativa. Como? Criando missões ou desafios a serem completados pelos funcionários; e, no processo, motivando engajamento, saúde e segurança e valores da empresa ou outros. A ideia de levar funcionários e terceiros a uma imersão na cultura e no mix de engajamento vem ganhando terreno. Tempos atrás, atividades para fomentar os vínculos entre membros da equipe consistiam por exemplo em levar o grupo até uma encosta de montanha rochosa e ver de que modo conseguiam sobreviver. Hoje em dia, embora esse método ainda seja usado, a combinação de tecnologia e inovação tem ampliado muito o escopo. Vejamos alguns exemplos:

>> **Culture Hack™.** Essa é uma atividade de um dia de duração, baseada em equipes, com tecnologia aprimorada, na qual um grupo de especialistas[1] coordena uma discussão a fundo para desenvolver e ganhar compreensão dos passos exigidos para passar ao nível seguinte do manifesto da cultura. É adequada a qualquer equipe, mas mostra-se particularmente útil para a equipe de liderança, a gestão intermediária ou os *i-agents,* para rever o plano de alto nível, lidar com quaisquer problemas que tenham surgido e colaborar (com rapidez) para resolver e projetar o estágio seguinte.

>> **Zona de Imersão.** São eventos interativos que mergulham as pessoas em algum elemento da cultura desejada e com isso incrementam o engajamento. Utiliza uma mistura de contação de histórias, *coaching* e discussões orientadas que leva os participantes a sentirem de fato que estão experimentando a cultura desejada, ou a não desejada – por exemplo, uma experiência do cliente excelente, a diversidade ou então descobrir qual é o aspecto mais conflitante de uma cultura organizacional.

---

[1] Esses especialistas são profissionais dedicados à cultura de inovação, mas podem também variar dependendo do setor, nível na hierarquia, regulação etc.

>> **Dramatizações do espírito inovador.** Visa educar e engajar por meio do uso de atores e de métodos baseados em técnicas teatrais. Um benefício colateral dessa abordagem é que a equipe de liderança e os *i-agents* podem usar seu tempo de contato com os apresentadores para aprimorar talentos individuais de apresentação. Expandindo esse tema, as organizações podem também considerar uma maneira inovadora de fazer as pessoas identificarem e enfrentarem questões. Assumindo a forma de debates abertos, dramatizações teatrais improvisadas ou programas de tevê ao vivo simulados, as pessoas são encorajadas a pensar por si e a trabalhar juntas para encontrar soluções. Isso melhora o engajamento, cria colaborações ou ajuda as equipes de implementação a conceberem estratégias ótimas para o sucesso.

>> *In the Limelight* **[No palco].** Esse é um desafio estimulante e muito energizado para a solução de problemas em equipe, que coloca seu pessoal enfrentando os grandes problemas da sua organização. Envolve encenar uma série de entrevistas ao vivo, com foco nos problemas de cada equipe, fazendo os funcionários desempenharem uma variedade de papéis para resolver desafios atuais e futuros, e permitindo que abordem as questões a partir de diferentes pontos de vista. É uma ótima maneira de melhorar o engajamento e a colaboração e de resolver problemas concretos.

Um dos temas comuns que percorre as atividades acima é que todas são inovadoras: isto é, apoiam-se em melhorias tecnológicas para entregar algo que é imersivo, colaborativo e engajador. O resultado é que ao mesmo tempo em que você incrementa o engajamento está também começando a fomentar a ideia de que a cultura de inovação é algo diferente, que é expressiva e se apoia em experiências externas. Outras ideias que poderíamos ter exposto aqui são a criação conjunta de *master classes* para trazer clientes ou terceiros para o mix, a "gameficação" de experiências de aprendizagem e o desenvolvimento de aptidões de inovação. Voltaremos a esta última ideia no Capítulo 6, mas primeiro vamos examinar a criação do plano de comunicação.

Criação do plano de comunicação

Acabamos de ver que não faltam maneiras de transmitir a mensagem. Portanto, com isso em mente, vamos examinar o desenvolvimento do plano de comunicação em si. E a primeira coisa a ser ressaltada é que, embora a seção a seguir indique algumas das principais áreas, não existe uma única maneira certa. O segredo do sucesso é escolher a abordagem que melhor se encaixa às necessidades organizacionais e que tenha a melhor sintonia com as atitudes dos funcionários.

Em essência, um plano de comunicação é algo simples, desde que você se atenha às três seguintes questões-chave:

1 Qual é a sua audiência?

2 Qual é a sua mensagem?

3 Qual o melhor canal e a hora mais adequada para a sua comunicação?

FIGURA 5.3 Influenciar a mudança

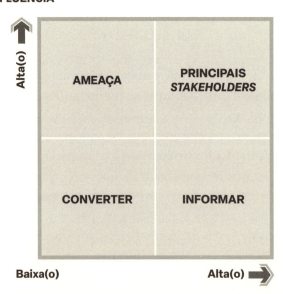

Ao começar a examinar o plano de comunicação, vale a pena lembrar a nós mesmos de um modelo padrão, que permite destacar aqueles que provavelmente têm maior interesse e influência no processo de mudança. O que essa Figura 5.3 ilustra é que:

» Aqueles com alta influência e baixo interesse são uma ameaça potencial. Deve-se ter o cuidado de neutralizar essa ameaça o mais rápido possível, preferivelmente despertando mais seu interesse, e com isso tornando-os favoráveis à mudança.

» É fácil dizer que aqueles com baixa influência e baixo interesse podem ser ignorados, mas como essa é provavelmente a porção que forma o grosso de sua população de funcionários no início do programa, a tarefa aqui, de novo, é despertar neles maior interesse pelo projeto, convertendo-os gradualmente em *i-agents* que tenham não só alto interesse pelo projeto, mas que por meio de seu entusiasmo também exerçam grande influência no seu futuro sucesso.

» Aqueles com alto interesse e baixa influência geralmente são pessoas que se entusiasmaram pelo novo *ethos*, mas ainda precisam se envolver e entregar resultados consistentes. Quanto mais desses indivíduos forem mantidos informados, mais rapidamente poderão ser convertidos e exercer um papel de liderança.

» Por fim, aqueles com alto nível de influência e de interesse são os principais *stakeholders* na mudança de cultura. De início, esse grupo pode estar confinado à equipe de liderança, mas à medida que a influência da inovação se espalha pela organização esse grupo irá crescer.

Embora o exemplo acima se refira basicamente aos principais *stakeholders* na organização, influenciadores externos também terão papel a desempenhar, em especial à medida que a organização se torne mais colaborativa. Saltam à mente instantaneamente clientes, fornecedores e investidores, mas devemos incluir também os órgãos reguladores do

Comunicação e engajamento das pessoas

setor, profissionais de aconselhamento como advogados ou contadores, e negócios concorrentes. Todos terão papéis a desempenhar conforme a inovação se fortalecer.

A primeira tarefa no desenvolvimento de seu plano é identificar e analisar os *stakeholders* e avaliar em que ponto se situam na escala de influência/interesse. Isso lhe permitirá identificar quem precisa ser informado sobre a mudança de cultura em pauta e que nível de informação deve receber.

Depois que sua análise de *stakeholders* estiver pronta, você pode passar à criação da sua matriz de comunicação, estabelecendo qual é o melhor método a ser usado para engajar cada grupo e o momento mais adequado para fazer isso. Um método que funciona bem aqui é sobrepor seu cronograma de mudança de cultura a um cronograma que trate das comunicações. Isso ajuda a assegurar que os passos vitais de comunicação não serão negligenciados e que a mudança não irá atrasar por haver funcionários sendo treinados em comunicação ou porque a equipe de marketing no momento está empenhada numa integração do site focada em inovação.

Com esses cronogramas correndo juntos, é útil ter também um cronograma de metas, mídia e conteúdo, que acrescentará carne aos ossos do cronograma. Por exemplo, o objetivo de passar um *briefing* aos principais *stakeholders* pode ser ganhar sua adesão à mudança, para que possam usar sua influência para promover conhecimento. A mídia utilizada pode ser uma entrevista face a face ou uma teleconferência, e o conteúdo pode ser a primeira impressão sobre a mudança e uma ideia do provável cronograma de implementação.

As matrizes de comunicação esboçadas acima diferem pouco daquelas que você usaria em qualquer programa de mudança, ou na verdade em qualquer projeto. Mas quando você se encaminha a uma cultura de inovação, há uma diferença crucial, que é a frequência e o conteúdo das suas atualizações. Quando o jogo consiste em trabalho ágil, colaborativo, então quanto mais você conseguir trazer os funcionários para um todo coeso, melhor. Assumir controle da matriz de comunicação como um veículo para prover um ponto de vista holístico é uma maneira perfeita de começar a provar aos funcionários que você está determinado a tornar essa mudança bem-sucedida. E isso nos leva à melhor chance que você tem de causar um impacto instantâneo: o lançamento do programa de inovação.

O evento de lançamento da inovação

Agora, você tem a chance de causar uma primeira impressão e o evento de lançamento da inovação é a sua oportunidade de criar real entusiasmo na nova cultura. Não vamos sugerir que você encha um salão com champanhe e animadoras de torcida ou que leve todo o seu pessoal a um lugar bonito para um piquenique. Você conhece sua força de trabalho, tem uma boa ideia da cultura existente na sua organização e dos níveis de engajamento e, portanto, está na posição perfeita para escolher um evento de lançamento que repercuta bem no seu pessoal.

Seja qual for sua escolha, ela precisa sacudir as percepções entranhadas, fazer com que os funcionários se aprumem e prestem atenção, além de precisar ser algo memorável. Mais adiante poderão surgir dúvidas, portanto é o lançamento inicial, apoiado por uma comunicação forte, que fará você avançar. Isso leva à regra de ouro para um lançamento bem sucedido: planejamento e preparação.

É raro um negócio que não organize de tempos em tempos um evento para os funcionários ou outros participantes, mas nada disso se compara à tarefa que você tem agora pela frente. Portanto, não importa se você vai confiar no seu assistente administrativo ou se vai chamar uma empresa de eventos, seja como for, você não pode simplesmente se dar ao luxo de transferir toda a preparação a eles. Para que seu organizador ou organizadores lancem sua nova cultura, eles precisam ter comprado a ideia dessa nova cultura. Por isso, você pode usar uma empresa externa, mas precisa fazer questão absoluta de orientá-los bem, falar com eles, coordenar junto a eles, para garantir que estejam tão seguros e conscientes quanto você do que estão fazendo.

E isso vale também para toda a equipe de alta gestão. Talvez apenas dois façam a apresentação, mas a equipe inteira precisa ser vista como tendo comprado a ideia da mudança. Assim, antes até de você pensar em lançamento, reserve um tempo para repassar as perguntas e respostas que provavelmente surgirão, para compreender muito bem a programação do evento e estar preparado para enfrentar e superar objeções. E, se for capaz de incorporar alguns dos seus *i-agents* ao mix, melhor ainda. Ah! E a colaboração, a boa definição do novo *ethos*, a adoção de novas abordagens, tudo isso não pode começar só com o lançamento. É muito melhor que a atitude e os comportamentos da alta gestão sejam vistos mudando antes do lançamento; isso age como um trampolim adicional para criar impulso.

Sim, você está agora pronto para entrar no futuro. No Capítulo 7, vamos examinar como pode levar adiante o impulso e realmente fazer com que uma cultura de inovação se torne parte do DNA da organização. Antes disso, no Capítulo 6, veremos com mais detalhes o roteiro para o futuro, isto é, de que maneira você traduz comportamentos, análises e estruturas num forte alicerce para a inovação contínua. Mas vamos concluir este capítulo com outro estudo de caso, que ilustra como uma organização alavancou *expertise* em comunicação para atrair seus clientes a uma mudança de sistema inovadora.

Estudo de caso 🔍

Lançamento de projetos de inovação

INTRODUÇÃO

Uma das principais mensagens sobre inovação que percorre este livro é que as sementes de uma cultura de inovação podem começar a florescer num canto de uma organização, mas que a cultura acabará crescendo para abranger não apenas o negócio, mas também seus clientes, fornecedores e terceiros envolvidos. Mas como é possível levar sua cultura para além de sua base de funcionários e engendrar sua adesão por outros? Nós recorremos à Feefo, especializada em feedback de clientes, para ver como eles atraíram seus clientes para um sistema de mudança inovador.

SITUAÇÃO

A Feefo tem prestígio como facilitadora de *feedback* de clientes. Ao colocar firmemente sua proposta apenas no *feedback* de clientes que tenham realmente comprado produtos, seus levantamentos de *feedback* são bem conceituados tanto pelos consumidores como pelos motores de busca. Como resultado, o uso da Feefo para gerenciar o *feedback* de clientes é visto por um número crescente de negócios como uma maneira de mostrar o quanto eles valorizam criar uma relação genuína com os clientes atuais e potenciais.

A plataforma de dados original da Feefo manteve a empresa com bom desempenho por vários anos, mas seus gestores tomaram a decisão de aproveitar as melhorias tecnológicas e migrar a plataforma para um inovador sistema de dados de código aberto; isso trouxe funcionalidades adicionais para seus clientes, além de colocar o sistema "à prova do futuro" em relação às mudanças previstas adiante.

Com sua plataforma intimamente vinculada a sites de clientes e a programas internos, era imperativo que os usuários se sentissem confortáveis com o novo sistema e que quaisquer problemas decorrentes do legado da empresa fossem resolvidos antes de se implementar a nova plataforma.

ABORDAGEM

Desde o início, a equipe da Feefo identificou que a comunicação era a chave do sucesso. Montou então um plano de comunicação que incluía conversar por telefone com os principais stakeholders, atualizar briefings por e-mail, além de promover oficinas e apresentações, e tudo isso ajudou a criar um intercâmbio de duas vias que impulsionou o desenvolvimento e a instalação do programa. Esse intercâmbio foi tão bem-sucedido que, quando a Feefo pediu que alguns de seus usuários se apresentassem como voluntários para testar o novo sistema, a resposta positiva foi surpreendente.

Uma iniciativa particularmente bem-sucedida foi a série de oficinas realizadas com funcionários, *stakeholders* e usuários. Elas foram uma oportunidade para demonstrar o novo sistema e obter *feedback* construtivo a ser incorporado ao plano geral. As oficinas contaram com o apoio de uma sucessão de comunicações, que atualizaram os *stakeholders* sobre o progresso do projeto, preparando-as para a sua atividade-meta seguinte. Quando foi chegando a hora de fazer a migração dos dados, funcionários e *stakeholders* foram também convidados a participar de conferências abertas que forneceram informações adicionais sobre o progresso e buscaram aliviar quaisquer áreas de preocupação.

Como a comunicação teve esse papel vital no sucesso do projeto inovador, alguns indivíduos-chave foram treinados em comunicação, em exercer influência e em aptidões de *networking*, o que os ajudou a fortalecer os relacionamentos tanto dentro do negócio quanto com os *stakeholders*. Esse *coaching* exigiu não só recorrer a indivíduos dotados de aptidões relacionadas com o projeto, mas também trabalhar novas crenças e comportamentos capazes de apoiar a melhoria do desempenho em suas outras responsabilidades do dia a dia.

CONCLUSÃO

Seja para engendrar entusiasmo dentro de uma organização, seja para atrair clientes e outras partes no mix de inovação, o valor da comunicação não pode ser subestimado. Graças a um forte foco em comunicação, a equipe da Feefo conseguiu alto nível de adesão de seus usuários e isso levou à bem-sucedida implementação de seu novo programa inovador. ■

Resumo

Se você quer ter sucesso em implementar seu plano de mudança, então a comunicação é a chave para vencer os quatro cavaleiros do apocalipse, que são: mentiras, boatos, especulações e fofocas. A maneira de comunicar e o conteúdo da comunicação certamente irão variar em cada organização, mas qualquer que seja a situação, o plano de comunicação precisa ser bem pensado, claro e com alvos definidos.

Designar *i-agents* ajuda a difundir a mensagem por toda a organização e para a população mais ampla, à medida que terceiros, fornecedores e até clientes são atraídos para o mix de inovação. Os *i-agents* podem atuar como forças do bem: difundindo mensagens positivas, ajudando os outros a assimilarem a mudança e agindo como condutíes de *feedback*. Acima de tudo, a mensagem-chave é que a comunicação não é um exercício esporádico. Se você quer colaboração, se deseja agilidade e inteligência – acima de tudo, se você quer *engajamento* – logo, a comunicação é a prioridade.

Insights

» Mudança de cultura não é só expor novos valores na recepção da empresa; é o que você faz com eles, as efetivas ações e comportamentos, é sobre tornar a visão de inovação em algo vivo.

» Todo líder precisa de um mensageiro (*i-agent*) e a maneira de escolher esses mensageiros, engajá-los e empoderá-los tem correlação direta com o sucesso da inovação.

» Comunicação significa mudar como você apresenta as coisas de acordo com a audiência e criar as condições para escuta e *feedback*, bem como compartilhar a mensagem externamente.

Referência

OSHRY, B. The state of employee engagement. *Boston Smith & Henderson*, 2014 [on-line]. Disponível em: http://www.smithhenderson.com/state-of-employee-engagement-guide/. Acesso em: 24 maio 2015.

Construir a **habilidade de inovar**

Nos capítulos anteriores, examinamos as mudanças que as organizações precisam fazer para construírem uma cultura de inovação e por que a inovação é considerada atualmente um elemento intrínseco do sucesso futuro.

O Capítulo 5 foi dedicado a um dos elementos mais cruciais das transformações culturais, que é a maneira pela qual a mudança de cultura é comunicada na organização; no Capítulo 7, olharemos para o futuro, para descobrir quais ações e atitudes precisamos adotar para garantir que a cultura da organização incorpore o ideal de inovação permanentemente.

Assim, o que está faltando? No Capítulo 4, falamos em definir o roteiro de alto nível, começando por estruturar a maneira pela qual a equipe de liderança irá guiar a organização de onde ela está agora para um futuro mais inovador. Vamos agora aprofundar esse aspecto, examinando de que maneira sistemas e métricas, assim como as pessoas, podem contribuir para a transformação. Em essência, o Capítulo 6 é sobre o que os líderes e os gestores precisam fazer, e como selecionar os comportamentos certos, treiná-los e mantê-los "vivos" na organização.

Algumas das ideias/medições expostas neste capítulo podem soar familiares, seja porque já foram mencionadas em capítulos anteriores ou porque você já deparou com elas ao longo de sua vida profissional. Não estamos nos desculpando. Uma boa ideia é uma boa ideia, mas a maneira de você ligar boas ideias, de conectar coisas que à primeira vista parecem não combinar, é uma das peças-chave da inovação, e é essa capacidade que cria a mudança que você está procurando. Assim, não importa muito se já abordamos alguns desses conceitos ou se eles já estão assentados na esfera de negócios: é a junção dessas ideias que ajudará você a alcançar a habilidade de inovar.

Vamos começar com uma advertência. Se você estiver aqui atrás de uma solução do tipo "tamanho único para todos" ou de uma lista de cinco valores com as suas atitudes e comportamentos associados que possa garantir-lhe uma cultura de inovação, é provável que fique desapontado. Como destacamos antes, tomar emprestada ou copiar a cultura de outra organização simplesmente não funciona. Nem seguir algum caminho predeterminado, por mais tentador que pareça. Cada organização é distinta e parte de um lugar diferente. No entanto, há algumas poucas áreas que os líderes precisam manter na linha de frente de suas mentes se quiserem traduzir a cultura e os comportamentos existentes na desejada cultura de inovação. Para tanto, é preciso levar em conta:

» **O mix de inovação.** No Capítulo 2, vimos como definir o melhor mix de inovação incremental, diferenciada e radical para a sua organização. Agora que chegamos ao estágio de alcançar habilidade de inovação, que será seguido pela implementação da cultura de inovação (no Capítulo 7), este mix precisa receber a máxima atenção na elaboração e tomada de decisões. Por exemplo, faz pouco sentido estimular os funcionários a criarem mudanças disruptivas se tudo o que você concebeu está voltado para a inovação incremental.

» **O modelo operacional.** Qual foi sua decisão? Adotar o modelo de operação dual? Ou você optou por introduzir inicialmente a mudança em apenas uma divisão? Pensa introduzir a cultura de inovação de cima a baixo, de uma vez, ou prefere começar com inovação incremental e ao longo do tempo passar para uma inovação diferenciada ou radical? Seja qual for o modelo, todas as suas decisões e abordagens serão agora condicionadas pelo caminho que você tiver escolhido.

» **Os comportamentos atuais.** A colaboração, o empoderamento e a apropriação já são comportamentos universais na organização ou ainda há um caminho a percorrer antes que os comportamentos desejados fiquem evidenciados? Agora você já sabe onde estão os seus pontos iniciais e finais desejados, e eles irão influenciar sua maneira de integrar a inovação.

»As aptidões de gestão. Outra questão: O que precisa acontecer em nível gerencial para realmente mudar a mentalidade organizacional? O que você precisa fazer para gerenciar efetivamente seu pessoal, em linha com a nova cultura? Projetar aptidões de inovação é uma coisa, mas gerir a mudança e instilar os atributos exigidos na camada gestora é outra, bem diferente.

Liderança – fator crucial para o sucesso

Líderes (e suas organizações) têm a inovação que merecem.

Mais que os demais, os líderes devem olhar continuamente para as suas organizações do ponto de vista de alguém de fora; isto é, ver o negócio do jeito que um cliente ou concorrente faria, a fim de detectar oportunidades e áreas a serem aprimoradas, ou identificar pontos fracos que poderiam criar oportunidades para os outros.

Mais que isso, os líderes têm que ser capazes de olhar bem além do seu mercado ou setor imediato, a fim de localizar ameaças potenciais de disruptores. Na medida em que a fertilização cruzada de ideias leva os negócios a outras áreas, a nova ameaça no mundo em que operamos agora é que em muitos casos aqueles que acabarão causando-nos disrupção provavelmente ainda não existem (PwC, 2015).

Mesmo sem essa concorrência entre setores, aqueles que acreditam que estão operando num mercado estático lamentavelmente estão equivocados. É raro o setor que não tenha uma entrada contínua de novos atores, todos chegando sem precisar carregar o fardo de uma história passada e procurando alavancar novas tecnologias e novas ideias para ficar ombro a ombro com os atores mais estabelecidos. Veja por exemplo o setor de bancos e finanças. Bancos desafiadores, empresas de empréstimos consignados, esquemas de empréstimos entre pares: todos eles estão obrigando as organizações mais estabelecidas a reverem seus modelos de negócios. E esses novos participantes do mercado têm contado com o apoio de órgãos reguladores. No Reino Unido, a Prudential Regulation Authority (PRA) alterou seu processo de licenciamento em 2013 para facilitar a entrada de novos bancos no sistema, o que levou, segundo estimativas, à concessão de cinco a seis novas licenças por ano. A PRA comentou então que os novos participantes estão trazendo inovação ao sistema bancário.

Enquanto isso, a FCA [Financial Conduct Authority] introduziu regras mais rigorosas sobre empréstimos consignados, mas seu executivo-chefe, Martin Wheatley, comentou que "há muita coisa que o setor de empréstimo consignado não está fazendo direito: mas a relativa facilidade de transacionar on-line, de simplesmente poder escolher num site a quantia que você quer pegar emprestado, livre de jargão, o que é revigorante, e de conseguir uma decisão imediata, para muitas pessoas é algo que tem seu mérito" (Wheatley, 2014).

Para enfrentar o desafio de um disruptor, é necessária uma abordagem em multicamadas, que alavanque as capacidades de inteligência da próxima geração. Colocar-se na pele da sua base de clientes, compreender realmente quais são seus desafios, ajudará os negócios a criarem soluções *in-house* em vez de verem os disruptores entrando e tomando o mercado. Mas inteligência e *insight* surgem uma vez que as capacidades internas permitem; isto é, priorizando a contínua supervisão e monitoramento dos níveis internos de adoção da inovação.

A realidade é que se você não está sequer prestando atenção, então terá que enfrentar a disrupção que merece; mas se estiver atento, se refletir a respeito e desafiar as normas e ortodoxias do setor, se especular sempre os cenários perguntando "e se?", e se atentar para a opinião de especialistas em tendências e futurólogos, logo, é provável que o trabalho árduo no estilo antigo ou mesmo a boa sorte rendam frutos.

A questão da inovação é que se você não fizer nada, não conseguirá nada, mas se fizer algo, mesmo que não obtenha o que pretendia, conseguirá alguma coisa, naqueles imprevistos momentos de sorte, que às vezes podem até mudar o jogo.

A história das invenções está cheia de exemplos de produtos benéficos que foram desenvolvidos por acaso. No entanto, um dos mais conhecidos exemplos disso, o Teflon, não surgiu de um desdobramento secundário da corrida espacial, como se costuma acreditar: na verdade, foi descoberto em 1938. Mas mesmo essa descoberta foi uma consequência imprevista de uma tentativa de criar um novo tipo de substância refrigerante. Seu descobridor, Roy J. Plunkett, creditou seu sucesso à maneira pela qual sua mente "foi preparada por meio de educação e treinamento para reconhecer novidades" (Bowden, 1997).

Aqueles que trabalhavam em projetos espaciais podem não ter inventado o Teflon, mas a corrida espacial recebeu créditos por milhares de desenvolvimentos dela decorrentes. A seguir, alguns exemplos:

>> A tecnologia desenvolvida para obter imagens de alta resolução em Marte é usada agora para captar fotos em jogos de beisebol.

>> Microssensores desenvolvidos para permitir que os astronautas medissem o conteúdo de água estão sendo agora usados para permitir que plantas "sedentas" enviem mensagens a fazendeiros.

>> Trajes de resfriamento em caminhadas pelo espaço são usados agora por aqueles que trabalham em ambientes muito aquecidos, como pilotos de corrida e trabalhadores em estaleiros.

>> Técnicas de purificação de água desenvolvidas para reciclar água no espaço são usadas agora para simplificar processos de diálise renal.

Mesmo o Viagra, um dos medicamentos mais famosos e bem-sucedidos de todos os tempos, foi também um desdobramento acidental de testes com drogas direcionados a ajudar a tratar pressão sanguínea anormal e doenças cardíacas. Atualmente, outra droga relacionada está sendo investigada como potencial ajuda para reduzir os efeitos da demência vascular, o que ilustra como uma descoberta acidental pode ter consequências em série.

O que esses exemplos têm a ver com a elaboração de um roteiro direcionado à cultura de inovação? Tudo! Construir uma cultura de inovação significa afastar-se de um desenvolvimento linear, deixar de priorizar as vendas e abandonar as limitações de perseguir apenas melhoras continuadas para abrir ideias e mentalidades ao potencial que é possível explorar ao olhar para os problemas a partir de um novo ângulo. A equipe de liderança precisa tomar a frente, mas seus

Construir a habilidade de inovar

205

membros precisam também assegurar que a infraestrutura e o ambiente sejam transformados para permitir e incentivar os outros a se abrirem às possibilidades à sua volta. Retomaremos esse ponto mais tarde neste capítulo, ao tratarmos da construção de estruturas para apoiar o ecossistema de inovação.

Líderes precisam construir uma visão convincente

Além de uma mentalidade mais aberta, CEOs e equipes de liderança precisam ter clareza e alinhamento de visão. Qual é a grande visão da organização, qual é o seu propósito inspirador e que impacto ela quer ter no mundo? A visão, que às vezes é vista como uma coisa "cor de rosa" demais, define o curso e a direção de uma organização e é absolutamente vital, embora muitas vezes seja abordada de maneira banal. Criar uma visão estimulante do futuro pode se tornar o fator agregador que liga os funcionários à jornada, levando-os a contribuir de bom grado com sua criatividade e ideias, pelo fato de acreditarem no destino futuro.

Em capítulo anterior, vimos que é importante os membros da equipe de liderança assimilarem a mudança nas próprias crenças e comportamentos essenciais, para serem capazes de ter sucesso em liderar a mudança. E faz parte dessa assimilação entender a fundo a maneira pela qual uma visão forte pode atuar como catalisador para a mudança. A visão pode ser um conceito difícil de captar. Como líderes, é muito fácil acabar pondo foco primeiro em aspectos como lucro/expansão/posição no mercado etc. Assim, ao lidar com a ideia da visão, acaba-se às vezes criando uma concepção que apoia essas áreas visadas.

Seja em uma empresa liderada por inovação ou em outro contexto, criar uma visão bem-sucedida, que faça o negócio avançar de fato, requer que os líderes invertam a pirâmide. Em lugar de encarar a visão como apoio à lucratividade e a outros alvos desse tipo, ela deve ser pensada como o ato fundador que, por meio de seu sucesso, permitirá alcançar as metas finais. O estudo de caso Prudential citado no Capítulo 1 é um exemplo perfeito da maneira pela qual uma liderança e uma visão fortes podem se somar para criar produtos diferenciados e despertar o entusiasmo do mercado. Sem essa visão, a organização talvez não tivesse tentado entrar no mercado polonês e certamente não teria buscado fazer isso da maneira inovadora que o fez. Mas, sem uma forte liderança, a visão teria naufragado sob o peso da inércia, das preocupações com riscos e de outras barreiras à mudança.

Já tratamos da criação de visão e de valores em capítulos anteriores, mas é aqui que entra realmente em jogo sua importância para definir e entregar a agenda de inovação. Os valores organizacionais que sustentam a visão precisam ser algo em que a organização toda acredite e que ajude a definir a trajetória de sua agenda de inovação, o comportamento exigido e o ambiente que você cria e promove na sua organização. Mesmo que a visão seja forte, se a organização inteira não se unir para criar sistemas e processos que se alinhem à visão, então essa desconexão pode arruinar qualquer probabilidade de sucesso. Portanto, os alvos definidos, as métricas usadas, as expectativas e os bônus têm, todos eles, que se alinhar ao ideal da inovação. Equilibrar a visão com os processos internos pode ser desafiador e a equipe de liderança terá que criar soluções que atendam bem a essas duas metas.

Exemplo ✅

Vamos usar como exemplo as corridas do milionário negócio da Fórmula 1. Quando um carro faz o pit stop para a troca de pneus, quanto mais cedo volta à pista, melhor. Mas isso significa que você deve definir expectativas e bônus por desempenho apenas em termos de rapidez? Não, porque embora os tempos de troca tenham sido bem reduzidos nos últimos anos, a rapidez excessiva pode resultar numa roda mal colocada, que exija outra parada ou se desprenda na primeira curva. É o caso então de priorizar a substituição segura do pneu? De novo, não, pois isso fará o carro gastar mais tempo nas paradas e reduzirá as chances de uma boa classificação.

Portanto, o desafio para essa equipe é achar uma solução que atenda aos objetivos-chave, ou seja, maximize as chances de uma troca segura e minimize o tempo gasto. Em busca disso, o pessoal do pit stop e da fábrica sugeriu várias soluções inovadoras, desde redesenhar equipamentos cruciais a focar em rapidez e treinamento, e foi recompensado de acordo. ∎

Construir a habilidade de inovar

Esse é um exemplo perfeito de saber o que se quer conseguir e visar e recompensar adequadamente. Infelizmente, com muita frequência ocorre o oposto. Poderíamos também inversamente ter usado o exemplo de uma equipe de liderança que quer melhorar as relações com o cliente e, no entanto, coloca como meta o número de chamadas atendidas; ou a organização que quer ser a primeira a chegar ao mercado e, por isso, economiza nos testes de segurança.

Poderíamos até ter usado o exemplo de uma organização de serviços financeiros que quis melhorar a maneira de lidar com seus clientes de pequenos negócios. A ideia que surgiu na equipe de liderança foi treinar gestores de relacionamento para compreenderem melhor os clientes, seus problemas, negócios e desafios e, no processo, aprenderem a prestar-lhes um serviço melhor. Em outras palavras, havia a ideia de não se preocupar tanto em vender produtos e mais de resolver problemas e construir relacionamentos. Infelizmente, quando a ideia já havia passado por sucessivas camadas de gestão e nenhuma das quais se engajara o suficiente na visão original, o resultado foi designar um auxiliar da equipe de treinamento para oferecer um curso de meio expediente sobre mudança de comportamento, mas sem alterar as metas, que continuaram sendo vender produtos.

O conceito original, isto é, afastar-se das vendas e buscar melhorar o relacionamento, sinalizava um movimento em direção a um relacionamento mais inclusivo e mutuamente compensador. Em qual ponto isso deu errado? Bem, o problema foi simplesmente encarar isso como outra *tarefa,* em vez de mudar a abordagem e a cultura. Achar que ideias e abordagens podem ser mudadas dando uma "boa guaribada" mostra total falta de compreensão da natureza do desafio e da natureza das pessoas. Acrescente-se o fato de que as métricas usadas ainda calculavam produtos vendidos, em vez de medir a satisfação do cliente. Ou seja, a ideia estava fadada a fracassar antes mesmo de começar.

A mensagem que pode ser depreendida desses exemplos é que a visão não é nada, a não ser que todo o resto se alinhe a ela. Aqui, de novo, cabe à equipe de liderança garantir que isso aconteça e que a visão e a compreensão não fiquem apenas na equipe, e se disseminem pelas sucessivas camadas da gestão intermediária/líderes de equipe e assim por diante. Seu apoio é vital para que a mudança ocorra.

Examinaremos essa questão mais a fundo no Capítulo 7, ao tratarmos da implementação da mudança.

Ao avançar, é preciso também reconhecer que a visão pode mudar e com ela também a estratégia de inovação. O mundo em que operamos está num estado tão intenso de fluxo, de crescente complexidade e movimento que as organizações devem ser capazes de "se mexer" em tempos de mudança. Isso significa moldar as organizações e, mais importante ainda, moldar as pessoas para que atuem no "estado dual", isto é, sendo firmes e resistentes a ataques, mas também fluidas e dinâmicas toda vez que surgir a necessidade. Acima de tudo, os líderes devem, portanto, acolher a adaptabilidade e introduzi-la em sua abordagem à inovação.

Perseguir o mesmo caminho e a mesma visão quando a data de validade já venceu significa que as organizações batalham apenas para manter ou ganhar fatias de mercado, tentando desesperadamente competir no velho estilo de jogo – enquanto concorrentes que pensam mais à frente, com olhos no horizonte, já mudaram e já estão vencendo, inseridos nas novas regras do jogo.

Liderar externamente

Não poderíamos passar adiante sem destacar a importância de não apenas liderar a organização internamente, mas procurar atrair os que estão fora dela para o mix. É um tema que já abordamos, mas que ganha maior importância quanto mais você se aproxima de alcançar sua meta de inovação. *Stakeholders* externos, órgãos de regulação, agências governamentais, fornecedores, clientes, até organizações com as quais você tenha projetos conjuntos, tudo isso afeta e é afetado por sua mudança de cultura.

Para aqueles que buscam liderar uma cultura de inovação, liderar externamente é tão importante quanto liderar pessoas dentro da organização. Afinal, são esses os relacionamentos que acabarão trazendo o maior benefício aos seus clientes. O que dizer do relacionamento com órgãos de regulação? É muito mais um relacionamento de mão dupla do que a concepção popular nos faz acreditar. Embora os órgãos de regulação tenham o dever de cuidar, os negócios também têm um dever equivalente com clientes e investidores. O resultado é um relacionamento no qual ambas as partes procuram trabalhar em conjunto para o benefício geral dos consumidores.

Construir a habilidade de inovar

E, em seguida, há o relacionamento geral que as organizações têm com fornecedores e outros terceiros. Não adianta ser inovador se seus fornecedores ainda estão trilhando o mesmo caminho de antes. De pouco adianta seguir sozinho provendo soluções de produto inovadoras quando há outros no mercado que podem já ter parte da solução; e não faz sentido oferecer-se para trabalhar com outra organização para prover uma solução completa, e depois recusar-se a interagir com ela.

Ao liderar externamente, não se deve subestimar a importância de uma liderança forte que interaja com os diversos grupos de *stakeholders*. Mesmo dentro de uma grande organização, quem patrocina a inovação provavelmente gasta parte significativa de seu tempo em gerir os *stakeholders*, a fim de alinhar as pessoas, em vez de trabalhar na própria inovação.

Construir relacionamentos mútuos fortes é crucial para o sucesso. Envolve influenciar pessoas, conduzir os diferentes grupos na jornada de mudança compreendendo a situação deles, suas restrições e prioridades etc., e com isso criar o máximo de alinhamento possível. Também pede que os líderes facilitem na medida do possível chegar a um acordo com as pessoas. Por exemplo, se alguém precisa fazer uma apresentação a um conselho diretor ou comitê gestor, você pode ter que ajudá-lo a moldar uma apresentação que tenha maior probabilidade de produzir um bom resultado. No final do dia, é o resultado que interessa, e se isso significa fazer coisas que podem não estar dentro das suas atribuições considere que talvez seja vantajoso aceitar fazê-las.

Reconhecer os verdadeiros influenciadores nas tomadas de decisões é crucial para conquistar a adesão emocional das pessoas, para que elas no mínimo explorem o conceito; e ter também um bom plano para os *stakeholders*, usando os princípios vistos no Capítulo 5.

Do mesmo modo que a Siemens implementou o SpigitEngage para coletar ideias do mercado, outras organizações podem também inovar por meio de colaboração. E para que uma colaboração seja bem-sucedida, as organizações precisam definir e compartilhar uma meta comum, e isso significa liderar externamente, levar seus valores à esfera geral de negócios e trabalhar em conjunto para prover soluções. Para ilustrar isso, o estudo de caso a seguir mostra como liderar externamente transformou uma ideia num negócio bem-sucedido.

Estudo de caso 🔍

Liderança colaborativa em ação

INTRODUÇÃO

Acabamos de examinar a importância de liderar externamente, colaborando com órgãos externos não só para desenvolver produtos, mas para traduzir ideias em negócios viáveis. É esse o caso especialmente quando se trata de novas empresas e de propostas que inauguram novos áreas de atuação e têm que trabalhar com stakeholders externos e reguladores para provar a viabilidade e definir parâmetros para o novo produto ou serviço. Com isso em mente, vamos agora examinar o caso da BrightMove Media e ver como eles foram bem-sucedidos em lançar um produto inovador no mercado publicitário.

SITUAÇÃO

Londres é uma cidade vibrante, de trabalho e de lazer, e acolhe todo ano milhões de pessoas que vêm trabalhar e depois voltam para casa, além dos visitantes. Trata-se, portanto, de um local *prime* para anúncios globais, e o espaço publicitário em Piccadilly Circus é realmente considerado um dos locais icônicos mais fotografados do mundo. Portanto, tendo em conta a audiência potencial, seria seguro supor que os anunciantes já tivessem explorado plenamente o potencial publicitário de Londres.

No entanto, o ritmo acelerado da mudança tecnológica criou novas oportunidades, e em 2011 os fundadores da BrightMove Media identificaram a possibilidade de introduzir anúncios interativos nos tetos da prestigiosa frota de táxis pretos londrinos. A premissa dessa ideia é que as mensagens podem ser mudadas à vontade graças ao benefício adicional proporcionado pelo chamado *geotargeting*, que permite veicular mensagens ou anúncios diferentes dependendo da área de Londres pela qual o táxi passa naquele momento.

ABORDAGEM

Por se tratar de produto totalmente novo, não havia um *benchmark* ou um padrão a partir do qual se pudesse trabalhar. Isso criou desafios, assim como uma oportunidade não apenas de introduzir um novo produto no

Construir a habilidade de inovar

211

mercado, mas também de projetar os parâmetros de aceitação ao longo do processo. Uma pesquisa mostrou que o produto tinha lugar no mercado de mídia e poderia ajudar a resolver o problema de entregar uma publicidade dirigida de melhor qualidade e mais relevante, bem como ser responsabilizável. Também destacava quatro principais *stakeholders*, cada um com uma agenda diferente. Eram eles:

» **Transport for London (TfL).** Este órgão regula todo o transporte nos limites de Londres. A BrightMove Media precisou não só atender às preocupações do TfL sobre segurança e riscos, mas trabalhar com o TfL para definir parâmetros aceitáveis para o novo produto. Ao montar os displays nos tetos dos táxis, também surgiram preocupações a respeito da "alteração da forma" de uma marca [os táxis] que conta com reconhecimento mundial.

» **Gerentes de mídia/compradores e marcas que anunciam.** A publicidade outdoor no Reino Unido movimenta 1 bilhão de libras e os anunciantes estão sempre à procura de um novo local. No entanto, embora haja o impulso para novas aplicações inovadoras, o mercado é um pouco avesso ao risco. Isso trouxe desafios específicos para essa ideia inovadora e potencialmente disruptiva, que prometia sacudir o mercado.

» **Taxistas e setor de táxis.** Com uma história magnífica de mais de 350 anos, os motoristas dos táxis pretos londrinos tendem a ser conservadores. Seu modo de vida está sofrendo ameaças, vindas de operadoras privadas de caronas e de outros setores de transportes, portanto é natural que as mudanças gerem preocupações. Ganhar aceitação e confiança exigiu um significativo investimento em tempo e dinheiro quando a BrightMove Media trabalhou com os motoristas para identificar os benefícios de anunciar no Taxitop [Teto do táxi].

» **Investidores.** Trabalhar com um grupo diversificado de investidores suscitou uma ampla gama de pensamentos e contribuições ao projeto, ajudando a aprimorar e a levar adiante a ideia inicial.

Para introduzir sua ideia no mercado, a BrightMove Media precisou trabalhar com todos os stakeholders mais relevantes, prevendo e superando desafios e provando a segurança e viabilidade do conceito. Foi necessária uma forte liderança visível, tanto dentro do negócio quanto externamente, para compartilhar e manter a visão e o impulso e tornar os *stakeholders* fortes colaboradoras do projeto.

Isso significou que, por exemplo, ao trabalhar com a TfL, a BrightMove Media teve não só que entender de questões e preocupações de segurança, mas também precisou liderar a mudança dentro do próprio órgão de transportes. A TfL e a BrightMove Media, por não contarem com um esquema a partir do qual pudessem trabalhar, partiram essencialmente do zero: trabalharam em conjunto para prever potenciais armadilhas, como a possibilidade de o público se distrair com os anúncios e portanto correr riscos ou para avaliar se a mudança na aparência dos táxis afetaria as percepções dos turistas. E embora essas fossem preocupações principais, a liderança da BrightMove Media precisou também compatibilizar seu trabalho junto à TfL com as necessidades dos *stakeholders* e do negócio.

CONCLUSÃO

Tirar uma ideia inovadora do papel e levá-la até o lançamento e a uma comercialização bem-sucedida não é nada fácil, mas a BrightMove Media mostrou que trabalhar em conjunto com outros envolvidos e aceitar suas ideias pode levar ao sucesso. Tanto assim que em 2014 seu CEO, Piers Mummery, foi cotado tanto para o Prêmio de Empreendedor Urbano do Ano como para o de Empreendedor de Mídia Disruptivo do Ano, ambos no âmbito do Entrepreneur Awards da Grã-Bretanha.

Na época em que escrevíamos este livro, a BrightMove Media já havia instalado mais de 400 telas Taxitops, colocando nas ruas de Londres o que há de mais novo no modelo de publicidade "near and now" [perto e agora], e agora planeja uma expansão adicional, tanto domesticamente quanto no exterior. ∎

Por que os líderes precisam engajar o RH?

Mencionamos previamente a importância de trazer a equipe de RH para o mix da liderança de inovação. Agora, examinaremos alguns dos sistemas, das políticas e dos processos que o RH, em conjunto com a equipe de liderança, pode usar para apoiar a estrutura de inovação. Mas, primeiro, julgamos importante reservar um tempo para examinar por que a contribuição da equipe do RH é tão vital para o sucesso da inovação. E vamos começar com o lembrete de que a equipe de RH deveria se sentar à mesa desde a discussão inicial e a fase de projeto. Trazê-los para dentro só na implementação é pedir que "embarquem" num projeto já em andamento, do qual eles por direito já deveriam ter participado ativamente desde o início.

Para dar certo, uma inovação requer colaboração em múltiplos níveis. Isso significa que, a fim de construir uma cultura de inovação, esta precisa ser abordada como um "esporte de equipe", e quando se trata de trabalho em equipe e de engajamento de funcionários, o RH está bem na linha de frente em termos de conhecimento. Isso é especialmente verdadeiro na hora de encontrar os *i-agents* que ajudarão a conduzir a agenda de inovação, e de inspirar as pessoas a contribuírem e apoiá-las nisso. Já destacamos previamente a importância desses defensores, mas quando se trata de criar o roteiro que traduz visão e ideais em fatos concretos, o papel dos *i-agents* é crucial. Portanto, cabe à equipe de liderança encontrar essas pessoas, patrociná-las, treiná-las e "liberá-las". Para isso, os líderes devem acolher a ajuda e apoio estratégico de seu diretor de RH e do departamento de RH. Construir uma cultura de inovação requer que os líderes utilizem todas as ferramentas à mão, e pela própria natureza de seus papéis, os profissionais de RH estão no núcleo e na vanguarda das estratégias que lidam com pessoas. São eles os responsáveis por assegurar a contratação das pessoas certas, e por mantê-las e equipá-las com as aptidões necessárias para levar a organização adiante. Isso significa que o RH, que com frequência é subestimado ao se perseguir a inovação, está em posição perfeita para começar a ajudar a construir a estrutura cultural que apoia a estratégia e a visão e move adiante a inovação. Isso, por sua vez, ajuda a garantir que as pessoas sejam colocadas no centro das estratégias de inovação.

Não podemos nos enganar: a equipe de RH não está ali só para encontrar e identificar aqueles *i-agents* que vão se situar em todos os níveis da organização e irão apoiar a inovação. Já mencionamos a importância de incluir o diretor de RH, no mínimo na equipe de liderança, mas quando se trata de incorporar a cultura, então os parceiros do RH devem estar disponíveis para apoiar as linhas de negócios identificando e nutrindo talentos, compreendendo os conjuntos de aptidões-chave, as estruturas de recompensas e os programas de reconhecimento, apoiando assim a agenda de inovação. Movimentos em direção a uma mudança de cultura às vezes são difíceis de assimilar pelos funcionários. As pessoas, por sua própria natureza, amam a estabilidade, e sempre que são solicitadas a adotar novos valores, novas crenças e novas atitudes, manifestam alguma resistência. É interessante notar que, mesmo quando pedimos aos funcionários que mudem e abandonem uma cultura tóxica de *bullying* para adotar outra mais compassiva e aberta, surgem obstáculos a superar, pois é difícil romper com velhos hábitos e toda sugestão de uma nova cultura é vista de início com suspeitas. Ou seja, se até pequenas mudanças culturais podem ser difíceis de introduzir, quanta resistência e inércia os líderes não terão que vencer quando se trata de adotar uma cultura de inovação? Levada à sua extensão máxima, na hora em que uma cultura de inovação plena é incorporada à organização, a equipe de liderança terá eliminado toda demarcação de funções, departamentos, processos fixos e hierarquia rígida e colocado no lugar estruturas mais planas, colaboração aberta e uma nova conformação de cada processo.

O fato é que, tipicamente, as taxas de fracasso em programas de mudança de cultura ficam em torno de 70%. Nós, como parceiros estratégicos de CEOs e de equipes de liderança, temos visto que as transformações culturais fracassam porque os líderes ou tentaram impor a mudança por decreto ou se preocuparam mais em obter vitórias rápidas, ignorando todo o trabalho preparatório necessário e "saltando para o melhor pedaço". Bem, embora você possa conceber sua estratégia para que inclua algumas vitórias rápidas ao longo do caminho, o "melhor pedaço" simplesmente não vai acontecer e com certeza não será sustentável e replicável a não ser que o trabalho de base tenha sido feito.

Construir a habilidade de inovar

Talvez valha a pena enfatizar aqui que a natureza e extensão do trabalho de base exigido depende da própria organização e de sua maturidade em inovação. Assim, embora algumas organizações estejam voltadas para o modelo holocrático de autoridade distribuída, outras podem seguir uma rota mais convencional. Por isso é tão importante construir a equipe de alto nível em inovação de modo a incluir os *i-agents,* e assegurar que a equipe se envolva na criação conjunta e no desenvolvimento de uma estrutura e de um roteiro de inovação. Por isso é crucial que o RH esteja envolvido em todos os níveis – com seus membros atuando como guardiões do plano, compartilhando aprendizagem e *feedback*, ligando metas à inovação e provendo apoio contínuo.

Além disso, um dos primeiros desafios para o RH é agir como a voz da razão nas situações em que o CEO quer apenas acelerar e "fazer coisas". Os profissionais de RH conhecem bem seu pessoal e podem ajudar o CEO e a equipe de liderança a entender que as pessoas não querem ouvir discursos, ou apenas receber ordens, e que o mais seguro para fazer a cultura mudar é pegar o caminho certo desde o início.

Identificar e engajar empreendedores internos

Logo adiante vamos avançar e examinar a estrutura de apoio a ecossistemas de inovação. Antes, porém, achamos oportuno gastar mais um tempo tratando de algumas pessoas que podem favorecer ou emperrar a mudança. São os *intrapreneurs* ou empreendedores internos.

Já demos uma rápida olhada nos principais traços desses empreendedores internos no Capítulo 6, quando vimos alguns dos grupos de "influenciadores", mas, como seu papel é tão decisivo para criar a cultura de inovação dentro da organização, vale a pena compreender de fato esses indivíduos.

Você já deve estar familiarizado com os empreendedores, aqueles indivíduos que se dedicam a criar algo especial, em geral por meio do modelo de negócios das startups. São pessoas de ideias, disruptores, indivíduos que enxergam uma oportunidade e vão em frente para fazer a diferença. Você talvez não tenha consciência de que há indivíduos-chave dentro da sua organização que têm os mesmos traços. São os chamados *intrapreneurs*, ou empreendedores internos, que não se contentam em assumir uma posição passiva e têm um ardente desejo de ajudar a organização a ter sucesso, bem como imaginação e motivação para conduzir uma mudança. *Intrapreneurs* são os inovadores naturais da organização, confortáveis em navegar em meio à incerteza e explorar novos territórios. Eles aplicam pensamento e ações empreendedoras ao papel que desempenham na organização, e isso significa que acima de tudo incorporam a noção de que inovar é tarefa de todos.

As organizações que queiram tornar a inovação parte crucial de seu DNA precisam alavancar estratégia, liderança e cultura, e os *intrapreneurs* podem ter influência nesses três aspectos:

» **Estratégia.** Em capítulos anteriores esboçamos a importância da estratégia, e da comunicação da estratégia, e essa é uma área em que os *intrapreneurs* podem brilhar. Assimilar a mudança, interpretá-la para os colegas e traduzi-la em ações e comportamentos são papéis-chave dos *intrapreneurs*. Os bem-sucedidos costumam demonstrar um grau relativamente alto de inteligência emocional e podem, portanto, compreender e ter empatia com pessoas de toda a organização, ajudando a transmitir a mensagem. Além disso, como pensadores conectados podem acrescentar peso à estratégia, ajudando a traduzir as palavras em ações concretas.

» **Liderança.** *Intrapreneurs* podem não ter um título, mas são líderes no pleno sentido da palavra. Abrem o caminho, incentivam e criam entusiasmo, compartilhando a visão; são indivíduos capazes de conduzir a mudança. Com sua propensão natural a se apropriar e assumir responsabilidade, conseguem demonstrar os benefícios do empoderamento e que as pessoas não precisam esperar que lhes sejam atribuídas responsabilidades, elas podem assumi-las por meio de suas ações e atitudes.

» **Cultura.** *Intrapreneurs* são criadores de ideias, são construtores e se dispõem a assumir riscos; têm inclinação a tentar o novo ou o diferente e ao mesmo tempo têm noção dos riscos e recompensas. Como geralmente estão no coração da organização, são "bilíngues corporativamente", isto é, capazes de influenciar tanto

Construir a habilidade de inovar

acima quanto abaixo da linha hierárquica, ajudando a conduzir o impulso para a mudança de cultura. Além disso, como não se contentam em simplesmente desempenhar uma tarefa, têm maior probabilidade de procurar criar conjuntamente com os outros, e no processo ajudam a romper departamentos e fomentar a colaboração.

A estrutura de apoio a ecossistemas de inovação

Até aqui, neste capítulo, procuramos consolidar nossa compreensão da importância da equipe de liderança em passar uma mensagem consistente ao se dedicar a inculcar a cultura de inovação. Tendo isso em mente, vamos agora mergulhar de fato nas profundezas do roteiro, vendo primeiro os sistemas, as políticas e os processos que sustentam a introdução da inovação e depois examinar como medir o sucesso da inovação, antes de finalmente tratar de um possível método para introduzir todo o processo.

Temos tentado, sempre que possível, prover algumas soluções genéricas, na esperança de que atuem para catalisar suas ideias de desenvolvimento. Naturalmente, dependendo da sua área, você encontrará alguns desafios/pontos a considerar, específicos de seu setor. No entanto, todos podem ser superados desde que a equipe de liderança se concentre na mensagem-chave, que é criar soluções para problemas reais, onde quer que ocorram. As ideias que discutimos aqui também precisarão ser modificadas para corresponder ao seu mix ótimo de inovação e à sua estrutura. Por exemplo, se você optou pelo sistema operacional dual, visto no Capítulo 4, então mudanças no atacado só podem, e devem, ter lugar se os novos sistemas também derem apoio àqueles incumbidos da tarefa de manter os processos essenciais.

Com isso em mente, vamos examinar alguns dos sistemas, políticas e processos que formarão a base do roteiro que irá levar a uma nova cultura de inovação.

>> **Gestão de desempenho.** Este é um dos elementos intrínsecos do engajamento dos funcionários, particularmente se você está se movendo para um modelo de engajamento mais autogerido.

Já cobrimos em grande parte esse aspecto neste capítulo, portanto é suficiente dizer que, a não ser que você defina e meça metas de desempenho alinhadas ao modelo de inovação, estará transmitindo mensagens ambíguas. Esse é um ponto no qual a equipe de RH pode contribuir para o mix com sua considerável *expertise*. Quando você quer obter colaboração, quando o fracasso se tornou um ponto de aprendizagem mais do que motivo para repreensões, então os funcionários precisarão não só de *coaching* para as novas atitudes, mas talvez de mudanças na estrutura de avaliação/recompensa. Por exemplo, quando a inteligência é parte intrínseca do processo de inovação, o pessoal da central de atendimento pode ficar na linha de frente para obtenção de *insights* do cliente. Mas se a meta de medição for o número de chamadas com as quais eles lidam, então não terão o tempo necessário para conversar com os clientes e compreender seus problemas mais abrangentes. Para superar isso, as metas precisam ser alteradas, a fim de recompensar os comportamentos focados em inovação.

>> **Pagamento e recompensas.** Na sequência do exposto acima, numa estrutura linear, as faixas de salário são relativamente fáceis de definir. Mas quando há uma estrutura mais plana e a colaboração entre os departamentos passa a definir o jogo, então a estrutura inteira de pagamento e recompensa pode requerer uma correção. Por exemplo, será que é o caso agora de se basear nos comportamentos da equipe mais do que nas contribuições individuais? O próprio pagamento deve basear-se em esforços para recompensar a inovação ou em outros critérios? Se uma parte da organização adotou um modelo de inovação enquanto outras ainda precisam embarcar nele, de que maneira você irá estruturar as escalas comparativas?

>> **Comunicações internas.** Não importa o que você faça, evite decidir que, pelo fato de ter agora colaboração, pode simplesmente copiar tudo de todo mundo no futuro. Mas considere também que as estruturas de comunicação existentes talvez não

apoiem bem uma mentalidade de inovação. Portanto, gaste um tempo revendo e corrigindo seu sistema de comunicação interna. Desde quadros de avisos e ideias e soluções inovadoras de *crowdsourcing* e de intranets a salas de bate-papo instantâneas e plataformas colaborativas de compartilhamento de ideias, há muitos sistemas à sua escolha ao desenvolver as capacidades de inovação. Mesmo a "caixa de sugestões", que sempre esteve presente, pode ter um papel a desempenhar, mas primeiro você terá que reinventá-la para ir além das percepções do tipo "marcar quadradinhos".

» Desenvolvimento de sistemas. Grande parte do trabalho envolvido no desenvolvimento de sistemas é consequência da adoção de uma cultura de inovação, e não um preâmbulo dela. Mas a equipe de liderança precisa estar atenta à possibilidade de desenvolver sistemas, seja para permitir que funcionários colaborem com maior facilidade, seja para prover funcionalidade adicional que aprimore a experiência do cliente. Em sintonia com o modelo de inovação, a maneira pela qual o desenvolvimento de sistemas é abordado pode também ter que ser reexaminada. A entrega de soluções inovadoras não deve se apoiar num modelo que dá cada passo no ritmo de uma lesma. *Agile* é agora o nome do jogo, aliado a "produto mínimo viável/solução", e se importa mais em lançar no mercado mais cedo do que em lançar algo perfeito, tendo desenvolvimento iterativo na continuação.

» Processos. Sejamos honestos: você não irá mudar todos os processos num instante. Dentro de qualquer organização sempre há muito entrelaçamento, portanto desemaranhar os fios leva um tempo. Mas também há processos que quanto mais cedo forem mudados, melhor. Comece com os do tipo "Será que realmente precisamos de x?" e avance a partir daí. Desembaraçar e livrar-se de processos que fazem empacar a fluência do sistema equivale a conquistar "vitórias rápidas" muito úteis, especialmente se estiverem espalhados pelos departamentos. E quando falamos de revisões de processos, devemos estar atentos à abordagem "comece com o cliente e retroceda até a tecnologia exigida". Com certeza, essa é uma abordagem que não se limita àqueles que vêm se esforçando para incorporar um ecossistema de inovação, mas uma abordagem particularmente apropriada para facilitá-lo. Como vimos em capítulos anteriores, a inovação busca resolver problemas reais, portanto se você ainda não identificou esses problemas reais, sua revisão de processos irá apenas chover no molhado.

>> **Políticas.** Políticas de RH, políticas de segurança, uso de equipamento de proteção pessoal em políticas de trabalho – algumas são necessárias para atender às exigências da lei, mas outras ficaram adultas com o passar do tempo e, para sermos francos, não têm lugar numa Organização da Próxima Geração. Revise-as com um olhar crítico e corrija-as o quanto antes. Aqui também é possível engendrar algumas vitórias rápidas. E não se esqueça de ser inovador quando fizer as revisões. Por exemplo, por que os celulares são proibidos no local de trabalho? Será que "traga seu próprio dispositivo" [*Bring Your Own Device*, BYOD) não seria uma medida mais adequada para atender às expectativas da Geração Z? O que você entende exatamente por trabalho flexível?

>> **Recrutamento.** Quando os valores e as competências da organização mudam, então é inevitável que ocorra um reexame nos processos e políticas de recrutamento. Contratar em função da adequação à cultura organizacional ganhou tração rapidamente desde o final da recessão, e contratar aqueles que têm perfis mais abertos e colaborativos pode ser uma vantagem. No entanto, ao se concentrar nesses traços não devemos excluir todos os outros. Você ainda quer alguém sintonizado com valores essenciais, como honestidade e precisão. Um ponto a ter em mente aqui é a mudança que ocorre no mercado de trabalho uma vez que os países vão saindo da recessão. Depois de vários anos em que os empregadores tinham maior força, a maré agora parece virar a favor dos funcionários.

Construir a habilidade de inovar

Se a queda na taxa de desemprego não fosse indicação suficiente, o aumento no número de artigos na internet procurando mostrar aos funcionários como identificar a cultura do seu futuro empregador dá alguma medida de como o mercado de trabalho está se movendo. Isso torna contratar em função da adequação cultural um processo de duas vias, com ambos os lados procurando sentido no relacionamento. Mas não importa o quanto o processo de emprego seja rigoroso, é só quando os novos funcionários experimentam a organização a partir de dentro que as potenciais harmonizações podem ser confirmadas ou não. Do lado do empregador, essa é uma razão pela qual o período de experiência tem às vezes um valor inestimável; do lado do empregado, talvez o modelo da Zappos mereça ser investigado, com os novos contratados recebendo ofertas em dinheiro para ir embora se por acaso se sentirem incapazes de adotar o estilo Zappos.

» **Risco e governança.** Toda vez que se fala em inovação, é inevitável que a questão da matriz de risco venha à tona. Embora a inovação exija aceitar o fracasso como ponto de aprendizagem, isso não equivale a um aumento no chamado "Risco do Cavaleiro". Em vez disso, é importante que as liberdades inerentes à inovação estejam atreladas às definições de risco aceitáveis ou ao que chamamos de "Risco Inteligente". Portanto, embora a inovação leve de modo inevitável a uma reavaliação da matriz de risco/governança, isso não implica que esta seja descartada. Em parte, essa mudança é conduzida pelo processo de engajamento dos 4Es, que inclui educação e empoderamento, mas não são apenas as pessoas que precisam mudar, o processo de aprovação interno e externo também, para incentivar o empoderamento. Por exemplo, dar passos para identificar clientes vulneráveis e ter cuidado adicional para assegurar que produtos/serviços estejam alinhados às suas necessidades.

» **Treinamento e desenvolvimento.** Já cobrimos essa área em parte, ao tratarmos anteriormente do engajamento. Quando os comportamentos mudam, também mudam as aptidões exigidas para apoiá-los. Todos, da equipe de liderança para baixo, precisam de treinamento e *coaching* para desenvolver aptidões pessoais, a fim de atender ao imperativo da inovação. Isso inclui o desenvolvimento de uma visão mais holística da organização e uma ampliação das aptidões e dos comportamentos, como a colaboração e o foco no cliente.

» **Relacionamentos externos.** Quando a organização muda seu foco, o relacionamento com parceiros, fornecedores e clientes também muda. Conceber um programa de "inovação aberta" ajuda a garantir que o ideal de inovação seja assumido por parceiros e fornecedores, ao mesmo tempo que um relacionamento mais aberto abre caminho para maiores interações e para criar conjuntamente com os clientes soluções alinhadas, relevantes e inovadoras. De fato, quanto mais você desenvolve o ecossistema de inovação, mais gera oportunidades para rever contratos e relações comerciais e mudar futuros processos de seleção. Na medida em que então procura fornecedores para o mix de inovação, surgem necessidades de explorar não apenas os problemas dos fornecedores que você é capaz de resolver, mas também vai ficando mais claro quais fornecedores você pode convidar para a festa.

Antes de você entrar em pânico, saiba que não se trata de mudar todos esses sistemas e processos ao mesmo tempo. A chave é identificar o que precisa mudar e então estabelecer prioridades para introduzir as mudanças, de modo fluente e ordenado. Só depois de identificar as potenciais mudanças e de criar uma estrutura de mudança é que a equipe de liderança é capaz de mapear o caminho do momento atual até o futuro. Para ilustrar isso, vamos ver um exemplo de uma organização que resolveu o desafio do engajamento na inovação alavancando o poder da tecnologia.

Estudo de caso

Equipar a inovação movida por pessoas

INTRODUÇÃO

Acabamos de ver a importância de colocar o RH à frente e no centro da estratégia de inovação, e a maneira pela qual os líderes devem alavancar toda ferramenta disponível a fim de trazer a inovação para as interações do dia a dia. Conforme nos movemos pela nossa jornada de inovação, vimos numerosas ocasiões em que a tecnologia é um fator que propicia avanços, e quando se trata de RH e de engajamento temos outra oportunidade de usar a tecnologia para ajudar a transformar as abordagens à inovação. É o caso da Brightidea, cujo software crowdsourcing ajudou as organizações a aproveitarem toda a capacidade criativa de seu pessoal.

SITUAÇÃO

A Brightidea é guiada pelo conceito de que as organizações não têm apenas que inovar, elas precisam inovar mais rápido que o mercado para poder vencer. Depois de lançar sua primeira plataforma de inovação on-line em 2005, a empresa desenvolveu sua oferta e conseguiu oferecer uma série completa de capacidades que percorrem todo o ciclo de vida da ideia, da coleta inicial até a execução. A Brightidea é agora o parceiro a escolher para líderes globais como Cathay Pacific, BT Group (BT), General Electric (GE), Hewlett-Packard (HP) e Nielsen.

Quando a Nielsen procurou a Brightidea, algo previsto para uma organização global que oferece *insight* sobre os padrões de consumo, a Nielsen acreditava firmemente na inovação e no contínuo desenvolvimento de soluções baseadas em *insights* do cliente. No entanto, faltava a ela um método de rastrear e registrar ideias de maneira estruturada, e com isso:

>> Cerca 65% dos funcionários não tinham nenhuma ideia do que fazer para inovar, e aqueles que declararam ter ideia disso citaram mais de 20 ferramentas diferentes.

>> Não havia uma visão única do portfólio de inovação, e por isso a maioria dos funcionários (80%) descrevia a Nielsen como "não inovadora".

>> Cerca de 72% dos funcionários disse usar apenas e-mails e conversas para inovar.

>> Cerca de 68% das ideias apresentadas ficavam em aberto por mais de seis meses, sem que se decidisse nada a respeito, o que deixava os funcionários insatisfeitos, hesitando em contribuir com ideias.

ABORDAGEM

Assessorada pela Brightidea, a Nielsen projetou uma estrutura de gestão da inovação que define como a empresa capta, cataloga, decide e comunica as ideias tanto aos funcionários quanto aos clientes, de modo global e consistente, ao mesmo tempo em que dá suporte aos esforços da estratégia de inovação da Nielsen. Isso inclui criar um portfólio geral de indicação de desempenho que mede a amplitude, profundidade e impacto dos esforços coletivos de inovação da Nielsen.

O resultado é que a Nielsen foi capaz de aumentar o engajamento dos funcionários, liberar funções para inovar conforme a necessidade, satisfazer a supervisão e a governança corporativas e aumentar a atividade de inovação e o *throughput* [a capacidade de entrega de sua equipe em um ciclo de tempo]. Com uma equipe central de gestão do programa de inovação, auxiliada por "embaixadores" dentro das funções, o programa não só capta e recompensa as melhores práticas, como também combina disciplina e liberdade de uma maneira que incrementa e acelera o engajamento. O resultado obtido apenas nove meses após a implementação foi que:

>> 100% das ideias apresentadas são avaliadas e experimentadas (anteriormente não era medido).

>> 100% das ideias qualificadas como comercialmente importantes passam por IP *workflow* [fluxo de trabalho IP].

>> 100% dos funcionários são notificados sobre o status da ideia (anteriormente não era medido).

>> Houve aumento de 225% em desafios de ideação oferecidos aos funcionários.

» Houve aumento de 518% no envio de ideias.

» Houve aumento de 1000% em engajamento de funcionários pela primeira vez no Portal de Inovação da Nielsen.

CONCLUSÃO

Alavancar tanto o poder da tecnologia quanto o das pessoas melhora o engajamento e os resultados da inovação. Além disso, incentiva a formulação de ideias e permite aproveitá-las de maneira consistente. Quando as pessoas estão engajadas, os resultados têm o poder de mudar o jogo. ■

Como medir a inovação?

Ao trilharmos o caminho para o futuro, como iremos medir o sucesso ou sua ausência? O conceito todo de medir a inovação costuma ser polarizado, com a velha guarda achando que se deve medir tudo, afinal, você não consegue gerir o que não pode medir, e a nova guarda promovendo ao mesmo tempo a liberdade de ser criativo e uma abordagem de perdedor para a criação de inovação. E há ainda quem argumente que a inovação é impossível de medir e que qualquer coisa que tente medir a "criatividade" simplesmente a sufoca.

Mas estão equivocados. Criatividade sem medição equivale ao caos. E embora os padrões aleatórios que derivam da aplicação da teoria do caos possam compor belas imagens impressas em camisetas, isso tem pouco valor para desenvolver organizações movidas por inovação. A verdadeira criatividade exige trabalho árduo e disciplina. Além disso, cabe perguntar: será que desconsiderar medições e deixar o futuro da organização nas mãos da criatividade é uma estratégia de negócios viável? Na nossa maneira de entender, nem mesmo Mark Parker, o CEO da Nike, amplamente considerado o CEO mais criativo do mundo, seguiria esse mantra.

Segundo McKinsey (2010), mais de 70% dos líderes corporativos colocam a inovação entre as três prioridades dos negócios, mas apenas 22% implementaram métricas de inovação.

O problema é que se você não mede a inovação, como irá saber se ela ainda está acontecendo? Bem, talvez até esteja, mas não de uma maneira sistemática, tão eficiente quanto poderia ser. Além disso, se você não mede a inovação, como pode apresentar vitórias logo de início para ajudar a criar impulso e permitir que as pessoas sintam que a organização está progredindo?

Essa estrutura se baseia no fato de que você precisa encontrar o equilíbrio certo, e encontrar o equilíbrio certo significa achar um bom meio-termo entre medição quantitativa e qualitativa; ou seja, medir, por exemplo, tanto o retorno sobre investimento quanto o comportamento focado em inovação. Se você mede demais, desacelera a ideia e o processo de inovação, podendo até bloqueá-lo se a mensuração se tornar invasiva demais. Ao contrário, se tudo correr solto e você "deixar a criatividade livre", como vai saber em que pé está, o que está acontecendo e o qual é o retorno sobre o investimento?

Não medir o suficiente é tão perigoso quanto medir demais, e você pode até terminar tendo piores resultados. A sobrecarga de informações é uma faceta bem-conhecida da vida dos negócios e, com os megadados ganhando rapidamente tração, ser capaz de descartar o joio para chegar ao trigo é uma habilidade crucial. Na realidade, a ideia de uma "síndrome do feno" foi originalmente proposta há muito tempo, em 1990, por E M Goldratt. Logo no início de seu livro ele comenta: "Estamos nos afogando em oceanos de dados; no entanto, parece que raramente temos informação suficiente" (Goldratt, 1990). Ter montes e montes de dados costuma ser atraente, mas quando você se encaminha a um ecossistema de inovação que valoriza inteligência, ter um pé atrás em relação aos dados é um indicador-chave de sucesso.

Ser criativo e acolher diferentes pontos de vista, ideias, pensamentos, abordagens etc. é um elemento-chave da inovação, e a cultura que você constrói pode ajudar a promover isso ou não. Mas a inovação é de fato uma das coisas mais movidas por processo que uma organização pode ter, e isso significa que pode e deve ser mensurada. Tendo isso em mente, qual você imagina ser o equilíbrio certo em medições, e o que medir, quando e quanto?

Cada organização é única e pelo próprio fato de ter uma cultura individual, peculiar, abordará as coisas de maneira diferente. Portanto, a melhor abordagem é decidir o que irá ajudá-lo a melhorar ao inovar. A questão é: Com base em sua estratégia de inovação, visão, direção etc., o que você precisa saber a respeito do que está fazendo, e de como está fazendo, para aprender e melhorar, e construir um motor de inovação cada vez mais eficiente?

Medir por medir é um desperdício, custa caro e serve apenas para tranquilizar burocratas e analistas que vivem às voltas com dados, números e estatísticas. Mas a não ser que a informação lhe dê um *insight* real, valioso a respeito de como você pode melhorar seu processo de inovação e faça você ascender na escala de maturidade, só servirá para criar gargalos em termos de custo, exigir mão de obra e emperrar a meta central de gerar ideias úteis.

Escolher métricas relevantes

Construir o "portfólio de métricas" certo daquilo que precisa ser medido precisa ter foco nos motores de inovação mais importantes e mais adequados à sua abordagem. No entanto, há alguns fatores típicos, por exemplo, certificar-se de que seu portfólio de métricas está bem-desenvolvido e equilibrado. Ele deve ser congruente com aquilo que você tenta alcançar e com o que você precisa saber para continuar melhorando a fim de chegar lá. Deve também conter três partes do processo de inovação – *input*, *throughput* e *output*, ou seja: o que precisamos introduzir no nosso processo de inovação, o que é necessário para desenvolver soluções viáveis e, depois, quando implementado, o que estamos tendo como retorno dos resultados. De qualquer modo, não fique tão preso a medir "o quê" a ponto de ignorar a importância de medir *como* as pessoas estão acolhendo os novos comportamentos. Isso pode acabar sendo um simples acréscimo às revisões de desempenho, e se você não acompanhar o engajamento à mudança de cultura, poderá ver a adoção escapando pelos dedos.

Com isso em mente, é importante envolver os principais *stakeholders* e *i-agents* de toda a organização, a fim de identificar um conjunto inicial de métricas. Isso deve depois evoluir conforme for aumentando sua compreensão daquilo que funciona ou não. Com a fluência desses ciclos de aprendizagem, temos um processo contínuo que permite continuar inovando na sua abordagem de inovação.

Por exemplo, organizações que tradicionalmente veem a si mesmas como inovadoras, no sentido que essa palavra carrega de invenção, podem decidir que a solicitação de patentes é um elemento valioso do mix de inovação. Assim, a General Electric, cujos empregados solicitaram cerca de 20 mil patentes em uma década, é sempre citada como tendo nas patentes uma medida essencial de inovação. Porém, concentrar-se na solicitação de patentes e ignorar outros trabalhos de desenvolvimento que não chegam ao estágio de patente fornece um quadro falseado da verdadeira extensão dos esforços de inovação. Do mesmo modo, em outros setores, como o financeiro, em que a solicitação de patentes é uma ocorrência pouco usual, o cômputo de patentes provavelmente será um desperdício de recursos. Nesses casos, as medições podem ser mais bem focadas em áreas como:

>> **ROII** (*Return on Innovation Investment ou Retorno sobre Investimento em Inovação*). Medir o ROII põe foco em medir o custo real de recursos exigido para impulsionar a inovação junto ao custo do investimento em potenciais inovações específicas na forma de protótipos, testes etc. e o retorno financeiro obtido. *É importante adotar uma abordagem de capital de risco* (VC, de *Venture Capital*) *à inovação* ao medir o ROII, já que nem tudo o que você faz muda o destino da organização. Mas, como ocorre com qualquer VC, a abordagem precisa levar em conta o portfólio geral de atividade e não apenas o retorno de ideias individuais.

>> **Métrica de *input***. Um fator importante na medição do processo de inovação é a medida do conteúdo no início do processo. Esse processo típico da inovação começa reunindo ideias, mas nosso ponto de vista é que "ideias" são o estágio dois e que o primeiro estágio é o *insight* ou o processo de reunir "inteligência" a fim de detectar problemas que exigem soluções. Medir como e de onde você coleta essa inteligência pode estar especificamente alinhado com o seu propósito e direção essenciais e, portanto, pode ser medido, a fim de ter certeza de que você está coletando a informação e compreensão certas a respeito do mundo, e focando seus esforços de inovação na direção correta. Não faz sentido gastar tempo desenvolvendo grandes ideias que na realidade

não estão alinhadas com seus clientes ou com os problemas que eles atualmente enfrentam, ou que não estejam alinhadas *à* sua estratégia essencial.

Escolher a métrica de *input* mais adequada à sua organização dependerá da sua maturidade em inovação e dos resultados que você espera obter, conforme modificados por seu setor de negócios. Por exemplo, aqueles que estão em ambientes altamente colaborativos, como a indústria farmacêutica ou a esfera de marketing/publicidade, podem muito bem ver a captação externa de ideias e tecnologia como parte normal de suas metodologias. Assim, por exemplo, a Procter & Gamble tem o "Conectar + Desenvolver", uma estratégia de inovação aberta que procura incorporar ideias ao redor do mundo. Ao contrário, aqueles que estão mais habituados a trabalhar em sistemas fechados têm maior probabilidade de olhar primeiro para as métricas internas, ampliando gradualmente o âmbito à medida que o nível de maturidade em inovação aumenta. Depois que você tem uma noção de qual é a métrica mais apropriada à sua organização, pode então começar a pensar em medir suas ideias, assim como o volume, a qualidade e a fonte delas. A chave é focar na qualidade das boas ideias em vez de partir para abordagem usual mais focada na quantidade de ideias – muitas das quais não estão alinhadas aos problemas que você tem identificado. No entanto, a meta óbvia é obter quantidade *e* qualidade. A seguir, alguns ingredientes-chave:

 » O quanto você comunica bem tudo que diz respeito à inovação.

 » O quanto você se torna "inteligente" a respeito do mundo a fim de nutrir seu processo de inovação e o quanto você comunica isso bem.

 » O quanto seu pessoal está engajado em razão do quanto sua cultura é boa.

 » O quanto seu processo de inovação permite trabalhar facilmente com ele.

» O quanto cada um é inspirado pela visão futura da organização e pelo seu propósito.

» O quanto é visível que a equipe de liderança acolheu a inovação.

» Quão bem você define, estrutura e comunica o problema ou o desafio a ser enfrentado.

» Quantas pessoas têm permissão (como subproduto da cultura) de colaborar.

No entanto, essa lista tem foco na métrica de *input*, isto é, na maneira pela qual a organização muda reagindo à mudança de cultura. Para um ponto de vista equilibrado, você também precisa considerar a métrica do *output*, ou IIPP (*Implemented Innovations Per Person*, isto é, Inovações Implementadas por Pessoa). Isso pode ser medido pela relação entre quantos funcionários você tem (ou quantas pessoas contribuem ativamente para a agenda de inovação) e o número de ideias que realmente chegam ao mercado ou são implementadas.

Aqui, mais uma vez, o foco deve ser adequado à entrega e ao setor organizacional, mas a métrica de *output* pode muito bem incluir:

» O número de novos produtos, serviços e negócios lançados por meio de inovação e não "o que você normalmente já teria feito" no ano anterior.

» Porcentagem de crescimento máximo e mínimo a partir das inovações implementadas, em base anual.

» Número de ideias patenteadas pelos funcionários.

» Renda em royalties e licenciamentos obtida de patentes e de PI (Propriedade Intelectual).

» Número de inovações que promoveram uma diferenciação significativa no negócio existente.

Construir a habilidade de inovar **231**

» Número de inovações que criaram disrupção no negócio existente ou levaram à criação de um novo negócio.

» Porcentagem de novas inovações decorrentes de inovação aberta.

» Porcentagem de funcionários treinados em processos, ferramentas e estruturas de inovação.

» Número de clientes envolvidos na criação conjunta por meio de inovação aberta.

Essa lista não é exaustiva, logo, você pode escolher apenas alguns itens, mas crie sua própria lista para ter um conjunto de métricas alinhado à sua organização. O "portfólio de métricas" ideal ajuda a promover as ações e os comportamentos específicos exigidos para aumentar sua capacidade de inovação; portanto, certifique-se de não estar focado em métricas gerais, pois elas não irão ajudá-lo. Decidir as coisas certas a serem medidas já é um processo em si, mas o principal é certificar-se de estar construindo um "portfólio de métricas" específico que ajude você a aumentar sua capacidade de inovação e reforçar os valores, a visão e a ambição que sua organização pretende alcançar. Embora o risco seja uma parte fundamental da inovação, apostar cegamente não é – seria o que chamamos de "Risco Do Cavaleiro", e não medir a inovação é exatamente isso. Mas não se esqueça de que as medições não são algo gravado em pedra e que as áreas medidas irão se desenvolver ao longo do tempo, conforme a organização se torna mais imersa no ideal de inovação.

Projetar seu processo de inovação

A abordagem tradicional à inovação tem seguido historicamente o processo "*stage-gate*". Há mais de 25 anos, o processo Stage-Gate® "da ideia até o lançamento" (Stage-Gate, 2015) tem ajudado algumas das empresas mais inovadoras do mundo, como a Du Pont e a P&G, a desenvolver e lançar produtos inovadores.

Nossa sugestão é que você use um modelo mais simples para começar, até encontrar sua base para inovar e sua maturidade em inovação.

Tente inicialmente usar nosso *processo de inovação 3Is,* que põe foco em ajudar organizações a passar da invenção à inovação. Ao contrário da maioria das organizações, que tentam inovar solicitando ideias, o processo de inovação 3Is se assenta nos componentes-chave do *design thinking* e no fato de que a inovação capaz de mudar o jogo começa com uma pergunta, não com uma ideia.

Esses três estágios são:

1. **Identificação.** Como vimos no Capítulo 1, o que diferencia invenção de inovação é que esta última resolve um problema genuíno e, mais importante, possibilita sua comercialização ou implementação. Para facilitar isso, também destacamos que o primeiro traço de uma Organização da Próxima Geração é a "inteligência", ou tornar-se mais inteligente a respeito do mundo a fim de propor questões maiores e resolver problemas maiores e mais relevantes para os seus clientes. A fase de identificação é portanto simplesmente a descoberta dos problemas genuínos, das questões, oportunidades, etc. que estejam exigindo soluções.

FIGURA 6.1   O processo de inovação 3Is

A fase de **identificação** tem foco em descobrir ou desvendar problemas, necessidades, desejos genuínos e/ou oportunidades, a fim de formular questões que exijam soluções criativas.

A fase de **ideação** requer uma análise do desafio identificado, a fim de dividi-lo em vários componentes-chave que exijam *design thinking* para desenvolver uma solução criativa.

A fase de **implementação** requer que a solução passe por um teste final, por aprimoramento e avaliação de viabilidade (exequibilidade) antes de ser finalizada, produzida e lançada.

Lembre-se de que os problemas genuínos podem não ser necessariamente do tipo daqueles que "aparecem e acertam você na cara". Ter sucesso em detectá-los exige que as pessoas dentro da organização mantenham um ponto de vista abrangente e a mente aberta. A identificação pode vir de qualquer lugar, portanto é onde se faz realmente presente o elemento de inteligência próprio da abordagem à inovação da Organização da Próxima Geração. Identificar necessidades do usuário, compreender o cliente e vasculhar o horizonte do negócio para detectar potenciais disruptores, tudo isso faz parte da fase de identificação. Mas, embora a descoberta desemboque no segundo estágio, ela deve ser vista como uma atividade contínua; assim, ainda que outras atividades de inovação estejam em outros estágios da progressão, a "identificação" estará ali atuante como uma contribuição constante ao processo de inovação.

② Ideação. Agora que você identificou um problema, o que vem a seguir? Antes que você possa avançar e desenvolver uma solução que atenda à necessidade e/ou à oportunidade identificada, é preciso fazer uma análise aprofundada da questão e dividi-la nos vários pontos ou componentes-chave que precisam ser solucionados. No Capítulo 1, descrevemos o segundo atributo de uma Organização da Próxima Geração como sendo a "colaboração", e ela desempenha um papel importante nessa fase: trabalhar com colegas, clientes, fornecedores e outros para desenvolver soluções relevantes e alinhadas.

É aqui que ganha importância dar aos funcionários uma visão holística do negócio, pois isso permite que pessoas que tradicionalmente estariam desconectadas do produto, do problema ou do departamento tornem-se capazes de dar uma contribuição valiosa para criar soluções. Este é também, particularmente nos primeiros estágios de inovação, um imperativo organizacional, uma oportunidade ideal para reforçar a determinação da liderança em trabalhar de uma nova maneira. Em razão da natureza de questionamento constante do *design thinking*, as soluções que você encontra também criarão potenciais rotas alternativas ou mesmo desencadearão uma redefinição do problema inicial que você estava tentando resolver, e portanto é crucial assegurar-se de que você está no caminho certo. A abordagem do produto mínimo viável [*Minimum Viable Product*, MVP] é decisiva aqui, já que permite que você obtenha algo e possa testá-lo em tempo real e com pessoas reais, a fim de avaliar se a sua solução atende à definição de invenção ou inovação. Prototipar, testar, avaliar e prototipar de novo (iteração) são ações que não podem ser subestimadas para que você possa fracassar rápido/aprender rápido e levar a solução certa ao mercado no tempo certo.

(3) Implementação. Depois que você chega à solução, precisa implementá-la. Soa simples, mas agora você não pode negligenciar a importância de testar com o usuário, de cuidar bem da comunicação, do *feedback* e da avaliação. Portanto, mais uma vez, vamos destacar a importância da implementação, já que na nossa experiência é uma das partes mais frágeis do processo de inovação e, como sabemos, passar da invenção à inovação significa acolher o terceiro aspecto da Organização da Próxima Geração: a "adaptabilidade" e a necessidade de "colocar no mercado" mais rápido que a concorrência. Em última instância, a chave de uma implementação bem-sucedida é ter um plano de implementação, promover ações e executar todas as tarefas envolvidas conforme descritas nele. Todo plano de implementação requer monitoramento e revisão contínuas, e é aí que o processo se alimenta diretamente da capacidade de "inteligência" de uma Organização da Próxima Geração e de uma profunda conexão e relacionamento com os clientes para ajudar a analisar o impacto da solução apresentada.

Resumo

Pela sua própria natureza, o roteiro precisa ser específico para cada organização. Ele não só depende dos níveis de maturidade em inovação e dos resultados esperados, como varia de acordo com o setor de negócios. Em alguns casos pode até variar entre os departamentos da mesma organização.

O roteiro reúne todo o trabalho anterior de investigação e procura implementar uma estrutura que leve a organização adiante. A liderança, visão e a contribuição desde o início da equipe de RH são vitais para o sucesso, mas a não ser que haja sistemas, políticas e estruturas posicionados, com uma visão de apoiar o ecossistema de inovação, todo o trabalho árduo terá sido em vão. O ponto-chave é que o processo de "identificação, ideação e implementação" se desenrola continuamente, e a não ser que você já tenha sistemas implementados para medir o sucesso, o negócio empacará na inércia.

Insights

> Uma boa ideia é uma boa ideia, mas é quando você junta as boas ideias, conectando coisas que pareciam não combinar, a fim de criar sistemas, que a inovação se torna capaz de mudar o jogo.

> Conforme a fertilização cruzada de ideias leva negócios a outras áreas, os concorrentes deixam de estar no mesmo espaço, e aqueles que acabarão causando disrupção talvez ainda não existam.

> Só ao identificar potenciais mudanças e desenvolvendo uma estrutura de mudança é que a equipe de liderança será capaz de mapear o caminho de agora até um futuro movido por inovação.

Referências

BOWDEN, M. *Chemical Achievers*: The human face of the chemical sciences. Filadélfia: Chemical Heritage Foundation, 1997.

GOLDRATT, E. M. *The Haystack Syndrome*: Sifting information out of the data ocean. Nova York: North River Press, 1990.

MCKINSEY. Innovation and Commercialization: 2010 McKinsey Survey Results. *McKinsey*, 2010 [on-line]. Disponível em: https://www.mckinsey.com/capabilities/strategy-and-corporate-finance/our-insights/innovation-and-commercialization-2010-mckinsey-global-survey-results. Acesso em: 8 abr. 2015.

PwC. 18th Annual Global CEO Survey. *PwC*, 2015 [on-line]. Disponível em: http://www.pwc.com/gx/en/ceo-survey/2015/assets/pwc-18th-annual-global-ceo-survey-jan-2015.pdf. Acesso em: 4 mar. 2015.

STAGE-GATe. Website. *Stage-Gate*, 2015. Disponível em: http://www.stage-gate.com/. Acesso em: 4 mar. 2015.

WHEATLEY, M. Competition In The Interests Of Consumers. *FCA*, 2014 [on-line]. Disponível em: https://www.fca.org.uk/news/speeches/competition-interests-consumers. Acesso em: 8 abr. 2015.

Enraizar a cultura de **inovação**

O trabalho árduo terminou, e o fim de sua jornada de inovação está à vista. Você trabalhou para entender seu nível de maturidade em inovação; definiu visão e valores e chegou a um mix de inovação alinhado à sua estratégia de negócios. O roteiro está definido e tanto a equipe de alta gestão e de liderança quanto os *i-agents* receberam os treinamentos dos quais precisavam para comunicar a nova cultura.

Então, o que falta agora? Por que é necessário haver este capítulo final? Simplesmente porque você está chegando a uma das fases mais cruciais de qualquer mudança de cultura: fazê-la ganhar adesão. É a hora em que todas aquelas barreiras à inovação que você identificou no começo surgirão e, de maneira consciente ou inconsciente, trabalharão contra a incorporação da nova cultura. Inércia, medo de mudanças, preocupações com perda de status – seja qual for a razão, se a equipe de liderança piscar o olho agora, todo o trabalho árduo será desperdiçado.

Neste capítulo, examinaremos maneiras pelas quais as organizações podem enraizar a mudança para que se torne parte permanente do DNA. Vamos rever de que maneira sistemas e tecnologia podem ajudar a incentivar colaboração, e revisitaremos a dimensão das pessoas nas organizações, examinando como o tempo gasto em engajamento e alinhamento pode transformar aqueles que ainda estão resistentes em defensores da mudança e da inovação.

Embora enraizar a mudança seja a fase final da jornada em direção a acolher uma cultura de inovação, é também a fase mais longa. Se bem-sucedida, essa fase segue adiante indefinidamente à medida que a organização cresce em seu nível de maturidade em inovação e se adapta para acolher os desafios atuais de mudanças em tecnologia e expectativas. Portanto, estamos dividindo este capítulo, grosso modo, em três seções. Começaremos com uma visão geral do enraizamento da mudança, e em seguida passaremos à dimensão das pessoas. Por fim, daremos uma olhada no futuro, permitindo que sua cultura organizacional evolua em resposta ao mundo à sua volta.

Enraizar a mudança

Quer você esteja procurando mudar uma cultura existente para acelerar a inovação ou voltado a criar uma cultura forte após uma fusão ou aquisição, ou mesmo se estiver numa fase de *startup* ou num período de rápido crescimento, a chave do sucesso é posicionar a visão ou missão certa por meio da definição dos valores que você quer que sua organização e as pessoas acolham. Em essência, significa modificar ou criar as crenças, atitudes, comportamentos e estilos de trabalho que reforçam a cultura desejada, e implementar as estruturas certas para que isso fique de fato enraizado.

Não importa quantas horas você tenha gasto em definir um conjunto de valores e comportamentos que, pelo menos é o que se espera, farão a organização avançar: se você não reservar tempo, esforço e reflexão para criar a mudança, tudo o que fez terá sido apenas um exercício sem sentido. A verdadeira mudança toca cada fibra estrutural da organização, reforçando e apoiando a transformação por meio da atenção dada ao ambiente de trabalho físico; abrange os processos diários; a maneira de recompensar as pessoas; a razão pela qual as pessoas são promovidas ou saem; as interações entre cliente e fornecedor; o marketing; o design do site e assim por diante.

Tampouco se trata necessariamente de um processo rápido, e nem deveria ser. Por mais que você deseje que seja assim, as epifanias não acontecem da noite para o dia para cada um dos seus funcionários, clientes e terceiros relacionados à empresa. E, mesmo que ocorressem, ainda levaria algum tempo até que os sistemas e processos mudassem e se adaptassem ao novo modelo. Isso levanta a seguinte questão: Como você pode garantir que à medida que a organização evoluir em seu modelo de inovação, as pessoas dentro da organização também evoluirão para atender ao novo desafio? É uma questão com a qual se deparam todas as organizações, tanto nas esferas de negócios mais tradicionais como em campos como o da arte ou do esporte, ou mesmo as empresas estatais. Até as áreas militares não estão isentas e, na realidade, uma rápida pesquisa na internet revela a maneira pela qual a cultura de inovação permeia as forças armadas. Ao longo de toda a jornada, vimos como a equipe de liderança tem não só que mudar, mas precisa ser vista mudando; e também examinamos como os *i-agents*, aqueles influenciadores situados em todos os níveis da organização, podem fazer muita diferença para enraizar a mudança para a inovação. Em resumo, para uma verdadeira mudança, o conceito de inovação precisa permear a organização por completo e isso significa que, no final, precisa tocar cada pessoa e cada processo.

Isso introduz a confiança no jogo – a confiança que os líderes precisam ter em suas equipes para entregar uma mudança engajada. Para os líderes que tradicionalmente cuidam de instruir em vez de empoderar, essa pode ser uma transição difícil. Mas confiança e empoderamento andam de mãos dadas, e se você dá às pessoas ferramentas para que possam agir de maneira empoderada, elas farão isso. Para ilustrar melhor essa ideia, recorremos a alguém que tem experiência pessoal em liderar e empoderar equipes para que entreguem resultados que mudem o jogo.

Guy Munnoch é diretor administrativo da Rupert Morgan, uma consultoria de liderança, e detém também vários cargos de direção não executivos em firmas no Reino Unido e na África do Sul. Antes disso, era CEO da Zurich Insurance Company no Reino Unido e na África do Sul. As organizações com as quais Guy esteve envolvido em sua carreira de 21 anos nos serviços financeiros beneficiaram-se de algumas de suas aptidões de liderança que ele desenvolveu em sua trajetória anterior, de 21 anos no Exército Britânico.

Exemplo ✓

Ponto de vista

A visão tradicional da vida militar é de algo rigidamente controlado e hierárquico, por isso, não seria a melhor escolha para ilustrar comportamentos empoderados e inovadores. Munnoch discorda e aponta três áreas-chave nas quais o exército incorpora o espírito de uma cultura de inovação:

•••

Enraizar a cultura de inovação

» Empoderamento. O exército de fato empodera. Ele empurra a tomada de decisões até o soldado raso. Dentro de certos parâmetros, cada indivíduo tem total controle sobre suas decisões e ações Seja nas ruas de Basra ou nas montanhas do Afeganistão, com maior frequência é o soldado raso que toma as decisões na hora. Criar um ambiente similar nos negócios pode trazer grandes benefícios, mas exige forte liderança e uma disposição de "permitir" que eles atuem assim.

» Clareza. Na nebulosidade da guerra, é preciso ter total clareza para garantir que a missão básica seja cumprida com o maior nível de segurança possível. Com o benefício de instruções e compreensão claras, os soldados sabem exatamente o que se espera deles e têm liberdade para inovar dentro de limites bem definidos. A clareza da missão dá a cada um confiança para executar.

» A atitude do tipo "se puder fazer, faça". O exército depende de soldados capazes de pensar "fora da caixinha", mesmo quando o plano original está no início de sua aplicação. Todos sabem que um "plano" é exatamente isso – um "plano". É uma estrutura que se refere ao que pode acontecer, mais do que ao que irá acontecer. Mas o crucial no exército é que os soldados são treinados para esperar o inesperado. É essa atitude "se puder fazer, faça" que garante o sucesso por meio de indivíduos que "vão fundo" e usam esperteza, malícia e iniciativa pessoal. No fundo, soldados são treinados para inovar mesmo que acreditem não ter essa habilidade.

Traçando mais paralelos entre a vida militar e a dos negócios, Munnoch diz que, em essência, a inovação é vencer a oposição criando soluções que mudem o jogo. No exército, a oposição é o inimigo, nos negócios é a concorrência – não só os disruptores atuais, mas também os futuros. Ele acredita que às vezes gastamos tempo demais olhando para dentro, em vez de olhar para fora ao encarar os desafios externos. Sua mensagem para o sucesso é simples:

» Garanta a relevância.

» Mantenha a simplicidade.

>> Incentive a inovação na "linha de frente".

Enquanto abordávamos o conhecimento de Munnoch, perguntamos a ele se havia temas "ocultos" dos quais os CEO precisariam ter consciência ao tentar ligar cultura e inovação. Ele apontou três áreas que derivam da liderança e que, na sua opinião, se adequadamente tratadas, conduzem ao sucesso:

1 Adrenalina. Quando a vida sai da trilha habitual e entra no "agir agora", a maioria das pessoas torna-se mais incisiva e inovadora. Seja em reação a uma crise, a uma inesperada situação de urgência ou na fase preliminar de um programa de mudança organizacional, como uma fusão ou aquisição, as terminações nervosas se aguçam, os níveis de engajamento se elevam e as soluções fluem. Há reações similares numa cultura de inovação, na qual cresce o impulso contínuo de buscar soluções para problemas atuais.

O desafio para os líderes em tais situações é gerir e controlar a reação de modo que o foco permaneça em criar soluções, em vez de levar a uma "exaustão". Com uma boa gestão, isso pode animar os funcionários e criar uma sensação muito poderosa de autoimpulso e automotivação. Em termos simples, a adrenalina é uma droga natural, e na dose certa tem forte impacto no desempenho e na criatividade.

2 Execução. Munnoch acredita que o sucesso vem de uma combinação de "clareza de direção" e "execução brutal". Embora muitas equipes de liderança sejam capazes de criar "clareza de direção", a maioria dos fracassos nasce da incapacidade de executar. Em particular, as equipes de liderança que não assimilaram plenamente as ideias por trás de uma cultura de inovação têm dificuldades para colocar essas ideias em ação. Como Munnoch diz, a maioria das pessoas pode entender a diferença entre ignorância e conhecimento, mas são muitas as que acham difícil articular o movimento de passar do saber ao fazer. Isso em alguns casos leva à inércia corporativa, quando falar sobre mudança toma o lugar da ação.

3 Empoderamento. Apoiado em seu histórico militar, Munnoch reitera a importância de criar um ambiente de confiança mútua para entregar resultados, impulsionar a mudança e estimular a inovação. Na sua visão, confiança e liderança são a mesma coisa. Além disso, acredita que você não precisa ter um determinado grau hierárquico para liderar, e enfatiza que a liderança é prerrogativa de cada um. Munnoch acredita que a maioria das organizações é "supergerida e subliderada" – e que a chave do sucesso é corrigir o equilíbrio entre gestão e liderança. Criar uma liderança forte em todos os níveis, por sua vez, irá inspirar e promover comportamentos inovadores. Como Guy Munnoch confirma, a liderança é simplesmente "a arte de inspirar pessoas comuns a fazerem coisas extraordinárias" – um tema que está no coração da inovação. ■

Curtos demais, abruptos demais, superficiais demais

Para a equipe de liderança, o processo de enraizar a mudança pode ser uma das épocas mais frustrantes. É difícil não ser tomado pela sensação de que chegou a hora em que todo o trabalho árduo, tudo o que se pensou e foi projetado vive o momento crucial em que o novo conceito está pronto para ser lançado. Isso pode acabar levando a um lançamento apressado, sob pressão, que simplesmente não envia a mensagem correta aos funcionários. E então, se não vierem as esperadas vitórias rápidas, o conceito todo sofre uma baixa, e isso dificulta que qualquer mudança futura ganhe tração, e mais ainda que se torne um pé de apoio para a organização.

Na verdade, o problema de muitos programas atuais de mudança da cultura é que são curtos demais, abruptos demais e superficiais demais. Na realidade, são exatamente o que se poderia esperar da geração "quero isso já", que na década que levou à recessão correu a adotar práticas tóxicas como lucros a curto prazo às custas de uma lucratividade a longo prazo. Mas, quando buscamos instilar uma cultura de inovação, particularmente se queremos que essa cultura de inovação seja colaborativa e ofereça reais soluções, então a última coisa que deveríamos vislumbrar é uma introdução curta, abrupta, que apenas roce a superfície do negócio e das pessoas envolvidas nele.

Há outro elemento em ação aqui: a maneira equivocada de ver a mudança de cultura como um "programa", com os líderes abordando a mudança como abordariam um plano de projeto. Isso pode levar à visão de que os programas de mudança são estritamente lineares. Mas você não pode simplesmente ticar um quadradinho, dizendo: "ok, concluímos o lançamento do plano de comunicações, tarefa pronta; vamos partir para tarefa seguinte".

Na realidade, essa é uma área na qual entra muito em jogo a liderança mais ampla *versus* o conceito de gestão. Se aqueles que compõem a equipe de liderança têm um histórico de programas de gestão, naturalmente serão mais inclinados a pensar e liderar de maneiras típicas de um plano de projeto linear. Seu instinto, portanto, será buscar um estilo de plano de programa e aplicá-lo para entregar a mudança de cultura. Mas a mudança cultural é algo que diz mais respeito a liderança apoiada por gestão. Por isso, vale a pena lembrar algumas diferenças entre líderes e gestores:

>> Líderes definem a direção e inspiram os outros; gestores executam e resolvem problemas.

>> Líderes montam políticas sobre os problemas das pessoas; gestores lidam com as questões cotidianas das pessoas.

>> Líderes alinham e influenciam; gestores controlam recursos.

>> Líderes moldam a cultura; gestores apoiam e reforçam a cultura.

Os líderes, para conseguirem evitar uma introdução curta, abrupta e superficial, que acaba se extinguindo rapidamente, têm que aceitar que ao construir algo para durar a longo prazo não é preciso que a organização inteira seja transformada de uma vez. Claro que projetar algumas vitórias rápidas nos estágios iniciais ajuda a manter altos níveis de entusiasmo. E, sim, você pode no começo buscar uma mudança significativa de cultura em curto espaço de tempo, mas isso não quer dizer que tudo tenha que acontecer de uma hora para outra. Na realidade, quando níveis de mudança significativos acontecem rápido

Enraizar a cultura de inovação **245**

demais, a estrutura inteira de apoio pode ficar desestabilizada, criando problemas mais adiante.

Essa é uma das razões pelas quais o modelo de operação dual que examinamos no Capítulo 4 pode ser uma ferramenta útil para líderes que querem introduzir a cultura de inovação. Envolver uma camada de inovação em torno de funções essenciais permite que atividades de inovação impulsionem o progresso sem causar nenhum abalo sísmico nas funções principais. Dessa forma, ao longo do tempo, interações contínuas vão aos poucos movendo a organização inteira a um ecossistema de inovação plenamente integrado.

Mas quando você tenta convencer seus funcionários e outros de que a inovação não é uma mera moda passageira, que tipo de armadilhas você deve evitar? Vamos ver alguns dos pontos em que é mais comum falhar:

>> **Curta demais.** Em capítulos anteriores, falamos da comunicação da mudança e da introdução de um roteiro que leve a mudança adiante. Mas é muito fácil concentrar-se demais em fazer corretamente esse anúncio inicial, em selecionar e treinar *i-agents,* e acabar ignorando as necessidades de mudança a longo prazo. Sejamos honestos: depois de passar tanto tempo projetando a mudança e reservando tempo na agenda para acomodar iniciativas de mudança, cedo ou tarde a equipe de liderança começará a ficar ansiosa e vai querer cuidar dos demais projetos que precisa tocar adiante. Fusões e aquisições (F&As), retornos anuais, encomenda de um novo sistema de TI; seja qual for a razão, chega uma hora em que a equipe de liderança quer avançar, e é aí que muitas iniciativas fracassam. Se os comportamentos exibidos pela equipe de liderança dão a impressão de que seus membros não estão mais focados na mudança, logo, a organização irá coletivamente suspirar aliviada e encarar a cultura de inovação como mais uma moda passageira.

Pensando positivamente, desde que a equipe de liderança tenha assimilado a mudança exigida em cada uma de suas ações e decisões, seus membros poderão então passar a outros projetos, ao mesmo tempo que continuam exibindo comportamentos inovadores que estimulem o desenvolvimento presente do negócio. Mas há também duas maneiras essenciais por meio das quais a equipe de liderança pode garantir que, mesmo depois da primeira leva de anúncios de mudança, o impulso transformador continuará. A primeira é simplesmente programar uma série de eventos e atividades que reforcem o ideal de inovação. Elas não precisam consumir muito tempo ou serem caras. Mesmo algo tão simples quanto um encontro divertido de cinco minutos pode fazer maravilhas para reforçar a mensagem de que a nova cultura veio para ficar.

Em segundo lugar, não subestime o efeito que os *i-agents* podem ter na mudança. Quando a equipe de alta gestão envia uma mensagem, as pessoas muitas vezes ouvem e então voltam a fazer as coisas como sempre. Quando líderes ao longo da organização reforçam a mensagem, ela começa a se tornar real e quando os *i-agents*, que podem nem ser os líderes "oficiais", começam a agir como defensores da mudança, então essa mudança tem boa chance de se enraizar no DNA da organização. De fato, esse é momento em que mobilizar a população gestora usando a metodologia dos 4Es, vista no Capítulo 5, realmente produz efeito. Com o impulso sendo estimulado pela gestão, a equipe de liderança só precisa manter uma leve pressão, ficando mais liberada para se concentrar em desenvolver a mudança futura.

>> **Abrupta demais.** Uma das principais barreiras à mudança surge quando as pessoas se sentem ameaçadas. A reação de lutar ou fugir está entranhada nas fibras de nosso ser e é tão poderosa ao sentirmos nossas interações do dia a dia ameaçadas quanto ao nos depararmos com alguma ameaça à nossa vida.

Anunciar grandes mudanças sem dar nenhuma atenção a suavizar o impacto pode erguer muitas barreiras que se tornem intransponíveis. Quando o anúncio diz respeito a algo tão fundamental, como a maneira pela qual as pessoas seguem processos e interagem com as outras no trabalho, então a equipe de liderança precisa adotar as melhores práticas de gestão da mudança e criar etapas para introduzir a mudança na força de trabalho.

Aqueles que leram este livro sequencialmente já estarão familiarizados com a ideia de seguir um caminho ao longo do qual a mudança possa ser projetada e conduzida até a sua implementação. Um passo além é assegurar que a introdução seja feita por etapas, para dar tempo aos funcionários de assimilarem a necessidade de mudança e a maneira pela qual essa mudança irá afetá-los.

Isso não descarta os anúncios de lançamento, mas significa que, se você está planejando um lançamento, então toda a equipe de liderança, os *i-agents* e outros *stakeholders* devem ser comunicados e estar prontos a prever objeções iniciais e a lidar com elas. Isso também significa que as ações subsequentes devem ser claras e consistentes e já devem estar previstas desde o início. É por isso que demos tanta atenção às comunicações no Capítulo 5; o que faz diferença não é apenas aquilo que você diz, mas como você diz e como você prepara. Também vale a pena reiterar aqui que a preparação é tudo quando você decide compartilhar sua mensagem. Isso inclui cuidar de "como" comunicar ou engajar pessoas e também levar em conta o que funciona melhor para cada uma das populações. Exige ainda determinar e preparar-se para superar os tipos de resistências ou argumentos com os quais você pode se deparar, além de compreender quais os canais de comunicação que funcionam melhor para cada segmento.

»Superficial demais. Antes neste livro reservamos algum tempo para examinar o engajamento dos funcionários. E a razão pela qual fizemos isso é que o nível de engajamento dos funcionários tem profundo efeito na maneira pela qual eles acolhem e se alinham aos ideias organizacionais. Em boa parte dos negócios, os funcionários chegam, seguem o processo e voltam para casa. Nessas organizações, a vida é vivida na superfície, há pouco alinhamento e pouca profundidade no relacionamento.

Quando você procura algo tão profundo quanto uma cultura de inovação, que requer iniciativa, criatividade, colaboração, compreensão e empoderamento, para ter alguma chance de que isso ganhe tração na organização você não pode se permitir um relacionamento superficial com os funcionários. O nome do

248 Inovação

jogo passa a ser engajamento e isso quer dizer que quando você está procurando introduzir mudança, não pode pretender fazer isso num nível puramente superficial.

A introdução de uma cultura de inovação não tem nada a ver com a introdução de uma mudança no sistema da folha de pagamento – por exemplo, a fim de que se enquadre numa nova legislação. Com mudanças dessa natureza o treinamento pode ser na linha do "certifique-se de que os detalhes dos funcionários sejam registrados com precisão para evitar erros no cálculo das deduções". Com uma cultura de inovação você não pode achar que vai simplesmente dizer às pessoas que no futuro terão que sair de suas salas e se conectar com os outros, e então esperar que elas mudem seu comportamento de uma hora para outra. Elas precisam ser engajadas, receber as ferramentas, serem informadas dos benefícios e estimuladas a mudar seus comportamentos, e tudo isso requer um treinamento e um *coaching* muito mais profundos, em vez de simples instruções.

Essa é uma área na qual o RH e as equipes de treinamento podem ter impacto considerável nos resultados da aceitação. É fácil demais supor que todos reagirão do mesmo modo à mudança e a partir disso aplicar uma abordagem em bloco. Compreender as complexidades do comportamento humano e a maneira pela qual as pessoas reagem à mudança pode fazer uma diferença mensurável nos resultados. Por exemplo, cada um tem um ponto de partida diferente e um nível variável de "adesão" emocional, ou de razões para aceitar a mudança, mas mesmo assim todos têm que chegar ao mesmo ponto final. É preciso dar às pessoas tempo e espaço para "praticar" e assimilar os novos comportamentos e isso exige uma gestão cuidadosa.

Fazer a mudança avançar

Os líderes que têm noção dos perigos de uma introdução curta, abrupta e superficial e que concebem um roteiro levando isso em conta têm chances muito maiores de conseguir a adesão dos funcionários desde o início. Com energia e visão aliados a uma forte ênfase em introduzir, num nível profundo, os 4Es (educar, engajar, empoderar, capacitar [*enable*]), é mais provável que o ímpeto inicial leve a uma mudança duradoura. Mas esse esforço inicial precisa então ser sustentado, mesmo que não com a mesma intensidade, a fim de que o impulso se mantenha.

É nesse ponto que surgem preocupações a respeito da fadiga de mudança. Se você pressiona por mudança e depois toma medidas para manter a cultura de inovação na linha de frente do negócio, será que não corre o risco de os funcionários se cansarem da ideia? Bem, a resposta é não; isto é, não se você projeta e introduz a mudança de maneira apropriada. A fadiga de mudança surge quando as pessoas são bombardeadas por uma corrente constante de mudanças, todas elas voltadas a fazer com que mudem suas atitudes e comportamentos. Mudar para uma cultura de inovação deve ser uma mudança para a vida toda. Claro que ela pode ser uma mudança cuja introdução promova um abalo sísmico, mas depois que os ideais de inovação se tornam parte do DNA da organização, então cada processo, ação e interação será simplesmente realizado dentro do guarda-chuva da inovação. Aqui de novo é importante lembrar da diferença entre "programas" e uma mudança para a cultura de inovação. Com um programa, você pode ticar um quadradinho e passar adiante – com a mudança de cultura, não há quadradinhos a serem ticados e o negócio avança junto a você.

Isso não quer dizer que no futuro o negócio ficará quieto – longe disso. Mas significa que as futuras iniciativas estratégicas serão concebidas e implementadas como parte natural do ecossistema de inovação. Na realidade, nos primeiros estágios da transição, as organizações que gerenciam mudança de sistemas de olho no modelo da inovação podem seguir um longo caminho em direção a fortalecer a adoção da inovação.

Essa é uma mensagem-chave para líderes e equipes de RH de todas as organizações. Quanto mais os funcionários conseguirem ver a cultura de inovação em ação, mais serão capazes de integrá-la aos seus pensamentos e comportamentos. Não faz muito sentido lançar uma cultura de inovação, e em seguida impor uma mudança. Demonstrar a inovação em ação irá atingir a todos de maneira mais profunda do que meras palavras.

Assim, com a inovação concebida para resolver problemas concretos, aproveite os primeiros estágios para colocar a equipe em ação e identificar, progredir e criar uma solução para problemas de longa data. De certo modo, não importa muito quais sejam. O importante é que os funcionários sejam estimulados a começar a se mexer dentro do novo caminho da inovação.

Nesses primeiros estágios, há uma boa chance de os movimentos em direção a soluções inovadoras baterem de frente com problemas do legado da organização. É aqui que a determinação da equipe de liderança será de fato testada. Sendo realistas, alguns projetos irão falhar, e a maneira pela qual a equipe de liderança reagir a esses fracassos irá enviar uma forte mensagem à organização a respeito do grau em que a equipe realmente abraçou o modelo de inovação. Criticar a equipe do projeto e a inovação é empacar. Tratar o fracasso como ponto de aprendizagem é fortalecer o ideal da cultura de inovação. A abordagem aqui pode conter os seguintes aspectos:

» Projetos raramente são um total desperdício de tempo. Dar alguns passos para identificar elementos que tenham sido bem-sucedidos e checar se alguns deles podem ser integrados aos sistemas e aos processos existentes, seja agora ou no futuro, é algo que engendra um cenário de "ganho".

» Avalie de que modo o projeto fortaleceu a colaboração interna e deu ênfase às redes pessoais dos indivíduos.

» Identifique como o projeto aumentou o conhecimento compartilhado e criou uma plataforma para que novos comportamentos sejam "praticados".

» O simples fato de seguir o percurso do projeto faz a equipe fortalecer seus níveis de habilidade. Identifique e ressalte isso como algo positivo, que pode ser usado para beneficiar o negócio no futuro.

» Trabalhe com a equipe para identificar a razão do fracasso e veja se é possível evitar que falhas de projeto similares ocorram no futuro. Por exemplo, se a equipe de um projeto sentiu que não tinha as aptidões ou o treinamento necessários, deve-se ajudar seus membros a adquirir as aptidões exigidas ou procurar melhorar as futuras equipes, colocando pessoas de outras divisões/departamentos que possam prover o apoio necessário em termos de conhecimento. Por outro lado, se o projeto não pôde ser concluído por falta de tecnologia ou de infraestrutura, isso pode muito bem ser incluído na programação do desenvolvimento futuro.

» Reconheça os esforços feitos pela equipe. Mesmo um simples "obrigado por terem explorado esse desafio" já enviará a mensagem de que a inovação e a nova abordagem vieram para ficar.

Desafios do primeiro estágio

Em capítulos anteriores deste livro exploramos as barreiras à mudança e a importância do planejamento para superá-las, como parte da fase de design e implementação. Mas quando a cultura de inovação está na sua infância, há alguns poucos desafios que os líderes precisam superar, a fim de conseguir fazer a mudança inicial avançar em direção ao longo prazo. Entre esses desafios estão:

» **Risco.** Não é fácil conseguir um bom equilíbrio de riscos dentro de um ambiente de inovação. Quando você pede que as pessoas experimentem, criem soluções, colaborem tanto dentro como fora da organização e aceitem o eventual fracasso, de que maneira o risco irá operar nesse ambiente mais aberto? Já abordamos esse assunto antes ao explorarmos de que maneira as culturas de inovação requerem não apenas estrutura, como podem em alguns casos exigir estruturas mais detalhadas que as anteriores para apoiar o ecossistema de inovação.

O mesmo vale para o monitoramento do risco. A mudança para uma cultura de inovação exige uma nova estrutura de riscos, capaz de prever e gerir os desafios que vêm tanto da inovação interna como da inovação aberta. Essa nova estrutura de riscos precisará ser compartilhada com clareza com todos os envolvidos, e deve-se fazer esforço para que seja aceita. Em essência, as pessoas precisam entender por que as coisas têm mudado e quais são os novos parâmetros. Cruciais aqui são as áreas de risco relacionadas a *compliance*, segurança e confidencialidade. Por exemplo, uma coisa é colaborar com fornecedores numa nova solução, e outra bem diferente é divulgar informações confidenciais no contexto dessa colaboração. Nesse caso, é necessário não só rever a matriz de risco, mas respeitar os acordos de confidencialidade com terceiros. Lembre-se sempre que o risco é tão bom quanto a última pessoa na cadeia. Se um indivíduo ficar preso ao "mundo antigo", então irá bloquear o fluxo de inovação. E se ele falhar em considerar os novos parâmetros poderá expor a organização a riscos.

>> **Sistemas.** O espírito de inovação pode estar ativo, mas as finanças às vezes não estão à altura para um reinício com os sistemas exigidos para implementar todas as iniciativas de inovação propostas. Particularmente nas organizações de maior porte ou naquelas mais longevas, substituir os sistemas legados talvez precise ser feito em bases mais *ad hoc* do que a equipe de liderança gostaria em termos ideais. Isso pode fazer seus membros seguirem o caminho da Computação do Usuário Final ou de promover pequenos desenvolvimentos pontuais, em vez de tentar mudar os principais sistemas legados.

Entre outras opções, pode-se adotar sistemas de código aberto que consigam avançar um pouco em prover soluções provisórias ou lançar novos produtos e serviços numa nova plataforma com uma interface aceitável e de bom custo-benefício.

É claro que, qualquer que seja o caminho adotado, a organização pode estar plantando as sementes de problemas futuros. Seja qual for o sistema, há apenas um número finito de "soluções alternativas" que podem ser introduzidas antes que o sistema se estabilize em um ponto de fracasso. Quando as operações em andamento dependem de níveis significativos de intervenção de pessoas ou de atualizações frequentes, talvez seja simplesmente o caso de aguentar o tranco e deixar para fazer um investimento significativo no futuro.

O outro desafio dos sistemas que costuma afetar particularmente organizações maiores é superar o legado do teste/implementação. Algumas organizações vão liberar mudanças sempre que estiverem prontas, mas quanto maior a organização, mais provável é que essas mudança só sejam implementadas em bases mensais ou trimestrais. Quando a inovação depende da abordagem iterativa de rápida implementação, teste e aprendizagem, então a TI precisa estar pronta para abolir as "faixas de tempo" da liberação. É aqui que a abordagem do mínimo produto viável [*Minimum Viable Product*, MVP] pode ser útil. Alavancar o MVP permite que as organizações coloquem produtos e desenvolvimentos no mercado e que estes sejam testados pelos usuários o mais cedo possível no ciclo de desenvolvimento do produto. Desse modo, as organizações podem iterar mais rápido e refinar mais rápido com um custo menor, até que a solução se torne adequada.

O conceito de MVP, originalmente cunhado pelo CEO da Sync-Dev Inc. Frank Robinson, consiste em achar o equilíbrio ideal entre lançar um produto carente de funcionalidades que não seja viável e outro que tem tantas funcionalidades que diminui o retorno e aumenta o risco tanto para a empresa quanto para o cliente. O site da SyncDev (SyncDev, 2015) comenta que um dos princípios fundamentais por trás do MVP é que não se trata apenas de uma ferramenta para introdução de um produto, mas é sim uma "postura mental da gestão e da equipe de desenvolvimento". Lá consta também a frase "pense grande para o longo prazo, mas pense pequeno para o curto prazo". É por essa razão que o MVP é um elemento tão valioso do processo de inovação.

>> **Comunicações.** Cobrimos a matriz de comunicação de maneira relativamente extensa em capítulos anteriores, mas vale a pena deixar aqui um rápido lembrete de que quanto mais aprimorada e rápida for a comunicação, melhores serão as chances de que a colaboração ganhe adeptos. Também vale a pena ressaltar que não é pelo simples fato de você estar movendo-se em direção à inovação que deverá comunicar-se apenas por meio de mídias novas e inovadoras. Por vezes, os caminhos já testados e aprovados são os melhores. O importante é que haja um fluxo aberto de comunicação que permita que ela aconteça de para cima e para baixo, alcançando todos os setores da organização.

» Liderança. Pode parecer estranho incluir a equipe de liderança numa lista de desafios que a liderança precisa superar, mas às vezes os próprios líderes podem ser seus piores inimigos. Antes neste livro discutimos o quanto é importante os líderes estarem plenamente alinhados à mudança. Este é o ponto no qual esse alinhamento é realmente testado. Entre os perigos evidentes estão os líderes que voltam para suas normas anteriores/zona de conforto depois de um pique inicial de entusiasmo e os líderes que ficam desconfortáveis com as consequências do empoderamento, talvez com receio de correr o risco de perder poder. (Isso pode ser particularmente verdadeiro se os líderes vêm sendo promovidos com base em sua competência técnica ou conhecimento, mais do que por suas aptidões de relacionamento com as pessoas.) Há também o perigo daqueles que têm níveis mais baixos de responsabilidade em liderar, que podem ainda estar inseguros quanto ao seu papel no processo de mudança e, portanto, não assumem a responsabilidade por mudança que o alto escalão da liderança poderia esperar.

» Desafios de custos. Quando o programa de mudança é criado, ele parte de certos pressupostos em relação a custos e investimento. Mas os orçamentos podem não acompanhar o fluxo de caixa e as circunstâncias às vezes mudam. O que acontece com o programa de mudança se as vendas estão em baixa ou se surgem desafios de custo/investimento? Isso pode ter a ver com um disruptor externo ou com alguma mudança legal/regulatória/obrigatória que tenha sido imposta à organização. Se o gasto em investimento para programas de mudança ficar sob pressão, a equipe de liderança terá que decidir como lidar com a mudança; avaliar se é o caso de modificar, de seguir adiante assim mesmo pensando nos ganhos a longo prazo ou de desistir.

Portanto, o primeiro estágio ao enraizar a mudança não tem a complexidade da ciência espacial, mas nasce da determinação de seguir o roteiro e de garantir que o ímpeto inicial não esmoreça. Na realidade, nos estágios iniciais o principal desafio pode ser gerir o fluxo de trabalho e impedir que a organização fique sobrecarregada com a mudança.

Enraizar a cultura de inovação

Funcionários engajados vão querer aderir imediatamente e começar a encontrar soluções para os problemas que vêm enfrentando ao longo do tempo; a análise inicial das lacunas no roteiro pode ter exigido outras atividades potenciais; e sempre há o mundo externo, que a cada dia cria novas demandas e desafia você a encará-las.

Gerir essas demandas conflitantes é desafiador, particularmente quando você não quer sufocar o entusiasmo inicial e ao mesmo tempo não pode arcar com essa sobrecarga no negócio. É nessas situações que ferramentas como a análise de lacunas [*gap analysis*] e os KPIs [*Key Performance Indicators* ou Indicadores-Chave de Desempenho] revelam-se adequadas. O segredo é desenvolver o painel de instrumentos de sua cultura, usando o maior número possível das métricas à sua disposição para monitorar o progresso e assegurar que você permaneça nos trilhos. Projetos que não podem ser iniciados agora em razão de um potencial conflito com outros devem ainda assim ser bem discriminados e registrados, e os funcionários envolvidos devem receber um informe detalhado das razões pelas quais seu projeto está sendo por enquanto engavetado. As equipes também devem ser incentivadas a preservar o conceito sob a forma de "projeto virtual". Isso ajuda a garantir que a ideia não se perca, e seus apoiadores precisam então ficar de olho nas condições do mercado e nos fatores internos, para com isso conseguir trazer a ideia de volta à mesa em data futura. Sempre que possível, tente arrumar para esses funcionários um papel em outro projeto para assegurar que o entusiasmo fique num nível alto.

Em suma, fazer uma cultura de inovação ganhar adesão é simplesmente uma questão de:

>> Projetar com boa reflexão preliminar.

>> Ganhar impulso.

>> Sustentar o esforço.

>> Medir e adaptar.

>> Reconhecer que se trata de uma jornada.

Porém, há um elemento adicional em sua jornada que está moldando seu negócio e, em particular, seu pessoal em torno do ideal de inovação, e é esse estágio que veremos a seguir.

Pessoas inovadoras

Diante de qualquer mudança de gestão, é impossível ignorar a dimensão das pessoas. O mesmo vale ao adotarmos um modelo de inovação. Ao longo deste livro, conforme apresentamos os conteúdos, fomos tratando da equipe de liderança e daqueles que ficam mais abaixo na organização; discutimos as necessidades de treinamento e examinamos o impacto que os *i-agents* podem ter para uma mudança bem-sucedida. No entanto, até aqui, todas as nossas revisões concentraram-se na equipe existente e na sua imediata reação à mudança. O próximo passo lógico é perguntar: como fica o futuro? Como podemos garantir que, à medida que a organização aprimora sua maturidade em inovação, aqueles que estão dentro dela também evoluam para estarem à altura desse desafio? A melhor resposta tem três vertentes: liderar, incentivar a mudança na atual população de funcionários e então contratar para o futuro. Já examinamos antes exaustivamente neste livro a maneira pela qual a equipe de liderança pode influenciar a mudança, e também falamos sobre identificar e nomear *i-agents*, aqueles indivíduos que, graças exclusivamente à sua personalidade, podem conduzir e influenciar a cultura ao seu redor. Porém, há uma parcela de funcionários que irá suportar o impacto das mudanças da cultura atual, que são os que estão no nível da gestão intermediária e júnior. Você pode chamá-los de líderes de equipe, líderes de departamento ou de grupo – seja qual for o título, são as pessoas que têm contato próximo e cotidiano com a maioria do seu pessoal. São elas que estão em melhor posição para julgar o clima e podem influenciar a adoção da cultura de inovação em bases contínuas.

É possível que esses indivíduos sejam também *i-agents*. É igualmente possível que sejam resistentes em série, por terem se habituado a um nível de poder e influência que temem agora deixar escapar dentro de um modelo mais colaborativo. Ter paciência para assegurar que esses líderes de equipe fiquem plenamente engajados com o novo modelo da cultura de inovação é uma maneira de ajudar a garantir que a mudança de cultura permeie a organização toda. Assim como o resto, isso também exige uma abordagem em três vertentes: envolvimento, treinamento e empoderamento.

Em todo processo de mudança, chega uma hora em que os líderes de equipe precisam estar envolvidos, e quando se trata de algo fundamental como uma mudança de cultura, quanto mais cedo isso ocorrer, melhor. Claro que numa grande organização pode não ser viável trazer todos os líderes de equipe para o painel de desenvolvimento, mas quanto antes esses indivíduos se engajarem no processo maior será o nível de apropriação que terão em relação a ele. Com essa apropriação virá o desejo de difundir a mensagem e de manter a mudança em marcha.

Isso nos leva ao empoderamento. Quando uma maneira de trabalhar mais empoderada faz parte do ecossistema de inovação, não há motivo para que os líderes de equipe não sejam empoderados num estágio inicial para identificarem e colocarem em ação o movimento em direção à mudança. No entanto, dependendo do modelo de inovação escolhido, pode haver momentos em que alguns departamentos não mostrem logo de início uma inclinação a aderir a mudança, e isso causará conflitos e falta de confiança. Mas o simples fato de um departamento não ser visto logo de início como adepto da mudança não significa que o líder da equipe não deva procurar ver se há alguns pequenos passos a tomar para preparar sua equipe para a futura mudança. No trabalho próximo com a equipe de liderança, podem ser desenvolvidas melhores práticas, adequadas ao modelo de negócios e que engendrem fé no ideal de inovação.

Líderes de equipe empoderados não só se tornam mais inclinados a promover a cultura de inovação como têm maior probabilidade de influenciar sua adoção e futuro desenvolvimento. Para ajudar esses líderes de equipe a maximizar suas aptidões de influenciar, a equipe de liderança, em conjunto com o RH, pode muito bem precisar programar algum treinamento adicional em aptidões para influenciar ou em comunicação. Fechar as linhas de treinamento nesse estágio envia uma mensagem totalmente equivocada; assim, mesmo que o líder de equipe em questão não esteja numa equipe que já tenha aderido à mudança logo de cara, se isso puder ser providenciado, aumentará o engajamento e a percepção.

Não são só líderes de equipe que precisam mudar, mas também seus membros. Até os adeptos mais empolgados podem precisar de ajuda para mudar seus comportamentos e atitudes no trabalho. Essa é outra razão pela qual a equipe de RH precisa estar envolvida desde o estágio inicial. Um método que tem se mostrado útil aqui é usar apoio estruturado e grupos de desafio. Esses grupos tradicionalmente são pequenos, com colegas revezando-se para expor um problema ou desafio que estejam enfrentando, enquanto o resto do grupo ouve e faz perguntas para ajudar o colega a explorar melhor a questão e, espera-se, chegar à solução. Num cenário de mudança, tal apoio e esses grupos de desafio podem ter uma abrangência maior, permitindo que os líderes trabalhem os desafios/barreiras, e compartilhem as melhores práticas e celebrem os sucessos.

Mas mesmo com a melhor boa vontade do mundo, não importa quais sejam as abordagens à mudança utilizadas sempre haverá inevitavelmente alguns indivíduos para os quais a ideia de trabalhar dentro de um modelo ágil empoderado, colaborativo, é tão alheia que eles são incapazes de mudar.

Podem ser pessoas que, além de não gostarem de mudanças, consideram-nas profundamente estressantes. Talvez se sintam felizes trabalhando de maneira estruturada ou realizando processos simples, e a ideia de assumir responsabilidade ou maior empoderamento dispara tamanha reação de medo que se sentem incapazes de assimilar a mudança. Pode muito bem haver lugar para esses indivíduos dentro da organização, embora num papel diferente, e a equipe de RH precisa estar preparada para trabalhar de perto com esses indivíduos e ajudá-los a identificar os próprios desafios e encontrar uma maneira de se ajustarem.

E ainda há aqueles cuja personalidade e atitude simplesmente passa longe de qualquer ideia de mudança. Tais indivíduos são tão arraigados às próprias atitudes que não só acham impossível mudar, como não veem por que deveriam fazê-lo. Não dar atenção as essas pessoas compromete as chances de uma integração bem-sucedida da inovação e portanto pode chegar uma hora em que elas precisem ser incentivadas a sair da organização. Com exceção desses poucos indivíduos, com treinamento, ajuda, influência, a população de funcionários pode ser incentivada a avançar, e não só para adotar o novo modelo como para apoiá-lo com entusiasmo. Isso cria um desafio adicional: contratar para o futuro – procurar e trazer para a organização funcionários capazes de contribuir para o desenvolvimento da cultura de inovação.

Enraizar a cultura de inovação

Contratar visando a adequação cultural

Muito se escreveu a respeito dessa área de recrutamento, mas ainda há um mal entendido básico em muitas empresas. Contratar visando a adequação cultural não significa contratar um clone, alguém com o mesmo tipo de personalidade, qualificações e perfil. Na realidade, estudos têm demonstrado que quanto mais rico e variado for o mix da força de trabalho, melhores condições a organização terá para inovar e atender seus clientes. Contratar visando a adequação cultural significa simplesmente escolher pessoas que tenham os mesmos valores e crenças. Pessoas que abracem as crenças e o modelo de comportamento da organização para enriquecê-lo e aprimorá-lo no processo.

É nisso que a equipe de RH pode exercer forte influência. O departamento financeiro pode estar precisando muito de uma pessoa qualificada que comece a trabalhar imediatamente, mas cabe à equipe do RH moderar suas demandas e trabalhar em conjunto com eles para definir o tipo de pessoa capaz de trazer o melhor rendimento para o papel que irá desempenhar. Não faz sentido contratar o candidato mais qualificado se ele apesar disso tende a perturbar os demais na equipe ou causar disrupção um programa cuidadosamente concebido de atendimento ao cliente.

Isso nos leva ao passo seguinte no processo: o anúncio de emprego e a seleção dos candidatos que serão entrevistados. Agora é hora de ser criativo se você quer alguém que vá contribuir para o mix de inovação. Livre-se de todos os seus processos e ideias preconcebidos e trabalhe com a equipe para entender de fato que tipo de pessoa irá se encaixar melhor; pergunte à equipe se eles conhecem alguém adequado e mude seus critérios de seleção e de entrevista para atender aos novos parâmetros. Mais importante, não passe as solicitações de emprego a alguém que vá descartar candidatos levando em conta apenas qualificações ou histórico ou qualquer outro critério que não considere aquelas qualidades que você já identificou.

Essa é a sua chance de contratar indivíduos que não só irão se adequar à nova cultura, mas irão promovê-la ativamente. Não só isso: é a sua chance de empregar indivíduos que elevem o padrão de desempenho acima do existente hoje na força de trabalho. É um conceito que já vem sendo adotado em várias organizações: a escolha deliberada de candidatos que possam desempenhar um papel para levar o negócio ao estágio seguinte. A única ressalva é que se você está nos primeiros estágios de sua jornada de inovação e seu candidato já está habituado a um nível de inovação mais elevado, então há o risco de ele virar as costas e dizer "isso não vai funcionar para mim". Preservar tais candidatos requer um pouco de sabedoria e liderança para assegurar que não só permaneçam com você na jornada mas que ajudem ativamente a promovê-la.

Se você compreender bem o processo estará no caminho certo para selecionar um candidato que seja uma força positiva para a organização. Caso contrário, estará compartilhando a empresa com alguém que talvez tenha uma qualificação muito boa mas que simplesmente não é a pessoa certa para a cultura da organização. E o fracasso não será dele, mas seu.

Há ainda um item a considerar quando você pensa em contratar visando a adequação cultural, que é a maneira pela qual os novos empregados são integrados à força de trabalho multigeracional e multicultural. Como afirma o relatório do Google sobre diversidade de 2014, "Ter uma diversidade de pontos de vista leva a uma melhor tomada de decisões, a produtos mais relevantes e torna o trabalho muito mais interessante" (Google, 2014).

Dependendo do tipo de negócio, o mix de diversidade pode variar de um departamento a outro ou de um continente a outro. Integrar novos funcionários a uma força de trabalho diversificada que também acolhe uma cultura de inovação requer um planejamento cuidadoso e pode muito bem requerer que as organizações evitem ser induzidas pelo modelo "essa é a sua mesa de trabalho" e se aproximam de uma rotina mista, de indução por etapas. Isso deve abranger bem mais do que apenas a tarefa imediata, se não o novo funcionário será incapaz de participar plenamente de colaborações inovadoras.

Fazer a inovação evoluir

Com funcionários engajados que apoiem uma mudança de cultura já bem encaminhada, é hora de olhar para o futuro. Embora a parte difícil desse enraizamento da mudança esteja concluída, de certo modo a jornada está apenas no início. Clientes e o mercado em geral estão começando a perceber que seu negócios sofreu uma transformação. De momento, estão curtindo seu produto ou serviço, mas cedo ou tarde começarão a ver esse novo nível de serviço como o padrão, e você terá que se mexer de novo para se antecipar às expectativas deles.

É nisso, porém, que reside a beleza de uma cultura de inovação. Não é como introduzir um processo finito, como um novo regime de plano de saúde ou de segurança. A inovação busca prover soluções reais, mas é também uma cultura dinâmica, que só é satisfeita quando continua crescendo e evoluindo. Dar ao seu pessoal tempo e espaço para pensar, criar e colaborar leva o negócio por águas não navegadas, mas desde que a mão da inovação esteja no leme seus funcionários continuarão no comando, mapeando e moldando o futuro.

É em razão desse potencial para um crescimento exponencial que os sistemas operacionais duais podem funcionar tão bem nos estágios iniciais. Ao introduzir por etapas a cultura de inovação consegue-se dar tempo ao negócio e às pessoas de assimilar a mudança, reformatar suas metodologias de trabalho e compreender exatamente como a inovação pode ter esse poder de mudar o jogo. Sucesso atrai sucesso, mas só quando introduzido do jeito certo.

Em termos simples, se você tenta ir de um estágio inicial diretamente a uma cultura de inovação plenamente madura, o resultado mais provável é a exaustão. Simplesmente não funciona. Como exemplo, pense em algum de seus departamentos ou equipes. É quase certo que neste momento o departamento esteja focado em suas prioridades imediatas, com as metas e as realizações sendo medidas de acordo. Quer esse departamento seja movido por processo ou orientado a vendas, quer tenha uma mentalidade focada em leis ou em tecnologia, a cultura interna e a percepção provavelmente estarão centradas na tarefa que é realizada no momento.

Agora pense qual seria a reação se você pedisse que cada pessoa do departamento mudasse já o foco, a postura mental, e trabalhasse de maneira completamente diferente! Não é realista pedir que as pessoas joguem fora de uma hora para outra todas as suas metodologias de trabalho e crenças. Mas agora considere o que aconteceria se você introduzisse a mudança aos poucos, começasse a conversar sobre os efeitos de uma maneira de trabalhar mais orientada ao cliente ou inovadora. Talvez conseguisse desafiá-los e empoderá-los para que criassem uma solução ou propusessem uma mudança que melhorasse o serviço. Conforme um sucesso se acumula sobre outro e você dá às pessoas liberdade para pensar e explorar, as ideias se tornam mais inventivas, mais desafiadoras, mais construtivas; e acabam levando a ideias mais inovadoras.

Se cada fracasso vira uma oportunidade de aprendizagem e cada sucesso cria maior apetite para outros sucessos, depois que a bola da inovação começa a rolar ela só acelera rumo ao futuro. O papel da liderança torna-se então o de orientar, sugerir e empoderar, e inspirar de uma maneira que incentive ações inovadoras dentro dos parâmetros dados. O roteiro que você criou tempos atrás está agora funcionando no dia a dia para criar experiências diferenciadas capazes de mudar o jogo. Funcionários engajados e alinhados estão agora colaborando entre si, e com clientes, fornecedores e parceiros estratégicos, para criar reais soluções que a organização agora entrega com rapidez e flexibilidade. Isso é a inovação verdadeira em ação.

Resumo

Nunca esqueça que uma mudança de cultura é uma jornada contínua. Pode ser tentador sentar e relaxar depois que todo o trabalho de identificação e preparação foi concluído, mas se você fizer isso todo o trabalho árduo dará em nada, pois os funcionários receberão de novo a mensagem de que a mudança não é importante. Com isso em mente, os elementos-chave para fazer avançar a mudança de cultura são:

» **Lembre-se: mudança de cultura não é a mesma coisa que gestão de projeto.** Com este último você pode ticar quadradinhos para medir progresso em direção a uma meta finita. Com o primeiro, a preparação inicial é meramente o início de uma jornada contínua.

» **Curto demais, abrupto demais, superficial demais.** Enraizar a mudança não é um processo do tipo "estalar os dedos e pronto". Requer reflexão, preparação e planejamento.

» **Mudança progressiva.** Construa o sucesso em camadas, espalhe a boa notícia até alcançar um ponto em que as iniciativas estratégicas começam a ser concebidas e implementadas como parte natural do ecossistema de inovação.

Enraizar a cultura de inovação

>> Esteja preparado. Desafios nos estágios iniciais podem surgir de várias direções, mas quanto mais os líderes estiverem preparados e maior for sua determinação, mais fácil será ficar à altura dos desafios correntes e superá-los.

>> Pessoas inovadoras. Incentive seus funcionários a se adaptarem; esteja preparado a perder aqueles que não se dispuserem a mudar; e contrate empreendedores para o futuro.

>> Evoluir. Nada fica como é para sempre e isso é particularmente verdadeiro com uma cultura de inovação. Cada sucesso irá levar a outros sucessos, e modelos que pareciam fora do alcance no início começam a ficar possíveis à medida que as pessoas e os sistemas evoluem.

Insights

> A chave para enraizar a mudança é implementar a visão/missão correta, definindo os valores que você deseja que sua empresa e seu pessoal cultivem.

> Introduzir uma cultura de inovação por etapas dá tempo ao negócio e às pessoas para assimilar a mudança, reformatar suas metodologias de trabalho e compreender exatamente de que maneira a inovação pode atuar para mudar o jogo.

> Evoluir para uma cultura movida a inovação exige uma nova maneira de abordar os riscos, capaz de prever e de lidar com os desafios decorrentes da inovação, tanto a interna quanto a aberta.

Referências

GOOGLE. Diversity. Google, 2014 [on-line]. Disponível em: http://www.google.co.uk/diversity-at-google.html. Acesso em: 27 abr. 2015.

SYNCDEV. Minimum viable product. SyncDev, 2015 [on-line]. Disponível em: http://www.syncdev.com/index.php/minimum-viable-product/. Acesso em: 26 maio 2015.

A chave para **enraizar a mudança** é implementar a **visão/missão correta**, definindo os valores que você deseja que sua empresa e seu pessoal cultivem.

Conclusão

Este livro o guiou por uma jornada, seguindo um processo em seis estágios concebido para ajudá-lo a construir uma cultura de inovação na sua organização. Mas essa jornada não acabou – na realidade, sua história de inovação agora está apenas começando. Demos a você as ferramentas; mostramos como pode reestruturar seu contexto para criar uma cultura de inovação revolucionária que seja ágil e inclusiva. Agora cabe a você moldar seu futuro.

Antes de começar sua jornada, talvez você tenha ficado em dúvida se a inovação valia todo o trabalho árduo que inevitavelmente envolve a mudança de cultura – ou pode ter sido um dos muitos que entenderam que a organização estava madura para a inovação, mas não sabiam como ou por onde começar.

Esperamos ter respondido às suas questões e que você esteja agora pronto a avançar com a inovação. Porém, não perca tempo – não faça disso um projeto para "amanhã" que nunca sai do papel. Se o fizer, esteja preparado para ver, de mãos atadas, os disruptores, mais ágeis e inovadores, tirando de você fatias do mercado ou até mesmo mercados inteiros.

A inovação não é apenas uma coisa "boa de se ter", é um imperativo para todas as organizações estão focadas no futuro. A inovação não é algo que você é capaz de comprar da prateleira, a não ser que se disponha a ver a capacidade interna do seu negócio estagnar. Agora, estamos lançando a você o desafio de se colocar na direção de se tornar uma Organização da Próxima Geração. Se isso parecer muita coisa, então divida a tarefa em partes; comece pequeno, cresça até ficar grande; ou implemente um modelo operacional dual que permita que o imperativo da inovação seja gradualmente infundido na organização. Não importa o que for preciso para dar os primeiros passos, o importante é que você comece sua jornada agora.

Ao longo deste livro, nós, autores, tivemos a palavra durante a maior parte do tempo e compartilhamos nossa experiência e nossa *expertise* na construção de culturas de alta performance movidas a inovação. Para guiá-lo por essa estrutura de seis estágios que irá conduzi-lo a uma cultura de inovação plenamente implementada e além dela, tivemos a assistência de indivíduos e de organizações que generosamente concordaram em compartilhar estudos de caso e pontos de vista, com os quais vestimos nossa estrutura com exemplos do mundo real. Agora, nessa nossa conclusão, vamos recorrer outra vez ao mundo dos negócios, para que aqueles que viveram a inovação e perceberam o seu poder de transformação tenham a palavra final.

E vamos começar por um estudo de caso de uma organização que é regularmente vista como exemplo da maneira pela qual negócios podem florescer quando cuidam bem de seus funcionários e clientes. A Waitrose é a divisão varejista de alimentos da John Lewis Partnership, um dos maiores grupo varejistas da Grã-Bretanha. Já é relativamente bem conhecido por sua estrutura inovadora, mas está também na linha de frente da inovação no varejo. Este estudo de caso ilustra a maneira pela qual introduzir a inovação no molde do negócio pode gerar resultados transformadores.

Estudo de caso 🔍

Construir uma cultura de inovação cotidiana na Waitrose

INTRODUÇÃO

Em muitas organizações, a inovação se assenta em torno dos especialistas, com um pequeno grupo de pessoas responsável por impulsionar o crescimento, reduzir custos, promover eficiência operacional e desenvolvimento de novos produtos e serviços. Mas, para que a inovação se torno de fato um processo bem-sucedido e sustentável, precisa estar no centro de tudo aquilo que a organização faz, além de ser acessível e aceita por todos. Deve ser fomentada na própria cultura e nas práticas de trabalho do dia a dia do negócio todo. Vamos ver como a Waitrose tem sido bem-sucedida em fazer isso com significativos ganhos tanto de produtividade quanto financeiros.

•••

SITUAÇÃO

A Waitrose tem 338 lojas no Reino Unido e faz parte do grupo John Lewis Partnership. O grupo acredita que um negócio bem-sucedido é alimentando pelos seus funcionários e faz questão que os lucros e benefícios criados por seu sucesso sejam compartilhados entre todos os seus parceiros (os próprios funcionários) e, com isso, todos os coproprietários tenham a responsabilidade de tornar o negócio o melhor possível. Para permitir isso, e assegurar que a organização inteira trabalhe no sentido de ajudar o varejista a prosperar num dos mercados mais competitivos, a Waitrose desenvolveu seu programa de "Ideias de Parceiros". O esquema permite que todos os 60 mil parceiros, desde a alta gestão até aqueles no chão da loja, apresentem ideias que possam ajudar o negócio a alcançar seus objetivos corporativos.

ABORDAGEM

A Waitrose trabalhou em parceria com a Wazoku, organização que se especializou em usar tecnologia para ajudar empresas a construir uma cultura de inovação no dia a dia, a fim de desenvolver o programa Ideias de parceiros. Por trás disso, estava uma plataforma colaborativa de gestão de ideias, a Idea Spotlight.

Depois que a plataforma foi construída e testada num projeto-piloto, a Waitrose assegurou que fosse desenvolvida, e ainda mantém uma forte cultura de inovação e engajamento para apoiá-la. Aqueles que chefiaram a iniciativa instruíram gerentes de loja a respeito do programa e da plataforma e deram-lhes cartões para informar e engajar o pessoal interno da loja. A Waitrose promove regularmente o esquema e divulga as melhores "Ideias de Parceiros" em sua revista interna. As pessoas cujas ideias são implementadas também são agraciadas com bônus.

Em seus primeiros 18 meses, o programa gerou:

>> Mais de 1.000 "Ideias de Parceiros" de todo o negócio, entre eles assistentes de supermercados e gerentes de operação.

>> Uma média de 22 novas ideias inovadoras por semana desde o lançamento, demonstrando o quanto a inovação sustentável e replicável está sendo bem construída na vida profissional do dia a dia dentro da organização.

>> Nível significativo de redução de custos da empresa, alcançados apenas com o lote inicial de ideias propiciado, e mais na linha de implementação.

>> Ideias provenientes de outras seções do espectro de inovação:

- **Inovação incremental.** Um exemplo foi a transformação do formato e da gestão dos recibos de caixa, que permitiu ao varejista poupar 100 mil libras por ano.

- **Inovação diferenciada.** Uma ideia de um assistente de supermercado melhorou a maneira pela qual a equipe de auditoria lida com etiquetas de preço temporárias, reduzindo pela metade o tempo despendido – o que representou poupar horas valiosas dos parceiros.

- **Inovação disruptiva.** Uma seleção de ideias que têm um tempo de espera mais longo para a criação de valor está sendo agora revista pelos líderes e pela alta gestão do programa "Ideias de Parceiros".

O *feedback* dos parceiros é incrivelmente positivo:

"O esquema permite que os parceiros façam melhores contribuições ao negócio. Encaminhei algumas e sinto que me faz sorrir interiormente pensar que fui ouvido."

Assistente de supermercado

"É muito bom e você se sente valorizado ao saber que suas ideias são ouvidas."

Assistente de supermercado

E tem gerado benefícios mensuráveis ao negócio:

"Estou realmente orgulhoso do sucesso desse esquema. Ele é fundamental para produzir eficiência."

Alison "McGrath, Chefe de Estratégia Operacional, Waitrose

CONCLUSÃO

Construir um processo e uma cultura sustentáveis de inovação no dia a dia, que envolva pessoas ao longo das organizações, pode gerar resultados fantásticos em todo o espectro de inovação que sustenta metas corporativas e retornos mensuráveis sobre o investimento, além de revelar, reconhecer e recompensar talentos previamente ocultos e promover o engajamento de funcionários com um propósito positivo.

"O sucesso de nosso programa 'Ideias de Parceiros' mostra que às vezes as verdadeiras grandes inovações podem ser tão simples como efetuar pequenas mudanças nas tarefas que você realiza cotidianamente, mais do que grandes ideias que transformam tudo. Ao engajar nossos parceiros com a plataforma e o processo certos, conseguimos alcançar significativa produtividade e reduções de custos financeiros."

Stuart Eames, Gerente de Melhoria Operacional, Waitrose

"As iniciativas de inovação funcionam melhor quando são colocadas no centro de uma organização, e todos ao longo do negócio se engajam e se envolvem, como a Waitrose tem mostrado. Com a plataforma, processo e cultura certos, não há limites para o que pode ser alcançado."

Simon Hill, Cofundador e CEO, Wazoku ■

O estudo de caso acima destaca o aspecto ativo das pessoas na inovação, e esse é um tema que tem sido repetido várias vezes ao longo deste livro. O Capítulo 2 teve seu conteúdo enfatizado por um estudo de caso da QinetiQ, no qual eles mostraram de que modo tiraram a cultura organizacional da mentalidade de serviço público e a encaminharam para uma mentalidade mais comercial, de setor privado e focada em inovação. Ao comentar a transformação, Sanjay Razdan, Gestor de Novas Tecnologias da QinetiQ, afirmou:

> A chave para uma inovação bem-sucedida é ter uma clara compreensão de quais são seu ponto de partida e seu ponto final; o que está propiciando e o que inibe a inovação; quais são os pontos fortes de seus funcionários e qual é o atual nível de maturidade em inovação de sua empresa. Quando você sabe o que a sua estratégia de inovação requer, você pode agir para preencher as

lacunas. Como um líder de inovação, eu diria que você precisa continuamente criar possibilidades que inspirem, comovam e mobilizem as pessoas à sua volta.

Entenda os reais desafios existentes, seja ousado e crie o ambiente, a inspiração e a direção para que seus funcionários resolvam hoje os problemas de amanhã.

Nesse parágrafo curto, Sanjay Razdan destaca o fator-chave que irá produzir ou impossibilitar a inovação: as pessoas. Sejam elas empregados ou clientes, fornecedores ou terceiros, independentemente dos sistemas e dos processos, da remuneração ou dos títulos: é o fator pessoas que transforma ideias em realidade. É uma lição que Chris Baréz-Brown, fundador da Talk It Out, conhece muito bem, como ilustra no seguinte relato:

Exemplo ✅

Criatividade se dá pelas pessoas

Passei a maior parte de minha vida profissional ajudando grandes empresas a inovar melhor. Tive alguns grandes sucessos e alguns grandes fracassos. Para cada empresa cujo valor de venda aumentou 1 bilhão, houve 10 que descartaram o trabalho e seguiram em frente normalmente.

No começo, parecia um jogo ao acaso, com peças demais a mover para que eu pudesse garantir o sucesso. Mas houve um momento que foi particularmente frutífero. Depois de implementar um processo de *insight* para uma das maiores empresas do mundo, pediram para que eu apresentasse uma *master class* para aqueles que haviam comparecido ao programa original e precisavam de ajuda para passar para o nível seguinte. Redigi um novo programa e, quando perguntei quantos projetos de *insight* eles haviam conduzido desde que o processo se iniciou, um rapaz disse, levantando da cadeira: "Dezesseis!".

Impressionante, pensei; é um monte de trabalho. Mas, quando esse rapaz descreveu alguns dos projetos, ficou óbvio que todos haviam sido conduzidos de forma idêntica. Haviam levado três dias, tinham três fases e tinham gerado em média os mesmos resultados. Eu havia sido bem-sucedido em ensiná-lo a conduzir um processo de *insight*, mas não conseguira ensiná-lo a ser realmente criativo, perspicaz.

Cada projeto é único. Tem contextos diferentes, *stakeholders* diferentes, histórico, *inputs*, *outputs*, orçamentos e talentos diferentes. Portanto, cada projeto exige uma abordagem própria. E é aí que entram as pessoas. Você precisa de líderes criativos que saibam inspirar inovação e criar condições para que os demais brilhem. Laszlo Bock, Chefe de Operações Ligadas a Pessoas no Google, em seu livro *Um novo jeito de trabalhar: ideias do Google que vão transformar sua maneira de viver e liderar* (2015), explica um dos quatro traços que, segundo ele, definem um grande líder: "Quando você vê um problema, você intervém e tenta corrigi-lo. E sai fora quando não é mais necessário. Essa disposição de abrir mão do poder é essencial".

São as *pessoas* que geram genialidade, não as ferramentas. Por isso a cultura é tão importante. Nós criamos. Nós somos criação. ■

Desde o momento em que dispensamos nosso *framework* original, ao começarmos a compreender as razões pelas quais a mudança era exigida, até o estágio final em que fizemos a inovação acontecer, o tema constante ao longo deste livro foi a necessidade de compreender as pessoas e a dimensão da cultura organizacional da inovação. Se seu pessoal abraça o ideal da inovação, a mudança flui. Mais ainda: você rapidamente descobre que o ímpeto muda, deixa de ser conduzido pela equipe de liderança e passa a ser levado adiante pela organização inteira e para além dela.

Está na hora – mais que na hora – de se comprometer a tornar a inovação algo real. Portanto, reúna a equipe de *i-agents*, tenha essa conversa com eles e comece a conceber de que maneira é possível moldar seu futuro ao construir uma cultura de inovação capaz de mudar o jogo.

Referência

BOCK, L. *Work Rules!*: Insights from inside Google that will transform how you live and lead. Londres: John Murray, 2015.

Índice remissivo

#

18ªw Levantamento Anual Global de CEOs da PricewaterhouseCoopers (2015), 34
3M, 70
4Es, metodologia, 165, *166*, 222, 247, 249
70/20/10, esforço de inovação, 81, 82

A

a Grande Viagem, 23, 24
abordagem holística, 38, 47, 65, 114, 146, *149*, 194, 223, 234
Accelerate, 149
Accenture, relatório (2013), 115
aceitação
da autoridade, 21, 23
do fracasso, 22, 44, 46, 65, 73–74
ver também pessoal
aceitação acidental
invenção, 205
responsabilização, *94*, 115, 118, 120–122, 142, 167
aceitação pessoal, 118
aceitável
risco aceitável, 109, 222
valor aceitável, 74
adaptabilidade, 25, 33–34, 37–38, 43, 54, 103–104, 106, 109, 112, 143, 154, 158, 209, 235
adequação à cultura, contratar visando a, 221
adesão emocional, 210, 249
adrenalina
defensores, 243
viabilidade, 243
advocacia, como profissão, 39
agenda de inovação, apropriação da
alinhamento com a estratégia de inovação
colaboração, 93

devida diligência cultural, 91
envolver os jovens, 84
posicionar a apropriação, 87
mix de risco/recompensa, 85
subculturas, 92
agentes de inovação (*i-agents*)
nomeação em todos os níveis organizacionais, 172
desenvolvimento, 177
empreendedores como, 170, 173
portfólio de envolvimento em métricas, 77, *82*, 110, 116
gestores intermediários como coalizão de, 171
traduzir estratégia em comportamento, *175*
traduzir visão em realidade, 164
agilidade, 15, 38, 61, 139–140, 144, 146, 150–151, 154, 198
Alcatel-Lucent, *110–111*
alertas, 75, *188*
alinhamento, 47, 61, *64*, *80*, 87–88, 95, 113, 126, 156, 206, 210, 248
altos influenciadores, 170
ambiguidade, 104, 125
ameaças, 203, 212
análise dos *stakeholders*, 64, *65*, 192, 193, 194, *197*, *198*, 209
analogia com restaurantes, 173
apetite de risco, 66, 85
apetite do público, por mudanças, 45
apoio à gestão intermediária, 169, 171, 172
Apple
elogios/recompensas, 20
estágio de aprendizado, 20, 68, 137
maturidade em inovação, 68
aprendizagem, o básico da inovação, 30

274   Inovação

aprendizes, como herdeiros do futuro, 23
aptidões
construção de, 215, 222
defensores da inovação, 99, 120
cultura de inovação, 202
plenamente desenvolvida, benefícios de,
26, 31, 49
construção, 101
recursos humanos, 214
como iniciativa de longo prazo, 63
necessidade de um acompanhamento
cuidadoso, 59, 101, 261
necessidade de abordagem holística, 38,
47, 65, 114, 146, 149, 194, 223, 234
estrutura de seis estágios, 15, *16*, 267, 268
Waitrose (estudo de caso), 41, *268*
como imperativo de negócios, 28, 47
atitudes do consumidor e aspectos
colaborativos da, 21
enraizamento, 240, 261
e crescimento, 76
elementos-chave para o sucesso, 96
liderança e, 115–120
vida militar, 241–244
abertura a novas ideias e posturas
mentais, 120
compartilhar a ideia de, 178
ver também avaliação da cultura; mudança
da cultura
aptidões de gestão, 203
aptidões para influenciar, 179, 258
aptidões para ouvir, 179
atitude mental de inovação, 120
atitudes do consumidor, 21
atrasos de projetos, 42
atualizações, 156, 187
autoavaliação, 67
autonomia, 62, 90, 95, 127, 145, 153
autoridade, aceitação da, 21, 23
avaliação
do engajamento dos funcionários, 42,
60–66, 87, 152
da capacidade organizacional, 78
da prontidão para a mudança, 78
ver também avaliação cultural

avaliação cultural, 91
avaliação da cultura, 63, 91
importância da (estudo de caso), *74–76*
atitudes
mudança no consumidor, 21, 23, 29, 41
colaborativas, 21, 38, 42, 46, 61, 90, 105,
136, 141
arraigadas, 30, 99
inovação como mudança nas, 17, 18, 141
necessidade de mudanças nas, 74–76

B

Banco Central Europeu, 40
banda larga, 24, *110*
barreiras à inovação
como superar, 44–49
estudo de caso, *49–53*
Baréz-Brown, Chris, 272
Betamax, 21
Bhatia, Abhishek, 49–53
boas ideias, 92, 201, 230
Bock, Laszlo, 272–273
bônus, 42, 86, 125, 207, *269*
breatheHR, 189
Brightidea (estudo de caso), *224–226*
BrightMove Media (estudo de caso),
211–213
Bristol Brabazon, aeroplano, 21

C

caixa de sugestões, 220
caminhos de desenvolvimento, medição,
65, *69*, 70
capacidade organizacional, avaliação da, 78
capacitação
como barreira à mudança, 249
construção de, *166*, 175
adesão à inovação e o perigo de
desconsiderá-la, 249
abertura e clareza a respeito da, 167
capacitação digital, 124, 175
capacitar [enable] (metodologia 4Es),
166, 167
"capital de risco", mentalidade de,
129, 229

Conclusão   **275**

Carter, Bob, 92

centro de excelência em inovação em serviços (*Services Innovation Excellence Centre*, SIEC)

certeza, 34, 38, 47, 103, 115, 121, 127, 135

Cisco (estudo de caso), *147–149*

clareza

sobre capacitação e adesão, 101, 105, 126, 156

da comunicação, 180

quanto à direção, 164

para identificar problemas, 169, 178, 250

para liderar a mudança, 126, 157, 206

de medições e recompensas, 64–65, 70

da missão, 32, 62, 95, 190

dos valores, 138

da visão, 138

coaches

coaching, 124, 125, 190, 198, 219, 223

Coca-Cola, 81

cocriação, 90, 165

colaboração

no processo de 3Is, 233

como habilidade de inovação, 202

entre departamentos, 112

ao definir o mix estratégico, 84, 92, 103

exemplos, 90

Geração Z e a, 23

CEOs globais e, 34

em inovação, 90

ver também inovação aberta

convergência na equipe de liderança, 115–120

"Organizações da Próxima Geração", 23

on-line (estudo de caso), *196–198*

apropriar-se da agenda de inovação, 84–93

com terceiros, 67, 91, 153

colaboração entre departamentos, 112

colaboração verdadeira, 37

colaboração, ferramentas de, 184

colaborativa, liderança (estudo de caso), *211–213*

colaborativa, mentalidade, 105

coleta de *insights*, 36, 37, 48, 65, 71, 104,

125, 178, 219

Collar, Ben, *185–186*

compartilhar, 91, 143, 155, 156, 178, 183–184, 187, 199, 210

competências, traduzir valores em, 141

comportamento(s)

e a desejada cultura de inovação, 202

necessidade de mudança no, 208

recompensa a comportamentos com foco em inovação, 20, 85

tradução da estratégia em, 72, 84, 85

tradução dos valores em, 141

compreensão digital, 24

compreensão, 24, 29, 30, 35, 44, 49–53, 76, 84, 103, 104, 133

compromissos, liderança exemplar, 123

comunicação(ões)

no processo 3Is, 233

desafio da, 67

cronograma de mudança, 194

devida avaliação cultural, 91

mudança cultural, 92

e engajamento, 165, *166*

Geração Z, 23, 27

ideais, 89, 91

interna, 220

lançamento da inovação (estudo de caso), *196–198*

ao liderar a mudança, 126, 157, 206

ao posicionar a estratégia de inovação, 76, 93

cultura de inovação bem-sucedida, 16, 30, *64*

como processo de duas mãos, 32

da visão, 47

ver também linguagem corporal; mídias sociais

comunicação aberta, 115

comunicação concisa, 180

comunicação consistente, 181

comunicações congruentes, 181

comunicações contínuas, 181

comunicações internas, 220

comunicações verbais, 183

concisão da visão, 136

Conectar + Desenvolver, *110*, 230

confiança, 48

confidencialidade, 184

conhecimento, 17, 28, 36, 37, 54, 86, 87, 99, 105, 109, 142, 146, 150, 151, 155, 189, 194, 214, 215, 251

conhecimento compartilhado, 105, 251

conscientização, 26, 170, 195

consistência, em liderar a mudança, 48

construção de capacidade, 122, 124

contar histórias, 176

contínua(s), melhoria(s), 64, 80, 83, 113

contínuo, *feedback*, 189

contratar, 221, 260

ver também recrutamento

controle, 66, 106, 145, 167, 176, 194

corrida espacial, desenvolvimentos derivados da, 204

crescimento global, inovação e, 28

crescimento, conduzido pela inovação, 116

criadores de ideias, 170, 217

criar capacitação, *175*

criatividade

criatividade estratégica, 102

criatividade multitarefa, 26

crise financeira global, 28

cronogramas, mudança de cultura, 178, 194

crowdsourcing, 61, 143, 220, 224–226

cultura centrada no cliente, 80

cultura de inovação cotidiana, construir (estudo de caso), *202*

cultura de inovação, 202

Culture Hack™, 190

cultura organizacional

como barreira à mudança, 59

capacidade de inovação radical, 15, 76, 78, 80, *82*

centrada no consumidor, 80

definição, 15, 30

desenvolvê-la para atender à dinâmica de mudança, 30

integração da inovação à, 15, 29

redesenhar, 29, 63

ver também avaliação cultural; subculturas

D

"da ideia até o lançamento" (Stage-Gate®), 232–235

decisão de inovação estratégica, *80*

definição do mix de inovação, *69*, 77, *79*, 81, *82*, 83, 84, 91

delegação de decisões sobre inovação estratégica, 66, 89–91, 159, 167

Departamento de Aptidões para Negócios e Inovação [Business and Innovation Skills (BIS) Report (2014)], 17

desafios

desafios ao sistema, 177, 252

desafios de custos, 255

desafios de ideias, 88

descoberta bem-sucedida, 71, 152, 204, 205

desengajamento do funcionário, 43, 63

desenvolvimento

desenvolvimento de sistemas, 150, 220

desenvolvimento pessoal, 124, 177

desenvolvimentos tecnológicos, 41, 43

ver também treinamento e desenvolvimento

design thinking, 48, 233, 234

desvio da missão, 95

devida diligência (cultural), 91, 142

diálogo, *16*, 67, 125

diferenciadores, 76

dimensão das pessoas, 239, 240, 257

diretores da inovação, 115

diretores não nacionais, 119

dispersões de curto prazo, 118

disputas entre departamentos, 112

diversidade

diversidade no local de trabalho, 26, 67, 119

diversidade no nível da diretoria, 120–122, 127

diversidade racial, 118

dizer obrigado, 155

Drive, 62

E

Economist, relatório (2015), 33, 34, 43

ecossistemas de inovação, estrutura para apoiar, 218

educar (metodologia 4Es), *166*, 167

Egon Zehnder, relatório sobre Análise de Diversidade (2014), 261

e-mails, 24, 34, 146, 182, 187, 188

emoções, 127, 137, 144, 166, 176, 178, 217, 249

empatia, 144, 217

empoderamento do cliente, 36

empreendedores

incentivando pessoas a serem, 76, 143

identificar e engajar, 171, 216

como influenciadores, 170, 171

necessidade de aproveitar o poder dos, 264

necessidade de descobrir e identificar, 216

ver também agentes de inovação

empreendedores jovens, 22

engajamento do funcionário

metodologia 4Es, 165, *166*, 222, 247, 249

avaliação, 63, *64*, 91,

benefícios, 67, 134, 145, 158

comunicação, 115, 163, 180

visão da empresa, 111, 135, 206

avaliação da cultura, 63, 91

desenvolvimento, 41, *64*, *82*

enraizar a mudança, 240

emocional, 127, 137, 144, 166, 176, 178, 217, 249

programas liderados pelo empregado/autogeridos

quedas no, 62

recursos humanos e, 214

mix ideia/recompensa, 85

em liderar a mudança, 48

medições do, 168, 189

gestão do desempenho, 30

e lucratividade, 15, 28

responsabilidade, 140, 145

jovens, 22–24, 106

Zappos, 31, 32, 222

ver também plano de engajamento; engajamento dos funcionários

engajamento emocional, 176

engajamento imersivo, 190

entusiasmo, desenvolver, 49, 59, 62, 95, 181, 184, 193, 195

envolvimento dos *stakeholders*, 65, *192*, 193, 194, 209–213, 228, 248

equilíbrio entre os gêneros, 119

equipes de implementação, 191

equipes de inovação

importância das equipes de alto nível, 216

formatação, 157

equipe de liderança

colaboração e risco, 117

apropriação, 120

aceitação pessoal, 118

prontidão, 115

construção de, 115

equipes de recursos humanos (RH)

contratar visando a adequação cultural, 260

gestão do desempenho, 30

aptidões necessárias, 179, 203, 258

equipes para descobertas rápidas, 152

era digital global, 22

escândalos, 23, 28

escuta, 155

especialistas, uso de, 170

"esporte de equipe", abordagem, 214

estágio da liderança, maturidade em inovação, 68

estágio de novatos, maturidade em inovação, 68

estatística, 36, 43, 44, 228

estilo de plano de programa, 245

estratégia de inovação

alinhamento com o apetite por inovação, 45, 79

alinhar a apropriação da agenda de inovação à, 84–93

e mudança de cultura, 178, 194

desenvolvimento, 65, *69*, 70, *82*, 177

de alto nível, 84, 119, 137

empreendedores e, 170, 173

nível de risco, 74, 106

apropriação, 120

ver também mix de inovação

estratégia organizacional

alinhar a inovação à, 82
como barreira à mudança, 249
estrutura de riscos, 74, 106
evento de lançamento do roteiro de
inovação, 195
excelência profissional, 142
execução, 47, *224–226*
experiência do cliente
excepcional, 33, 35, 48, 135, 141, 144,
190, 220
capaz de mudar o jogo, 233, *236*, 273
expectativas do cliente, mudanças na, 92
experiência do cliente capaz de mudar o
jogo, 233, *236*, 273
experimentação, 97

F

facilitação de discussões, 81, 155, 190
facilitadores, 65
fatos, confundidos com entendimento,
103, 214
feedback
contínuo, 87, 88, 178, 179
coletar e prover, 44, 88, 150, 164
tecnologia e, 174, 175, 182
ver também feedback do cliente
feedback do cliente (estudo de caso),
268–271
Feefo (estudo de caso), *196–198*
Financial Conduct Authority (FCA), 29,
39, 204
Financial Reporting Council (FRC), 29,
119
Financial Services Authority (FSA), 46
fitness (habilidade estratégica), 151
fluxos de processos, 30, 43, 77
Food Standards Agency, pesquisa (2014),
36
Ford, Henry, 88
formulários de *feedback*, 189
fracasso, 7
funcionários
Geração Z, 23, 27
importância de conhecê-los, 169
indução, 261

envolvimento na avaliação da cultura, 63,
91
conhecimento dos, 169
resistência, 46
ver também resistência; resistentes; Zappos,
empregadores, Geração Z, 23, 27
tomadas de decisões empoderadas, 23,
113, 129, 143, 153, 172, 241, 258
empoderamento, 23, 113, 129, 143, 153,
172, 241, 258
engajamento liderado pelos funcionários,
152
e cultura de inovação, 202
empreendedores e, 170, 173
na vida militar, 241–244
líderes de equipe, 72, 168, 257, 258
Fundo de Crescimento e Inovação (Reino
Unido), 17, 23, 29, 34, 74–76
futuro
melhores apostas, 105, 137
projetar o, 117, 125, 135
aprendizes como herdeiros do, 23
Fuzzy Front End [A Parte Frontal
Nebulosa], 47

G

G20, 28
"gancho", para empolgar *i-agents*, 177
General Electric, 224–226
geração de ideias, 48
geração multicomunicação, 163
geração multitarefa, 25, 26
geração que se importa, 128
Geração Y, 24
Geração Z, 23, 27
gestão
avaliação da cultura, 63, 91
reordenar equilíbrio entre liderança e, 90,
179
gestão de desempenho, 218–219
Gestor de Inovação: papel, competências e
aptidões, 179, 203, 258
gestores
diferenças entre líderes e, 245
ver também gestores intermediários; novos

Conclusão   **279**

gestores desafio do mercado
gestores intermediários, 171–172
globalização, 61
Goldratt, E.M., 227
Google Glass, 21
Google, 21, 68, 261, 272–273
Governança, 51, 64, 119
grandes negócios, desafio do mercado, 252
grupos de apoio e desafio, 252
grupos divididos, 151–152

H

habilidade estratégica, 151
hiperlocalismo, 27, 28
Hoffer, Eric, 23
holocracia, 32, 216
homogeneidade de produtos, 22, 23, 41
homogeneidade, 22, 23, 41
honestidade, 138
horizonte a longo prazo, 209, 234
Hsieh, Tony, 32

I

ideação, processo dos 3Is, 233
ideias
concurso (estudo de caso), *185–186*
fertilização cruzada, 203
descarte, 73
factíveis, *18*, 19
formação, 67
boas, 201, 230, 236
inovação como busca de novas, 201, 230, 236
mensuração, 227
reconhecimento/recompensa, 20, 85
contar histórias e adoção de, 176
valorização, 155
ideias "factíveis", *18*, 19
identificação, processo dos 3Is, 233
igualdade, 165
IIPP (Implemented Innovations Per Person), 231
implementação, *16*, 29, 48, 61, 77, 85, 88, 93, 99, 121, 191, 194, 202, *233*, 235
processo dos 3Is, 233

impulso, 28, 36, 42
In the Middle, 171
incentivo, 88, 158, 166
incerteza, 34, 125, 217
inclinação a assumir riscos, 217
inclusão, 27, *64*, 85, 139
individualidade, 136
indução, 261
influenciadores externos, 193
influenciadores, 170
influências externas, 193
informação
fluxo de, 30, 43, 77
coleta, 36, 37, 48, 65, 71, 104, 125, 178, 219
cascata de cima a baixo, 70, 113, 139
sobrecarga de informações, 227
inibidores, da cultura atual, 65
iniciativa, 63
Dramatizações do espírito inovador, 191
inovação, 17, 18, 141
demonstração em ações, 217
como imperativo, 15, 23, 28, 29
obstáculos à, 59, 249
ver também barreiras à inovação
adesão à, 126, 184, 194
colaboração com, 166, 173, 248
ver também inovação aberta
mito da "liberdade criativa", 102
motores da, 39
evolução, 110–111
inteligente, 25
invenção *versus*, 17
liderança, 115–120
ver também liderança; equipes de liderança
mensuração, 227
alimentada por pessoas (estudo de caso), *147–149*
propósito, 62, 114, 126, 139
razões para, 249
reconhecimento e visibilidade da, 87, 116
retorno da, 45, 228, 229
cenários que apontam o caminho para a, 39, 107–109
como prioridade estratégica, 33

sustentável, 70, 77, *79*
inovação aberta, 63
inovação alimentada por pessoas (estudo de caso), *147–149*
inovação contextual, 114
inovação diferenciada, *80*
inovação disruptiva, 270
 ver inovação radical
inovação incremental, 270
inovação pioneira, 77, *79*
ver também inovação radical
inovação que muda o jogo, 17
inovação radical, 15, 76, 78, 80, *82*
inovação sustentável, 70, 77, *79*
inovações tecnológicas, *151*
insight, 54, 129, 160, 199, 236, 264
inteligência
inteligência emocional, 176
inteligência verdadeira, 176
estrutura, 25
coleta, 36, 37, 48, 65, 71, 104, 125, 178, 219
alavancagem, 124
interconectividade, 188
interação(ções)
cliente, 34, 35
digital, 22, 36
Geração Z, 23, 27
reação de afastar-se da, 113, 140
e cultura organizacional, 24, 30
programando tempo para, 144
interesse, 29, 88, 104, *192*, 193
internet, 22–25, 34, 36, 104, 136, 141
intuição, 143
invenção, 17
investidores, 45

J

Jenkins, Antony, 46
jogar, 121, 136, 145
Jostle, 189
jovens
compreensão digital, 24
engajamento, 84
jornada de inovação

ponto crucial, 134
moldar, 144
iniciar, 15, 47, 59
ver também inovação

K

Key Performance Indicators (KPIs) [Indicadores-Chave de Desempenho], 256
Kotter, John, 149

L

laços entre os membros da equipe, 113
lacunas de inovação, *82*
Leadership Practices Inventory™, 122
Leading Change, 149
lealdade do cliente, 19, 21
Lei de Moore, 20
levantamentos, 42, 47, 73, 168, 196–198
liberdade, 70, 102, 149
liderar por meio da mudança, 125
líderes
criação de uma visão convincente, 206
diferenças entre gestores e, 245
empoderados, 23, 113, 129, 143, 153, 172, 241, 258
excepcionais, 44
quatro traços dos grandes, *273*
intrapreneurs [empreendedores internos]
como, 216, 217
necessidade de engajar o RH, 214
"líderes sem título", 126, 174
liderança
desafios, 252
mudança no modelo da, 159
colaborativa (estudo de caso), *211–213*
compromissos da liderança exemplar, 123
como crucial para o sucesso, 203
relacionamentos externos, 193
como inspiradora, facilitadora e cocriadora, 206
reordenar equilíbrio entre gestão e, *244*
analogia com restaurantes, 173
uma cultura de inovação bem-sucedida
Leadership Challenge™, 16, 30, *64*
linguagem corporal, 127, 188

local de trabalho, Geração Z, 23, 27
longevidade, 15, 38, 111, 139
lucratividade, 206, 244

M

má reputação, 30
manifesto cultural, 137, 138, 164
más práticas, 46, 73
maturidade
em inovação, 216, 230, 232
modelo 4x4, *69*
aceitação do fracasso, 22, 44, 46, 65, 73–74
mensuração, 227
e cultura de inovação bem-sucedida, 16, 30, *64*
armadilhas, 72
McDonald's, 27
McKinsey (2010), 226
mecanismo para lidar com a fadiga de mudança, 176, 250
medições da inovação, 168, 189
melhores apostas sobre o futuro, 88, 103
melhorias, inovação como, 77, *80*
mentalidade com aversão ao risco, 22
mentores/mentoria, 124, 172
mercado de trabalho, 221, 222
métricas de *input*, 111, 228, 229
métricas do *output*
apropriação, 228, 231
como habilidade/valor, 151
Geração Z, 23, 27
agenda de inovação, 84–93
programas de inovação, *148*
de estratégia e visão, 217
mídias sociais, 22, 27, 36, 44, 45, 67, 125, 155, 184
missão
desvio de missão, 95
declarações de missão, 32
equívocos, 117
mix de inovação
definição para cada departamento/divisão, 77
como linha de frente do design e da

tomada de decisões, 100
inteligência, colaboração e adaptabilidade, 25
o segredo para identificá-lo, 77
sustentável, *79*
ver também mix estratégico
Mobility IDEA, concurso (estudo de caso), *185–186*
mobilização, 89, 91
modelos de negócios, necessidade de mudança nos, 23, 27, 33, 111, 203
modelo operacional, 202
ver também sistema operacional dual
monitoramento do risco, 252
motivação, *52, 62, 109*, 217, *243*
mudança(s)
benefícios da, 240, 249
motores da, 23, 28
Geração Z, 23, 27
regulamentação, 28
enraizamento da, 240
inovação como, 20
liderar por meio da, 115–120, 125
por etapas, 203–236
apetite do público por, 45, 79
avaliações de prontidão para a, 78
ver também mudança social
agentes de mudança, 172
embaixadores da mudança, 154, 178, 225
apetite por mudança, 45, 79
fadiga de mudança, 60, 76, 176, 250
"função de mudança", abordagem, 151–152
"liderança para a mudança", estilo, 65
gestão da mudança, 76, 127, 149, 247
equipes de mudança, 157
mudança da cultura
barreiras à, 40, 44
comunicação e, 115, 163, 180
criando uma mudança duradoura, 60, 115, 260
dificuldade de instilar, 95, 105, 203
taxas de fracasso, 215
empreendedores e, 170, 173
equipes de liderança, 49–53

"medir-fazer-medir", regra, 64
preparo para a, 63
bem-sucedida (estudo de caso), *49–53*
cronogramas, 178, 194
curta demais, abrupta demais, superficial demais, 246–249
mudança social, 23
mudança tecnológica, 23
mudança verdadeira, 23
Munnoch, Guy, *241–244*

N

"navegação por satélite", analogia, 68, 137, 180
Netflix, 137
newsletters, 188
Nielsen, *224–226*
nivelar os campos de atuação, 22
No Palco, 191
noção espacial, 204, 255
novidade, 205
novos gestores, 170
novos participantes, 203

O

"obrigado", dizer, 155
Octopus Investments (estudo de caso), *107–109*
ordem consumerista, 110
ordem social, 24
organizações
precisam reinventar-se, 23, 41
baseadas em soluções, 81, 86
ver também organizações internacionais; "Organizações da Próxima Geração"
"Organizações da Próxima Geração", 103
Organização para Cooperação de Desenvolvimento Econômico (OECD), 28, 55
organizações baseadas em soluções, 81, 86
organizações internacionais, 28
órgãos de regulação
como barreiras à mudança, 40, 44
diálogo e apoio, *16*, 67, 125
como motores da mudança, 23, 28

e necessidade de inovação, 74–76
Oshry, Barry, 171

P

padrões de compras, mudança, 36
pagas e recompensas, 20, 85
painel de instrumentos da cultura, 256
parcerias, 115, 125
participação da equipe, 185
passividade, 25
patentes, 229
pequenos negócios, 208
períodos de experiência, 222
personalidade, 87, 88, 174
perspectiva de negócios, Geração Z e, 23, 25
Pink, Dan, 62
plano de comunicação
criação do, 169, 182, 192
outras plataformas, 187
mídias sociais e ferramentas para colaboração, 184
plano de engajamento
engajamento imersivo, 190
pesquisas, *feedback* e plataformas, 189
plano de projeto estilo linear, 112, 141
planos de implementação, 235
Plunkett, Roy J., 205
políticas, 29
ponto de vista ético, 25
ponto de vista holístico, 38
ponto de vista sobre o mundo, 41
pontos de aprendizagem, fracasso como, 22, 44, 46, 65, 73–74
portfólio de métricas, 77
posição de verdade, 83
posicionar a inovação para todos, 115
Price, Mark, 41
primeiros desafios, 252
principais *stakeholders*, 65, *192*, 193, 194, 209–213, 228, 248
prioridade estratégica, inovação como, 33
problemas gerados pelo legado, 77
processo de inovação dos 3Is, 233
processo de inovação

como projetar, 232
importância do, 85, 88, 232
Procter & Gamble (P&G), 230
Produto Mínimo Viável [*Minimum Viable Product*, MVP]
abordagem, *52*, 235
profissionalismo, 133
programas de engajamento autogeridos, 167
prontidão para a mudança, 75, 78
propósito
da inovação, 62, 114, 126, 139
organizacional, 160
ver também missão
prototipagem, 97
Prudential (estudo de caso), *49–53*
pulseCHECKER, 187

Q

QinetiQ (estudo de caso), *74–76*

R

razão, voz da, 216
Razdan, Sanjay, 271
reação de "lutar ou fugir", 46
realista, ser, 140
recompensa(s)
cultura de inovação bem-sucedida, 16, 30, *64*
ver também elogio/recompensa; paga e recompensa
reconhecimento entre pares, 20, 85
reconhecimento, 20, 85
recrutamento, 221, 260
recursos, 124
recursos internos(s), combinados a influências externas, 193
recursos humanos (RH)
necessidade de engajamento, 167
Reino Unido, imperativo da inovação, 15, 23, 28, 29
relacionamentos
relacionamento com fornecedores, 24, 29, 30, 42, 44
relacionamento com o cliente, 144, 160

relacionamentos externos, 193
relacionamentos mútuos, 210
Relatório do Google sobre diversidade (2014), 261
Relatório do Índice de Satisfação do Cliente (2015)
serviço ao cliente, 34
compreensão do cliente, 35
Relatório Ofcom (2014), 24
relatório pluralthinking (2014), 25
reputação, 30, 41, 43
reservar tempo, 155
resistência, 215, 248
resistores seriais, 215, 248
respeito, 167
responsabilidade
por engajamento, 167
responsabilidade social, 27, 64
restrições, 102, 118, 168
retorno, inovação, 19
revisão cultural, 65, 75
revisões de processos, 91
risco
aceitável, 109
equipe de liderança, consenso, 115
e cultura de inovação bem-sucedida, 16, 30, *64*
terceiros/cadeia de suprimentos, 91
Risco do Cavaleiro, 222, 232
risco inteligente, 25
riscos com terceiros/cadeia de suprimentos, 91
Robinson, Frank, 254
Rock, David, 126
ROII (*Return On Innovation Investment*, "retorno sobre investimento em inovação"), 229
roteiro da inovação
bases do, *16*
design/elaboração, *16*
formação do roteiro de alto nível, 137
necessidade do, 84
Ofwat, 39
visão e, 111, 135, 206
roteiro Ofwat (2015-16), 39

S

SCARF, 126, 127
"se puder fazer, faça", atitude, *242*
Securities and Exchange Commission (SEC), 40
sentir que algo não vai bem, 44
setor de serviços financeiros, 39
Siemens AG (estudo de caso), 185–186
similaridade de produtos, 189
sistema operacional dual, 218, 267
sistemas de código aberto, 147, 253
sistemas legados, 253
Solicitors Regulation Authority [Órgão Regulador dos Advogados], 39, 40
solução de problemas, 141
ver também soluções inovadoras
soluções inovadoras, *207*, 220
sparks & honey, relatório (2014), 25
SpigitEngage, *185–186*
status e autonomia, 145
status, 145
"stage-gate", processo, 232
subculturas, 92
subvalores, 139
sustentabilidade, 19, 27, 38, 63
SyncDev Inc. 254

T

talentos internos, perigo de desconsiderá-los, 186
taxas de fracasso, mudança de cultura, 178, 194
técnicas de questionamento, 181, 234
tecnologia
como barreira à inovação, 249
colaborativa, 189
como facilitador (estudo de caso), 196–198
e engajamento, 167
desdobramentos da tecnologia, 204
ver também capacidade digital; compreensão digital; internet
Teflon, 204, 205
tempo, para interação, 25, 30, 34
tempo/custo-benefício, 168, 253
tempo/medição de custos, 69

tendências futuras, 36
teoria dos jogos, 190
terminologia, 23, 25, 33
testagem, 114
teste pelo usuário, 114
TINYpulse, 189
tomada de decisões, 23, 113, 129, 143, 153, 172, 241, 258
tornar simples o complexo (estudo de caso), *107–109*
Toyota, 91, 92
trabalho em equipe, 142, 143, 214
traduzir visão em realidade, 111, 135, 206
treinamento e desenvolvimento, 65, *69*, 70, *82*, 177
ver também coaching

U

União Europeia, 28, 115, 119
United States Securities and Exchange Commission (SEC), 40
Upping Your Elvis, 272–273
utilidade, 78

V

valores
alinhar funcionários e empresa, 152
mudanças na importância dos, 138
e mudança cultural, 92
Geração Z, 23, 27
Apropriação da agenda de inovação, 84–93
traduzidos em competências, 141
traduzidos em comportamentos tangíveis, 175
sustentando a visão, 111, 135, 206
valores essenciais, 31, 32, *94*
vantagem competitiva, 72, 141
vendas abusivas, escândalos, 23, 28
vendas em queda, 43
vendas, 43
"vestir a camiseta", momento, 115
vida militar, cultura de inovação na, 241–244
visão
comunicação da, 115, 163, 180

criar uma visão convincente, 206
e mudança da cultura, 63, 89, 244
apropriação da agenda de inovação, 84–93, 111
apropriação da, 111
checagens regulares da, 135
moldagem da, 135
traduzida em realidade, 108, 141
valores que sustentam a, 206
vitórias rápidas, 49, 59, 63, 88, 96, 101, 128, 215, 220, 221, 244, 245

W
Waitrose (estudo de caso), 41, *268*
Water Services Regulation Authority ["Órgão Regulador dos Serviços de Água"], 39
Wellevue, 190
Wheatley, Martin, 29, 39, 204
Work Rules!, 273

Y
Yammer, 155, 187

Z
Zappos, 31, 32, 222
Zona de Imersão, 190. ■

Este livro foi composto com tipografia Adobe Garamond Pro e impresso em papel Off-White 90 g/m² na Formato Artes Gráficas.